KB271033

효의 이론과 실제

2

새로운 패러다임의 효 교육

효 교육, 어떻게 할 것인가?

김종두 지음

"효는 가르침과 배움을 통해 행하게 된다"

효는 알아야 행할 수 있다. 그리고 효를 알기 위해서는 가르침을 통해 배워야 한다. 교육을 '백년지대계(百年之大計)'로 표현하는 것은 교육은 백년 앞을 내다보고 해야 한다는 뜻이다. 공자(孔子)는 "알아야 면장(免牆)한다"고 했고, 다산(茶山)은 "청렴은 큰 장사다(廉者大賣也)"라고 했는데, 이를 효 교육과 연관시켜보면 "효를 알지 못하면 행할 수 없게 되어 노후에 자식의 불효를 면할 수 없게 된다.", "청렴이 공직자의 앞날을 보장해주듯이 부모의 효행 본보기는 노후를 보장해준다."는 의미로 해석할 수 있다. 그러나 오늘날의 교육은 백 년은 커녕 십 년을 내다보지도 못하고 있다는 느낌이다. 가정과 학교, 사회교육이 근본을 일탈(逸脫)했다고 보여지기 때문이다. 따라서 교육이 제자리를 찾아야 할 것인데, 이를 위해서는 교육의 근본인 효를 가르침으로써 부모와 자식의 관계, 스승과 제자의 관계, 기성세대와 청소년의 관계가 바로 서도록 해야 한다.

『효경』에 "효는 덕의 근본이요, 모든 가르침이 그로 말미암아 생겨난다(孝德之本也 敎之所由生也)"고 했듯이, 효는 교육의 근본이다. 그런데 여기에서 효(孝, Filial Piety)는 '부모에 대한 자식의 사랑과 정성'이라는 '일방향성'으로 인식되어온 면이 있다. 그러나 본래의 효(孝, HYO)는 "부모는 자식을 사랑하고 자식은 부모에게 효도해야 한다"는 부자자효(父慈子孝), "부모와 자식은 어떤 경우라도 친함을 유지해야 한다."는 부자유친(父子有親), "부모는 자식의 벼리(모범, 본보기)가 되어야 한다."는 부위자강(父爲子綱)에서 보듯이 부모와 자식이라는 '상호적 관계'에서 출발한다. 그리고 이를 기초로 타인과 이웃, 사회와 국가, 자연으로 확대되어진다. 때문에 효는 상호성에 바탕을 둔 쌍방향성의 보편적(普遍的)·이타적(利他的) 가치로 인식해야 한다. 이점에 대해 율곡(栗谷)도 "부모가 되어서는 마땅히 자식을 사랑하고 자식이 되어서는 마땅히 부모에게 효도해야 하며, 형제간에는 마땅히 우애가 있어야 하고 친구를 사귐에 있어서는 신의가 있어야 한다."고 함으로써 상호성을 강조했다.

가정에서 부모와 자식의 관계는 '인간관계'의 시작이며, 효는 조화(Harmony)를 이루게 하는 가치(價値, value)로 작용한다. 효를 '내리사랑·올리효도'로 표현하는 이유도 이 같은 조화(調和)의 이치 때문인데, 현실적으로도 대인관계에 있어 효심이 깊고 자식을 사랑하는 사람과는 가까이 하고 싶지만 부모와 자식을 버리거나 폭행하는 등 패륜적(悖倫的) 행위를 일삼는 사람과는 관계를 꺼리게 된다. 이점에 대해 소크라테스도 "자기 부모를 섬길 줄 모르는 사람과는 벗하지 말라, 그는 인간의 첫걸음이 벗어났기 때문이다"라고 했고, 다산(茶山)은 "진실로 부모에게 효도하는 사람이라면, 그가 비록 학문을 하지 않은 사람일지라도 나는 탄드시 배운 사람으로 대하겠다."고 했다.

그런데 현대는 자식의 효심이 있고 없고를 떠나서 가정에서 부모를 모시기가 매우 어려운 시대가 되었고, 부모 입장에서도 이미 성장한 자식들과 함께 사는 것을 그다지 원치 않는 세상이 되었다. 그리고 '내리사랑 · 올리효도'에 있어서 사람들은 대체로 '내리사랑' 쪽에는 문제가 없고 '올리효도' 쪽에 문제가 있는 것으로 보는 경향이 있으나, 오히려 '내리사랑'에서 문제를 찾아야 한다고 본다. 왜냐하면 자식이 부모를 위해(危害)하고 자식들끼리 재산 다툼 등으로 부모의 속을 태우는 경우는 결국, 그 부모의 자식교육에 문제가 있기 때문이다. 이런 현상이 발생하는 이유는 농경사회에서 산업사회로, 대가족제도에서 핵가족 제도로 급격히 변화되면서 가치가 전도(顚倒)된 탓도 있지만, 그보다는 가정에서부터 모유수유와 밥상머리 교육 등 기본을 가르치지 않을 뿐 아니라 학교에서도 전인교육과 인성함양보다 입시에 치우친 교육, 그리고 사회교육에서도 무분별한 TV 드라마 주제 선정과 인터넷 매체의 무차별 유혹 등 바르지 못함에서 그 원인을 찾아야 한다고 본다. 때문에 시대에 맞는 효의 개념 정립과 함께 시대에 맞는 효를 교육해야 할 것인데, 여기에는 효에 대한 실체(Reality)와 인식(Perception)의 차이를 좁히는 노력이 있어야 한다. 칸트는 "인식이 대상을 결정한다,"고 했는데, 현재와 같은 효에 대한 인식들, 예컨대 효행상을 받는 사람은 가난에 찌든 사람이고, 효 교육 사례도 '심청전', '나무꾼과 선녀', '손순매아', '향득사지' 등 반인륜적·비현실적인 점을 발견할 수 있는데, 이와 같은 효 교육으로는 교육현장에서 외면당할 수밖에 없는 것이다. 이런 이유에서 효에 대한 올바른 패러다임에 바탕을 둔 교육이 요구된다.

이상과 같은 효 교육에 대한 인식을 바탕으로, 이 책은 다음과 같은 점에 목적을 두고 집필되었다. 첫째는 효를 가르치거나 배우는 입장에 있는 사람들에게 도움을 주고자 함이다. 필자가 대학에서 효를 가르치면서 마땅한 교재가 없어 『효경』을 비롯한 『불경』, 『성경』, 『논어』, 『맹자』, 『예기』, 『격몽요결』 등 원전(原典)의 내용을 재해석하여 교육하다보니 어려움이 많았다. 실제로 초·중·고교에서 효를 가르치는 교사들의 현실적 어려움은 "효를 교육하려해도 기존의 사례들이 시대에 맞지 않고, 솔직히 효가 뭔지 잘 모르겠다."는 것인데, 이러한 어려움을 해소하려는 것이다. 두 번째 이유는 2008년도부터 시행 중인 '효행장려 및 지원에 관한 법률(이하 '효행장려지원법')에 기초하여 효를 교육하고 문화를 진흥하는 효 운동 관계기관 및 개인에게 이론적 뒷받침을 제공하기 위함이다. 효행장려지원법에 "유치원과 초 · 중 · 고등학교, 평생교육기관과 군대 등에서 효를 교육하도록 노력해야 한다."고 제시하고 있고, 효 문화 진흥원에서 여러 사업을 진행하도록 돼 있는데, 이를 위해서는 효를 바로 알고(知) 느끼며(情) 다짐하게(意) 함으로써 실천(行)하게 되는 '知(지) · 情(정) · 意(의) · 行(행)' 의 과정(Process)이 필요하고, 이를 설명하는데 마땅한 교재가 있어야 한다고 보았다. 세 번째로 효를 바탕으로 한 리더십을 통하여 한국적 복지(福祉)를 구현해야 한다고 보기 때문이다. 한국 사회는 문화적 속성상 가정의 안정이 없이 물질적 지원만으로 복지를 구현하는데는 한계가 있다. 그리고 육아보육수당 등 물질적 지원뿐 아니라 부모로서의 역할 등 교육에 대한 지원도 있어야 한다. 다시 말해서 정신(精神)이 선행하는 가운데 물질(物質)이 뒷받침되도록 해야 할 것인데, 여기에는 효와 같은 가치교육을 필요로 한다.

이러한 목적으로 발간된 이 책은 『효의 이론과 실제』라는 원제(原題)로 세 권으로 나누어 집필하였다. 이미 발간된 제①권은 "효란 무엇이며, 효를 어떻게 보아야 할 것인가?"에 대한 책으로 『효의 패러다임과 현대적 개념(효학개론)』이다. 본서(本書)인 제②권은 "효는 가르침과 · 배움을 통해 행할 수 있다"에 대한 책으로 『새로운 패러다임의 효 교육(효 교육론)』이고, 현재 집필 중에 있는 제③권은 "효는 한국문화와 리더십에 어떤 영향을 주며, 현대적 효를 리더십에 어떻게 접목할 것인가"에 대한 책으로 『한국의 효와 소통의 리더십(효 리더십론)』이다.

　각 권(券)의 내용 전개는 『효경』, 『불경』, 『성경』, 『논어』, 『맹자』 등 각종 문헌에 제시된 효 관련 내용을 발췌하여 제시하고, 이를 기초로 현대적 관점에서 개념화하는데 역점을 두었으며, 율곡이 지은 『격몽요결』의 내용을 기준으로 하되, 다산(茶山)이 본 효의 관점을 따랐다. 이유는 『격몽요결』을 저술한 율곡 이이(李珥)야 말로 한국 최고 현모양처인 신사임당의 아들로서 '포대기 효자' 라는 별명과 함께 효자였을 뿐 아니라 "공부하는 사람은 먼저 뜻을 세우고(立志) 자기를 수신하며(持身), 잘못된 습관을 바꾸고(革舊習) 부모에게 효도하며(事親), 사람을 대할 때(接人)와 세상 살아가는 방도(處世)를 바르게 해야 한다."는 『격몽요결』의 내용이 본 서(書)를 집필하려는 목적과 맥을 같이 하고, 다산(茶山)은 효를 실사구시(實事求是) 적으로 접근했기 때문이다.

　필자는 노인자제(老人子弟)로 태어난 탓에 어렸을 적에 버릇이 없었고, 부모님의 마음을 헤아리지 못해 공부를 게을리 한 적이 있었다. 그러다가 학비를 스스로 벌어서 공부하는 것이 효라고 생각했던 어리석음으로 고학(苦學)의 길을 택한바 있지만, 자식을 낳아 키워보면서 그것은 효가 되지 못함을 알게 되었다. 이런 저런 관계로 늦게서야 공부에 매달린 탓에 학문이 깊지 못하고 책의 문장이 조악(粗惡)하여 그 본의(本意)를 제대로 전할 수 있을지 의문이다. 그러나 "부모의 은혜를 갚고자 하거든 거듭 책을 펴내도록 하라. 이것이 참으로 부모의 은혜를 보답하는 길이다"라는

『부모은중경』에서 용기를 얻어, 감히 지난 세월 동안 생각해왔던 것을 여러 선현(先賢)들의 가르침에 의존해서 책으로 내놓게 되었다. 비록 만족스럽지는 못하지만, 이 책이 발판이 되어 보다 발전된 책이 나오길 기대하며, '효행장려지원법'에 명시하고 있듯이 효가 대한민국 발전의 원동력으로 작용되기를 바라는 마음이다.

끝으로 효를 연구하고 실천하는데 큰 가르침을 주신 최성규(崔聖奎) 효대학원 대학교 총장님과 김덕균(金德均) 교수님, 그리고 "효를 실천하면 내가 살고 가정이 살며 나라가 산다"는 일념으로 45년 동안을 효충교육에 헌신하셨고, 이제는 효충 지도자 육성을 위해 '효충사관과'를 개설하신 홍우준(洪禹俊) 경민학원 설립자님과 홍문종(洪文鐘) 경민대학교 총장님께 감사드리며, 대한민국의 효를 살리는데 함께 노력하자며 흔쾌히 본서(本書)의 출판을 맡아주신 명문당 김동구 사장님께 감사드린다. 또한 지난 35년을 한결같이 고락을 함께 하며 내조해준 아내 전성희와 딸 혜진, 연진, 경진 등 가족에게도 감사하며, 이런 책을 집필할 수 있는 성품을 갖도록 낳아주시고 길러주신 부모님께 이 책을 바친다.

2012. 4. 1

경민대학교 소석수련원 연구실에서 **김종두**

프롤로그　"효는 가르침과 배움을 통해 행하게 된다."

제1부　효란 무엇인가?

1부 효란 무엇인가?

1장　효의 본질과 개념
2장　효의 패러다임과 현대적 · 미래적 효
3장　효의 대강(大綱)

효를 교육하기 위해서는 효가 무엇인지부터 알아야 한다. 교육이라는 것이 사람다운 사람으로 변화시키는 인간행동의 계획적 변화라고 할 때, 교육자 자신이 효가 무엇인지 알지 못하고서는 효를 제대로 가르칠 수 없기 때문이다. 이런 점에서 제1부는 "효란 무엇인가?"에 대한 내용을 담았으며, 제1권『효의 패러다임과 현대적 개념』의 내용을 요약 형태로 제시하였다.

효를 교육하는 사람들 중에는 "효는 인륜질서의 근본이다."라고 하면서도 인용하는 사례는 반인륜적이거나 비현실적이어서 교육생을 혼란케 하는 경우가 있다. 이렇게 되기까지는 효를 제대로 가르치지 않았고, 또한 일제 통치 35년과 그 이후까지도 우리의 역사와 문화를 말살하려 했던 세력들에 의해 의도적으로 '왜곡된 효'를 부각시킨 면도 없지 않다. 그렇지 않고서는 효에 대한 본질적 의미가 이처럼 왜곡되어져 왔을 수는 없는 것이다. 그리고 대가족 제도에서 핵가족 제도로, 농경사회에서 산업사회 및 지식정보화 사회로 변화되는 과정에서 시대성을 고려한 효의 연구가 부족했던 것도 이유 중의 하나라 할 수 있다. 우리가 21세기를 살아가고 있으면서 조선시대의 효를 교육해서는 안 된다. 때문에 효 교육은 교육자 자신부터 효를 바르게 아는 것(知識)에서 출발해야 한다.

따라서 제1장(효의 본질과 개념)에서는 「효의 본질과 정의」, 「효의 개념적 의미」를 제시하였다. 「효의 본질과 정의」는 어원(語原)에 나타난 효의 본질적 의미와 효의 정의, 「효의 개념적 의미」에서는 가정윤리로서의 효, 보편적ㆍ이타적 가치로서의 효, 행위적ㆍ실천적 관점에서의 효를 제시하였다.

제2장(효의 패러다임과 현대ㆍ미래적 효)에서는 「효 패러다임의 변화」, 「현대적ㆍ미래적 효의 함의」를 제시하였다. 「효 패러다임의 변화」는 패러다임의 의미, 효와 패러다임, 패러다임 관련 사례를 제시하였고, 「현대적ㆍ미래적 효의 함의」는 효행의 단계와 실천방법, 효의 구분과 영역, 미래가치로서의 효에 대하여 제시하였다.

제3장(효의 대강)에서는 효의 중요한 줄거리를 정리하여 도표로 제시하였다.

제 **1** 장

효의 본질과 개념

　사람들은 효를 말할 때 "효는 인륜질서의 근본이다. 원초적 사랑이다. 인륜이 아닌 천륜이다. 생명존중사상이다" 등으로 일컫는다. 효는 본디 부모와 자식의 관계에서 시작되는 대인간 윤리이자 덕목이다. 그리고 이를 기초로 이웃과 사회, 국가와 자연으로 확대되는 보편적·이타적 가치로 작용한다. 이 내용에 대해서는 제①권 『효의 패러다임과 현대적 개념(효학개론)』의 제1부(효를 어떻게 볼 것인가?)에 자세히 제시한 바 있다. 효는 "부모는 자식을 사랑하고 자식은 부모에게 효도해야 한다(공자)"는 '부자자효(父慈子孝)'와 "부모와 자식 간에는 어떤 경우라도 친함이 유지되어야 한다(맹자)"는 '부자유친(父子有親)', 그리고 "부모는 자식의 벼리(모범, 본보기)가 되어야 한다(동중서)"는 '부위자강(父爲子綱)'을 원리로 한다. 그런데 이러한 효는 그 원리는 변함이 없지만 효를 실천함에 있어서는 시대에 따라, 종교에 따라, 이념에 따라 인식을 달리해왔음을 알아야 한다. 왜냐하면 부모와 자식이 처하고 있는 환경적 요인과 가치 기준이 변해왔기 때문이다. 따라서 현대적 관점에서의 효는 효행장려지원법의 제1조(목적)에 "효를 국가 차원에서 장려함으로써 고령사회 문제를 해결하고 국가발전의 원동 력으로 삼는 외에 세계 문화발전에 이바지 한다"라고 기록되어 있는 것처럼 시대에 부합할 수 있는 효 교육이 되어야 하는 것이다. 이런 맥락에서 효가 가지는 본질적 의미와 정의, 효의 개념적 의미에 대하 여 살펴본다.

I 효의 본질과 정의

1. 어원(語源)으로 살펴본 효의 의미

어원(語源) 중심의 효는 한자의 '孝(효)'와 영문의 'HYO(효)'에서 그 의미를 찾을 수 있다.

〈표 1〉 어원 중심으로 본 효의 의미

① 孝 = 考(고) + 子(자) : 정신적인 효
② 孝 = 老(로) + 子(자) : 물질적인 효
③ HYO = Harmony of the Young and Old : 조화로움의 효

가. 한자에 나타난 효의 어원적 의미

孝라는 한자를 파자해보면, 孝는 考(고)와 子(자), 老(노)와 子(자)의 합자로 구성된 글자이다.

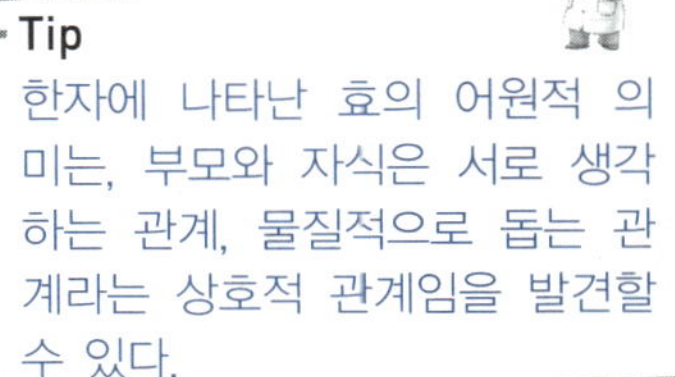

첫째, 孝(효)를 생각할 '고(考)'와 자식 '자(子)'의 합자로 보는 관점이다. 이는 부모와 자식이 서로를 생각하는 관계로 정신적인 효를 뜻한다. 여기서 고(考)는 조상 제사 때 올려놓는 지방(紙榜)의 '현고학생부군신위(顯考學生府君神位)'에서 '현고(顯考)', 즉 조상의 행적을 드러내어 생각하며, 조상님이 원하셨던 방향으로 행한다는 의미를 담고 있다. 따라서 孝(考＋子)는 부모는 자식을 위해 생각하고, 자식은 부모를 위해 생각하는 '상호성에 바탕을 둔' 정신적 효로 이해할 수 있다.

둘째, 늙을 노(老)자와 자식 자(子)의 합자로 보는 관점이다. 이는 『설문해자(說文解字)』에 자식(子)이 늙은 부모(老)를 봉양하는 모습의 글자로 묘사하고 있는데, 이는 물질적 효를 뜻한다. 다시 말해, 늙은 부모를 등에 업고 가는 모습, 젊은이가 고령자를 업고 가는 모습을 연상케 하는 글자이다. 사람은 누구나 어렸을 때 의식주(衣食住) 모두를 부모님이 해결해 주

셨듯이, 부모님의 연세가 많아 나약해지면 의식주면에서 불편함이 없도록 보살펴 드려야 하는 것은 당연하다. 성경에도 "물질을 드림으로써 마음이 함께하도록 해야 한다(마태복음 6:21)"고 했듯이, 물질적으로 부모님을 불편함이 없도록 해드리다 보면 마음도 함께 하기 마련이다. 그런데, 여기서도 '상호성'이 작용한다는 점이다. 즉 孝(老+子)는 '부모와 자식이 서로를 물질적으로 위한다'는 의미인데, 자식이 어렸을 때는 부모가 물질적으로 보살피고, 부모가 늙으면 자식이 부모를 물질적으로 봉양해야 하는 것이다.

나. 영문자에 나타난 효의 어원적 의미

영어의 효는 우리 발음 그대로인 'HYO(효)'로 표기하고, 그 의미를 Harmony of the Young and Old의 약자, 즉 자식세대와 부모세대의 조화, 젊

은 세대와 노인세대의 조화로움으로 해석하는 것이다. 지금까지는 효를 Filial Piety, 또는 Filial Duty 등으로 표기해 왔는데, 이러한 표기는 효를 상호적이 아닌 일방향성으로 해석한 것으로 전통적 효에 대한 영문표기라 할 수 있다. 효를 '자식으로서 부모를 섬기는 도리', '부모에 대한 자식의 사랑과 정성' 등 일방성에 기초하여 해석하다보니 영어의 표기도 그렇게 된 것인데, 현대적 효(HYO)는 '김치'나 '태권도'처럼 우리 발음 그대로 'HYO'로 표기해야 하는 것이다.

이렇게 해야 하는 이유는 공자와 맹자가 생존했던 춘추전국시대부터 "부모는 자식을 사랑하고 자식은 부모에게 효도해야 한다."는 '부

자자효(父慈子孝)', "부모와 자식은 어떤 경우라도 친함을 유지해야 한다."는 '부자유친(父子有親)', "부모는 자식의 벼리가 되어야 한다."는 '부위자강(父爲子綱)'의 원리가 적용되어 왔고, 우리 민족은 상고시대부터 "부모는 마땅히 자식을 사랑하고 자식은 마땅히 부모에게 효도해야 한다(爲父當慈 爲子當孝)."고 했으며, 율곡도 『격몽요결』에서 같은 내용을 강조하고 있다. 이를 종합해 볼 때, 효(HYO)는 당연히 HYO로 해야 하고, Harmony of the Young & Old(노인세대와 젊은 세대의 조화)의 약자로 이해해야 하는 것이다.

2. 효의 본질적 의미

본질(本質)이란 사전적으로 "[어떤 것이 지니고 있는] 가장 중요한 근본적인 성질이나 요소"를 말한다.[1] 따라서 효의 본질적 의미는 효가 지니고 있는 의미 중에서 가장 바탕이 되는 성질로 이해할 수 있는데, 본질의 의미는 한자(漢字)에 잘 나타나 있다. 본(本)은 근본을 의미하고 질(質)은 바탕을 뜻하므로 본질은 곧 근본과 바탕이 되는 것을 말한다. 여기서 질(質)자를 파자(破字)해보면 '斦(모탕 은)'자와 貝(조개 패)자의 합자인데, '모탕'은 나무를 쪼개거나 자를 때에 받쳐 놓는 받침목을 뜻하고 '조개'는 재화를 뜻하므로 '본질' 속에는 사람이 살아가는데는 기본과 재화가 있어야 바탕이 공고해진다라는 의미다.

효의 본질은 『제①권(효의 패러다임과 현대적 개념)의 제5장(문헌에 제시된

1) 이기문 감수, 『새국어 사전』(서울 : 두산 동아, 2004), p.1004

효의 의미)』에 제시된 내용을 기초로 '효란 무엇인가'를 분석하고, 그 가운데에서 본질적 의미를 찾아낼 수 있다. 효의 본질적 의미를 정리하여 제시하면 〈표 2〉과 같다.

<표 2> 효의 본질적 의미

① 효는 부모와 자식의 원초적 사랑이다.
② 효는 부모와 자식의 상호성에 기초한다.
③ 효는 보편적·이타적 가치로 작용한다.
④ 효는 의(義)를 추구한다.
⑤ 효는 예(禮)와 충(忠)의 기초(基礎)이다.

가. 효는 부모와 자식의 원초적 사랑이다.

원초적(原初的)이란 어떤 일이나 현상이 비롯하는 맨 처음이 되는 것을 뜻한다. 효는 인간이 부모로부터 생명을 얻게 되면서 가장 먼저 접하게 되는 사랑의 감정이다. 그 사랑은 태아(胎兒)가 어

머니의 뱃속에서부터 받는 원초적 사랑으로, 태아는 그 감정을 마음과 몸으로 느끼는 가운데 세상에 나오게 된다. 세상에 나와서는 부모가 베푸는 자애(慈愛)를 통해 자식으로서 응답의 이치를 터득하게 되는데, 그 응답은 책임의식의 원천으로 발전하게 되고, 그 책임의식은 주위로부터 신뢰를 얻게 되어 성공의 원동력으로 작용하게 된다. 그러므로 효는 궁극적으로 조화(Harmony)를 이루는 삶을 이루게 해주고,

이를 통해 행복의 길로 안내되는 것이다. 가나안 농군학교에서는 효를 '내리사랑 · 올리효도'로 표현하는데, 이 또한 조화(調和)의 이치에 근거하는 것이다.

　부모는 자식에 대해서 한없는 사랑을 베풀게 된다. 자식을 잉태(孕胎)하는 그 순간부터 자식에게 모든 것을 집중한다. 감기가 걸려도 약을 먹지 못하고 오직 뱃속의 아기가 온전하기만을 바라는 마음으로 고통을 감내(堪耐)한다. 그러다 아기가 세상에 나오면 젖꼭지를 입에 물리고, 젖을 빠는 동안 엄마의 눈을 쳐다보는 아기의 눈과 마주하면서 '눈빛'과 '마음'으로 사랑의 대화를 나눈다. 모유수유가 중요한 이유도 이 때문인데, 이런 과정을 거쳐야 자식이 부모를 사랑하는 마음을 가지게 하는데 도움이 된다. 이러한 사랑을 우리는 원초적 사랑으로 표현한다. 『효경』에 "효는 사랑(德)의 근본이다", "효는 하늘의 법칙(經)이며 땅의 질서(義)이다"라고 했고, 『부모은중경』에 "부모님이 우리를 낳으실 때 서 말 서 되의 피를 흘리시고 여덟 섬 너 말의 젖으로 키우셨다"라고 이르고 있다. 이렇듯 효는 부모한테 가장 먼저 받게 되는 원초적 사랑인 것이다.

나. 효는 부모와 자식의 상호성에 기초한다.

효는 부자자효(父慈子孝)와 부자유친
(父子有親), 부위자강(父爲子綱)의 원리에
기초한 부모와 자식의 쌍무적인 노력이
다. 윗물이 맑아야 아랫물이 맑을 수 있
듯이, 우선은 부모의 역할이 바른 가운

데 자식으로서의 도리가 바르게 되는 것이다. '상호성'과 관련하여
『불경』에는 "자식은 부모를 다섯 가지로 섬겨야 하고, 부모는 역시
다섯 가지로 자식을 돌보아야 한다고 했다. 자식의 다섯 가지는 살림
살이 · 식사제공 · 걱정 끼치지 않음 · 부모의 은혜를 생각하는 일 · 병
을 치료해드리는 일이고, 부모의 다섯 가지는 자식을 위해 좋은 일을
하고 학업을 가르치며 경전과 계율을 지니게 한다. 장가들이고 자식
의 재산을 맡아주는 것이다(불설시가리월육방예경)."라고 했고 『성경』에
는 "네 아버지와 어머니를 공경하라, 이것은 약속이 있는 첫 계명이
니, 이로써 네가 잘되고 땅에서 장수하리라. 또 아비들아 너희 자녀
를 노엽게 하지 말고 오직 주의 교훈과 훈계로 양육하라(에베소서 6:2-
4)", "효는 부모를 기쁘게 하고 걱정 끼치지 않는 것이며, 자녀를 돌보
고 사랑하는 것이다(잠언 23:25, 골로새서 3:21).", 『맹자』에 "부모와 자식
은 친함이 있어야 하고 임금과 신하는 의리가 있어야 하며, 부부간에
는 구별이 있어야 하고 어른과 아이 사이에는 순서가 있어야 하며,
친구사이에는 신의가 있어야 한다(등문공 상편)."[2], 『예기』에 "인의(人義)

---

2) "父子有親 君臣有義 夫婦有別 長幼有序 朋友有信."

란, 부모는 자식을 사랑하고 자식은 부모에게 효도하며, 형은 현량하고 아우는 형을 공경하며, 남편은 의롭고 아내는 남편 말을 들어야 하며, 어른은 은혜로워야 하고 어린이는 순해야 하며, 리더(군주)는 인자해야 하고 구성원(신하)은 충성해야 한다. 이 열 가지를 이르러 인의(人義)라고 한다(예운편).”[3] 『격몽요결』에도 “부모가 되어서는 마땅히 자식을 사랑하고 자식이 되어서는 마땅히 부모에게 효도하고 형제가 되어서는 마땅히 우애가 있어야 한다.”[4]고 했다.

본디 우리 민족은 상고시대부터 효에 대해 “부모가 마땅히 자식을 사랑하고 자식은 마땅히 부모에게 효도해야 한다(爲父當慈 爲子當孝).”고 여겨온 것으로 나타나 있다.[5] 부모가 태아를 잉태하면서부터 사랑을 베풀고, 태아는 어머니의 뱃속에서부터 받는 원초적 사랑을 부모에게 갚으려는 사랑의 감정이 있다. 그래서 조화(Harmony)를 이루는 삶을 살아가게 되는 것이며, 효를 ‘내리사랑·올리효도’라고 하는 것도 같은 맥락이다. 부모의 역할과 도리를 함으로써 결국 자식의 성공을 가져오고, 그러한 부모의 기대에 대해 자식은 성공으로 보답하게 되는 것인데, 이처럼 효는 상호적 성격을 갖는 것이다.

다. 효는 보편적(普遍的)·이타적(利他的) 가치로 작용한다.

보편적(普遍的)이란 ‘모든 것에 공통되거나 들어맞는 것’, ‘두루 널리 미치는 것’을 의미한다. 효를 보편적 가치로 보는 이유는 세상이

---

3) “何謂人義 父慈子孝 兄良弟弟 夫義婦聽 長惠幼順 君仁臣忠 十者謂之人義.”
4) 「序文」“爲父當慈 爲子當孝 爲兄弟當友.”
5) 『격몽요결』의 서문과 『환단고기』 내용 중 「중일」에 나오는 말이다.

아무리 바뀐다고 해도 부모와 자식의 관계는 존재할 수밖에 없으며, 부모와 자식 사이에 형성된 사랑의 감정이 이웃과 사회, 국가와 자연으로 확대되어진다는 이치 때문이다. 이타적이란 '내

가 희생해서 남에게 이로움을 준다'는 의미로 '이기적(利己的)'과 반대되는 뜻이다. 이기적(利己的)은 '나를 이롭게' 하는 것이고, 이타적(利他的)은 '타인을 이롭게' 한다는 것이니, 이타적이란 '남을 이롭게 해주는', '남을 더 생각한다'는 뜻이다. 그래서 남을 위해 헌신하는 사람을 이타적인 사람이라고 한다. 우리의 전통문화인 효가 이타적 가치인 점은 홍익인간 정신에도 나타나 있다. 인류만이 아닌 자연까지도 이롭게 하라는 홍익인간 정신은 고조선(B.C. 2333~B.C. 108)의 건국이념임과 동시에 교육법 제2조(교육이념)에 "홍익인간의 이념 아래 모든 국민으로 하여금 인격을 도야하고 자주적 생활능력과 민주시민으로서 필요한 자질을 갖추게 하여 인간다운 삶을 영위하게 하고 민주국가의 발전과 인류공영의 이상을 실현하는데 이바지함을 목적으로 한다."고 규정하고 있다. 『효경』에도 "부모님을 섬기는 사람은 윗자리에 있어도 거만하지 않고, 아랫자리에 있어도 질서를 어지럽히지 않으며, 같은 무리와 함께 있어도 서로 다투지 않는다."[6], "부모님을 사랑하는 사람은 다른 사람을 미워하지 않고, 부모님을 공경하는 사람은 다

---

6) 『효경』「기효행장」: "事親者 居上不驕 在醜不爭."

른 사람을 업신여기지 않는다."[7]고 했고, 『맹자』에 "자기 집 노인을 공경하여서 그 마음의 다른 집 노인을 공경하는 데까지 미치게 하고, 자기 집 어린이를 사랑하여서 그 마음의 다른 집 어린이를 사랑하는 데까지 미치게 한다. 이렇게 마음을 쓴다면 천하를 쉽게 이끌 수 있다."[8], "리더(군자)는 금수(禽獸)에 대해 그 살아있는 것을 보고서는 그 것이 죽는 것을 차마 보지 못하며, 그 죽는 소리를 듣고서는 차마 그 고기를 먹지 못하는지라, 군자는 주방과 푸줏간을 멀리하는 것이다(양혜왕 상편)."[9]라고 했으며, 『예기』에 "수목(樹木)은 때에 맞춰 베고 금수(禽獸)도 때에 맞춰 죽이지 않으면 효가 아니다(제의편)."[10] 『격몽요결』에도 "항상 온순하고 공손하며, 자애로우며, 남에게 은혜를 베풀며, 사물을 구제함으로써 마음가짐을 삼고, 만약 남을 침노하며 사물을 해치는 따위의 일들은 조금도 마음속에 두어서는 안 된다. 무릇 사람들은 자기에게 이롭게 하려고 반드시 남이나 다른 사물을 침해하게 된다. 그러므로 배우는 자는 먼저 이기심을 끊어 버린 다음에야 이것으로써 어진 것을 배울 수 있다."[11]라고 했다. 이렇듯이 효는 상대방을 이롭게 하는 이타성을 가지는 것이다.

---

7) 『효경』「천자장」: "愛親者 不敢惡於人 敬親者 不敢慢於人."

8) 『맹자』「양혜왕 상편」: "老吾老以及人之老 幼吾幼以及人之幼 天下可運於掌."

9) 『맹자』「양혜왕 상편」: "君子之於禽獸也 見其生 不忍見其死 聞其聲 不忍食其肉 是以 君子 遠庖廚也."

10) 『예기』「제의편」: "樹木以時伐焉 禽獸以時殺焉 不以其時 非孝也."

11) "常以溫恭慈愛惠人濟物, 爲 心, 若其侵 人害 物之事, 則一毫不 可 留於心曲, 凡人, 欲 利於己, 必至 侵害人 物, 故 學者, 先絶利心, 然後 可以學 仁矣."

라. 효는 의(義)를 추구한다.

효는 부모나 자식이 의롭지 않은 일
을 행하면 말려서 불의함에 빠지지 않
고 올바른 길을 갈 수 있도록 하는 것이
다. 사례 **'신생의 효', '원각과 지게' 이
야기 등**[12]에서 볼 수 있듯이 부모가 잘못
하면 간(諫)함으로써 불의(不義)함을 행하
지 않도록 해야 하는 것이다. 자식의 역할

과 도리에 대해 여러 문헌에서 제시하고 있는 것을 보면 『효경』에
"마땅히 의롭지 않은 일이라면 자식은 부모에게 간언하지 않을 수 없
고, 구성원(신하)은 리더(임금)에게 간쟁하지 않을 수 없다. 그러므로 옳
지 않다면 간쟁을 해야 하는 것이지, 부모님의 명령에 무조건 복종하
는 것은 효라고 할 수 없는 것이다(간쟁장)."[13]라고 했고, 『논어』에 "부
모에게 효를 행함에 있어 (부모의) 잘못이 있을 때 슬쩍 간하고, 설령
나의 뜻을 따르지 않더라도 여전히 공경하여 부모의 뜻을 어기지 않
아야 하며, 수고로워도 원망하지 말아야 한다(이인편)."[14]라고 했다. 또
한 『예기』에 "무엇을 인의(人義)라고 하는가, 부모는 자식을 사랑하
고 자식은 부모에게 효도하며, 형은 현량하고 아우는 형을 공경하며,

---

12) 김종두, 『효의 패러다임과 현대적 개념』, 명문당, 2011, pp.26-30

13) "當不義 則子不可 以不爭 於父 臣不可以不爭於君 故 當不義 則爭之 從父之令
又焉得爲 孝乎."

14) "事父母 幾諫 見志不從 又敬不違 勞而不怨."

남편은 의롭고 아내는 남편 말을 경청해야 하며, 어른은 은혜로워야 하고 어린이는 순해야 하며, 군주는 인자해야 하고 신하는 충성해야 한다. 이 열 가지를 이르러 인의라고 한다(예운편).”15)고 했고, 『소학』에도 “자식이 부모를 섬김에 있어서는 세 번 간하여 부모가 듣지 아니하거든, 부르짖어 울면서 따라야 한다(명륜편).”16), “부모와 아들은 뼈와 살이 있는데, 신하와 임금은 의리로 이어져 있으므로 부모에게 잘못이 있으면 자식은 세 번 간하여 듣지 아니하면 따르면서 울고, 리더(임금)가 잘못이 있어 구성원(신하)이 세 번 간하여도 듣지 아니하면, 그 의리를 버리고 떠날 수 있다(계고편).”17)고 이르고 있다. 『명심보감』에 “입신(立身)에는 의(義)가 있으니 효(孝)가 그 근본이요, 상사(喪祀)에는 예(禮)가 있으니 슬퍼함이 근본이요, 전진(戰陣)에 대열(隊列)이 있으니 용기가 근본이다(입교편).”18)라고 했고, 『순자』에도 “효자가 [부모의] 명령을 따르지 않는 세 경우가 있다. 명령을 따르면 부모가 위태롭고 명령을 따르지 않아서 부모가 편안하면 효자는 명을 따르지 않는다. 이것이 충(衷)이다. 명령을 따르면 부모가 욕되고 명령을 따르지 않아서 부모가 명예로우면 명령을 따르지 않는다. 이것이 의(義)이다.

15) 『예기』「예운편」: “何謂人義 父慈子孝 兄良弟弟 夫義婦聽 長惠幼順 君仁臣
    忠 十者謂之人義.”
16) “子之事親也 三諫而不聽 則號泣而隨之.”
17) “父子有骨肉而臣主以義屬 故父有過子三諫而不聽 則隨而號之 人臣三諫而不聽
    則其義可而去矣 於是 遂行.”
18) “子曰 立身有義而孝爲本 喪紀有禮而哀爲本 戰陣有列而勇爲本 治政有理而農
    爲本 居國有道而嗣爲本 生財有時 而力爲本.”

명령을 따르면 금수가 되고 명령을 따르지 않아서 예의를 갖출 수 있다면 명령을 따르지 않는다. 이것이 경(敬)이다. 따라야 할 것과 따르지 않아야 할 대의를 밝혀서 공경과 충성을 다하고 단정하며 신중하게 행동한다면 '큰 효'라 할만하다. 전하는 말에 '도를 따르는 것이지 임금을 따르는 것이 아니며, 의를 따르는 것이지 부모를 따르는 것이 아니다'라고 한 것이 바로 이 뜻이다(자도편)."[19]라고 이르고 있다. 『격몽요결』에도 "일반 사람들 집안의 아버지와 아들의 관계에는 흔히 내리사랑이 부모공경보다 앞서는, 그러한 낡은 폐단을 철저히 씻어 버려야 하고, 자식은 부모를 극진히 공경해야 한다. 부모가 앉고 누우시는 곳에는 자식이 감히 앉거나 눕지 않으며, 부모가 손님을 맞이하는 곳에서는 자식이 감히 사사로운 손님을 맞아서는 안 되며, 부모가 말을 타고 내리는 곳에는 자식이 감히 말을 타고 내리지 않는 것이 옳다."[20]고 했다. 이렇듯이 효는 예와 함께 의로움을 추구하는 것임을 알 수 있다.

마. 효는 예(禮)와 충(忠)의 기초이다.

가정윤리인 효(孝)는 사회윤리인 예(禮)와 국가윤리인 충(忠)의 기초가 된다. 효·예·충의 관계는 이런 점에서 연계성이 있다. 가정에서 부

---

19) "孝子所以不從命有三 從命則親危 不從命則親安 孝子不從命乃衷 從命則親辱 不從命則 親榮 孝子不從命乃義 從命則禽獸 不從明則修飾 孝子不從命乃敬 故可以從而不從 是不子也 未可以從而從 是不衷也 明於從不從之 義 而能致 恭敬忠信 端慤以愼行之 則可謂大孝矣 傳曰 從道不從君 從義不從父 此之謂也."

20) "人家父子間, 多是愛逾於敬, 必須痛洗舊習, 極其尊敬. 父母所坐臥處子不敢坐臥, 所接客處, 子不敢接私客, 上下馬處, 子不敢上下馬, 可也."

모에게 효도하는 사람이 타인과 이웃, 나라와 자연을 위해서 사랑을 실천하게 되는 것이다. 본시 효·예·충은 하나의 정신덕목으로 간주되어 왔는데 옛말에 "자식이 부모에게 예를 다하면 이것이 효이다",

"예로써 임금을 섬기면 이것이 곧 충이다", "자기가 맡은 일에 정성을 다하는 것이 충이며, 충의 실천은 곧 부모를 기쁘게 하는 일이다", "충효는 손의 양면과 같다" 등의 표현에서 알 수 있는 것처럼 '충효'는 연관된 덕목이며 '예'는 충과 효를 잇는 정신 덕목으로 간주되어 온 것이다. 『후한서』에 "나라를 구할 충성된 신하는 효자의 가문에서 나온다."[21]하여 효와 충을 연계하고 있으며, 『충경』에도 "무릇 충이란 자신에게서 일어나 집안에서 드러나고 나라에서 완성되는데 실행하는 것은 모두 한결같다. 그러므로 그 몸을 하나로 하는 것은 충의 시작이요, 그 집안을 한결같게 하는 것은 충의 중간단계요, 그 나라를 하나로 만드는 것은 충의 마지막 단계이다. 몸이 하나가 되면 모든 복록이 이르게 되고, 집안이 한결같게 되면 모든 친족이 화목하게 되며, 나라가 하나가 되면 만인이 다스려지게 된다(천지신명).[22]"라 하여 자기적(自己的) 효와 충을 연계하고 있다. 『격몽요결』에 "예의에 어긋나는 것은 보지 말고, 예의에 어긋나는 것은 듣지 말고, 예의에 어긋

---

21) "求忠臣必於孝子之門."

22) "夫忠興於身 著於家 成於國 其行一焉. 是故 一於其身 忠之始也 一於其家忠 之中也 一於其國 忠之終也. 身一 則百祿至 家一則六親和 國一則萬人理."

나는 것은 말하지 말고, 예의에 어긋나는 것은 행하지 말라. 이 네 가지 것은 몸을 닦는 데 가장 요긴한 것이다. 예의와 예의에 어긋나는 것을 처음 공부하는 이는 분별하기 어려우니, 반드시 사물의 이치를 깊이 궁리하여 밝혀서 다만, 이미 아는 데까지만이라도 함께 행한다면 생각한 바가 이미 반을 넘었다 할 것이다.”[23]라고 했는데, 이를 “효는 덕의 근본이요, 모든 가르침이 그로 말미암아 생겨난다.”[24]는 『효경』의 내용과 연계하면 효성스런 사람이 예를 행하는데 있어서도 성실하다는 것을 알 수 있다. 일반적으로 효·예·충을 설명할 때 우리는 효를 가정윤리이자 근본(根本), 예를 사회의 윤리이자 질서(秩序), 충을 국가의 윤리이자 기강(紀綱)으로 설명한다.

다시 말하면, '효·예·충'을 같은 맥락의 덕목으로 볼 때, 효는 가정에서 부모와 자식 간에 행해져야 할 덕목이므로 인간이 행하는 모든 행위의 근본이고, 예는 사람이 사람다운 도리를 하게 하는 것으로서 사회 구성원간의 조화와 질서를 형성케 하는 덕목이며, 충은 애국심의 발로로써, 국가를 지탱해주는 법도의 대강(大綱)이며 언제나 조국을 생각하게 하는 덕목인 것이다. 건강한 가정이 건전한 사회를, 건강한 가정과 사회가 부강한 국가를 형성케 할 수 있다는 의미에서 효·예·충은 연관된 하나의 정신덕목으로 볼 수 있는데, 이를 도식화하면 〈표 3〉과 같다.

23) “非禮勿視非禮勿聽非禮勿言非禮勿動四者修身之要也禮與非禮初學難辨必須窮理而明之但於已知處力行之則思過半矣.”
24) “孝德之本也 敎之所由生也.”

孝 (가정) ⇒	禮 (사회) ⇒	忠 (국가)
(부모와 자식 간의 정성)	(만인 간의 조화 및 질서)	(나라에 대한 충성)

가정에서의 효는 사회에서 지켜져야 할 예의 기초가 되며, 국가의 기강인 충의 기반이 되는 것이다. 가정은 사회의 기본 단위로 가정이 안정되지 않으면 사회의 안녕을 기대할 수 없고 사회의 안녕을 이룩하자면 먼저 가정이 안정되어야 할 것인데, 그 가정을 다스리려면 부모는 자애로워야 하고 자식은 효성스러워야 한다. 또한 가정과 사회가 모여서 국가가 형성되는 것이므로 건전한 사회, 부강한 국가가 되기 위해서는 효를 바탕으로 가정이 안정되도록 해야 한다는 점에서, 효는 곧 예와 충의 기초가 됨을 알 수 있다.

3. 효의 정의

정의(定義)란 사전적으로 '어떤 일이나 사물의 뜻을 명백히 밝혀 규정함'을 말한다. 그러므로 효를 정의한다는 것은, 효에 대한 뜻을 명백히 밝혀 뜻을 매기는 일이다. 그리고 이는 효가 갖는 본질적 의미를 기초로 해야 하는데, 기존의 효에 대한 정의는 '상호성'이 아닌 '일방성'에 기초하고 있다는 점에서 효에 대한 올바른 정의로 보기

---

25) 김종두, "군장병의 효심과 복무자세간 관계에 관한 연구", 「영남대학교 석사 학위 논문」, 1996, p.6

어렵다. 예컨대 효를 '어버이를 잘 섬기는 일', '어버이를 섬기는 자식의 도리' 등의 표현이다. 효는 협의적(協議的)인 의미와 광의적(廣義的) 의미로 구분해서 정의할 수 있는데, 협의는 가정의 영역을, 광의는 가정을 기초로 이웃과 사회, 국가와 자연으로 확대되는 것을 말한다.

가. 협의의 효

효를 협의적으로 정의(定義)하면, 효는 부모와 자식의 관계에서부터 비롯되므로, "부모는 자식을 사랑하고 자식은 부모에게 효도해야 한다."는 '父慈子孝(부자자효)'와 "부모와 자식은 어떠한 경우라도 친함을 유지해야 한다."는 '父子有親(부자유친)', "부모는 자식의 벼리가 되어야 한다."고 하여 부모의 역할을 강조한 '부위자강(父爲子綱)'에서 원리를 찾을 수 있다. 한마디로 소통(疏通)과 친함을 추구하는 것이다. 따라서 효를 정의하면 "효는 가족구성원이 각자의 도리를 다하는 가정윤리이다.", "효는 가족구성원이 서로를 위하는 가족 사랑이다.", "효는 가족구성원이 각자의 도리를 다하는 쌍무호혜적 가치이다.", "효는 가족구성원이 서로를 위하는 사랑과 정성이다." "효는 가족구성원이 서로를 위하는 보편적 · 이타적 가치이다." 등을 망라할 수 있는데, 각자 입장에 따라 효의 대상이 달라짐으로 〈표 4〉와 같이 정리할 수 있다.

〈표 4〉 효에 대한 협의적 정의[26]

입장	정 의
부모	• 효는 부모로서 자식에 대한 사랑과 정성이다. • 효는 부모로서 자식에 대한 도리이다.
자식	• 효는 자식으로서 부모에 대한 사랑과 정성이다. • 효는 자식으로서 부모를 섬기는 도리이다.
형(언니)	• 효는 형으로서 동생을 사랑하고 우애함으로써 부모가 걱정하지 않고 기뻐하시도록 하는 일이다.
동생	• 효는 아우로서 형을 공경하고 우애함으로써 부모가 걱정하지 않고 기뻐하시도록 하는 일이다.
남편	• 효는 남편으로서 아내와 자녀를 사랑하여 가족이 걱정하지 않게 하고 가정을 화목하게 하는 일이다.
아내	• 효는 아내로서 남편과 자녀를 사랑하여 가족이 걱정하지 않게 하고 가정을 화목하게 하는 일이다.

나. 광의의 효

효를 광의적으로 해석하면, 세상 어디에서든 부모와 자식의 관계는 존재하기 마련이므로 보편성(普遍性)을 가지며, 가정에서 형성된 사랑의 가치를 타인과 이웃, 사회와 국가, 자연에 이르게 한다는 점에서 이타성(利他性)을 가진다. 그리고 이러한 이타적 작용은 사람에게만이 아니라 나라를 비롯한 나무와 짐승, 환경 등 자연에 이르기까지 확대된다고 『후한서』, 『예기』, 『맹자』 등 문헌에 제시되어 있다. 따라서 광의적 효는 〈표 5〉와 같이 정리할 수 있다.

26) 김종두, 『효의 패러다임과 현대적 개념』, 명문당, 2011, pp.316-317

> • 효는 가족사랑과 가정윤리를 바탕으로 이웃과 사회, 나라와
>   자연을 사랑하는 인류의 보편적 · 이타적 가치이다.
> • 효는 부모와 자식의 원초적 사랑을 바탕으로 이웃과 사회,
>   나라와 자연을 사랑하는 인류의 보편적 · 이타적 가치이다.

II 효의 개념적 의미

개념(槪念)이란 '어떤 사물의 현상에 대한 일반적인 지식', 또는 '여러 관념 속에서 공통적 요소를 뽑아 종합하여 얻은 하나의 보편적인 관념'[28)]이다. 그러므로 효의 개념은 여러 문헌에 나타나 있는 공통요소를 뽑아 종합하여 얻은 하나의 보편적인 관념이라 할 수 있다.

효는 가정에서 부모와 자식의 관계에서부터 비롯되어 형제 · 자매 등 가족 사랑과 가족구성원에게 적용되는 '가정윤리'적 측면과, 아무리 세상이 변한다 해도 부모와 자식, 가족구성원의 관계는 존재하기 마련이므로 가정에서 형성된 사랑의 가치를 이웃과 사회, 자연과 국가 등에 모두 적용되는 보편적(普遍的) · 이타적(利他的) 가치로 작용하게 된다.

27) 김종두, 『효의 패러다임과 현대적 개념』, 명문당, 2011, pp. 318-319
28) 네이버 국어사전(2011. 3. 2)

문헌에 제시된 내용에서도 찾아볼 수 있듯이, 효는 부모와 자식의 원초적 사랑을 기초로 의(義)를 추구하는 가운데 선(善)의 모범이 되고 인간의 삶의 기준으로 작용한다. 그리고 부모에게 효도하는 사람은 사람됨을 바탕으로 남을 업신여기거나 거만하지도 않고 주변 사람들과 사이좋게 지내는 등 타인(他人)을 배려하기 마련이다. 또한 이런 삶을 살아가는 사람은 복을 받고 장수의 축복이 따르기 마련인데, 이처럼 남을 이롭게 하는 홍익인간(弘益人間) 정신에 기초하는 효는 조화(調和, Harmony)의 이치이자 인륜질서의 근본으로 작용한다. 이런 점에서 효는 가정윤리로서의 효와 보편적·이타적 가치로서의 효, 행위적·실천적 개념으로서의 효로 개념화할 수 있으며, 이를 정리하면 〈표 6〉과 같다.

〈표 6〉 효의 개념[29]

① 가정윤리로서의 효
② 보편적·이타적 가치로서의 효
③ 행위적·실천적 관점에서의 효

1. 가정윤리로서의 효

家庭(가정)은 집(家)과 뜰(庭)이 있는 곳이다. 여러 식구가 사는 집에 정원이 가꾸어져 있고 오순도순 모여서 사랑을 나누는 곳

Tip

효는 가족사랑고· 가정윤리를 기초로 부모는 자식을, 자식은 부모를 기쁘게, 걱정하지 않게 하는 것이다. 윗물이 맑지 않고 아랫물이 맑을 수는 없는 이치와 같다.

---

29) 김종두, 『효의 패러다임과 현대적 개념』, 명문당, 2011, pp. 205 - 315

이 바로 가정이다. 다시 말해서 가족이 생활하는 집, 또는 가까운 혈연관계에 있는 사람들이 모여 있는 생활 공동체이다. 가정은 가족의 모든 성원이 편안하고 단란한, 행복한 삶을 이루는 소망을 가진 곳이다. 경제적 안정을 기반으로 자녀를 낳아 기르고 가르치며 도덕성을 함양시키는 가정을 일컬어 인간 최초의 학교, 사회의 기초단위 등으로 표현하는 이유도 이 때문이며, 삶의 기초이자 근본을 제공하는 곳이 가정이다. "자식이 효도하면 부모가 즐겁고, 가정이 화목하면 만사가 이루어진다(子孝雙親樂 家和萬事成)"라고 『명심보감』에 나와 있는 것처럼, 효는 가정이 역할과 기능을 수행하는데 요구되는 덕목이자 윤리이고 가치이다. 최근 서구 문물이 여과 없이 들어오고 농경사회에

서 산업사회·정보화 사회로의 급변과 함께 대가족에서 핵가족 제도로 변화되면서 가정의 역할과 기능이 제대로 발휘되지 못하는 면이 있다. 그러나 아무리 세상이 변한다 해도 가정의 역할과 기능은 유지되어야 하는 것인데, 가족구성원간 각자의 도리를 다하게 하는 것이 '효'이다. 가정을 사회의 축소판으로 보는 이유도 가정에서 가족구성원의 관계가 곧 사회 구성원간 관계의 출발이기 때문이다. 결과적으로 가정에서의 인간관계가 사회에서의 사람 관계로 영향을 미치게 되는 것이다. 가정윤리가 중요한 또 다른 이유는 가정이 무너지면 자녀교육도 실패하게 되는 것은 물론 사회를 혼란에 빠뜨리고 국가도 위태로와 질 수 있기 때문이다. 가정윤리로서의 효는 〈표 7〉과 같이 정리할 수 있다.

〈표 7〉 가정윤리로서의 효[30]

① 효는 부모가 자식을 사랑하는 것이다.
② 효는 조상과 부모를 공경하는 것이다.
③ 효는 부모를 물질로 봉양하는 것이다.
④ 효는 입신양명을 통해 부모를 기쁘게 해드리는 것이다.
⑤ 효는 부모에게 간(諫)함으로써 불의함에 빠지지 않게 하는 것이다.
⑥ 효는 가족 사랑을 실천하여 우애(하모니)를 이루는 것이다.
⑦ 효는 부모와 자식이 서로 도리를 다하는 쌍무적인 노력이다.

---

30) 김종두, 『효의 패러다임과 현대적 개념』, 명문당, 2011, pp. 205−236

2. 보편적·이타적(利他的) 가치로서의 효

보편적(普遍的)이란 '모든 것에 공통되거나 들어맞는 것', '두루 널리 미치는 것'을 의미하고, 이타적(利他的)이란 '남에게 이로움을 주는'의 뜻이다. 가치(價値)란 '인간정신의 목표가 되는 보편타당의 당위', 또는 '행동의 기준이 되는 주요원칙'으로 설명할 수 있다. 효를 보편적이면서 이타적 가치로 보는 것은 가정에서 부모·자식, 형제·자매 사이에 형성된 따뜻한 마음이 타인과 이웃, 사회와 국가, 자연으로 확대되어 작용되어야 하는 것은 아무리 세상이 변한다 해도 변할 수 없는 것이기 때문이다. 제①권 『효의 패러다임과 현대적 개념』 제6장(효의 본질과 개념)에 제시한 내용을 간추려서 제시하면 〈표 8〉과 같이 정리할 수 있다.

〈표 8〉 보편적·이타적 가치로서의 효[31]

① 효는 하늘을 경외하는 마음이다.
② 효는 어른과 스승을 공경하는 마음의 발로(發露)이다.
③ 효는 타인과 이웃을 위하는 마음의 발로(發露)이다.
④ 효는 어린이와 제자를 사랑하는 마음의 발로(發露)이다.
⑤ 효는 나라를 사랑하는 마음의 발로(發露)이다.
⑥ 효는 자연을 사랑하는 마음의 발로(發露)이다.

---

31) 김종두, 『효의 패러다임과 현대적 개념』, 명문당, 2011, pp. 267-300

3. 행위적·실천적 관점에서의 효

효를 행위적 개념으로 보는 것은, 효를 실천적 영역으로 보는 것이다. 효는 실천이 따르지 않으면 의미가 없다. 예컨대 부모가 자식을 돌보아야 한다는 것을 알고 있으면서도 돌봄의 실천이 없는 부모의 행위는 아무런 의미가 없는 것이고, 자식이 늙으신 부모님에게 말로만 효도하겠다고 하고 실천을 하지 않으면, 하늘의 이치를 어기는 것임은 물론 부모님을 두 번 속상하게 하는 일이 된다. 따라서 효는 실천이 따라야 하는데, 이는 '3통'의 효와 '7행'의 효로 나누어 설명할 수 있다.

가. '3통'의 효

'3통'이란 종교를 초월하는 통교(通敎), 시대를 초월하는 통시(通時), 이념을 초월하는 통념(通念)을 뜻한다. 유구한 역사를 이어온 우리 민족의 자랑스러운 유산은 경천애인(敬天愛人)과 홍익인간(弘益人間)의 사상

> **Tip**
> 효는 종교 및 종파, 이념, 시대의 벽을 뛰어넘는 보편적(普遍的)·이타적(利他的) 가치이다. 따라서 효를 통해 모든 인간을 하모니의 세계로 안내할 수 있는 것이다.

을 바탕으로 모두를 잘 살게 하는 정신이며, 그 선(善)과 의지(意志)의 중심축은 효(孝) 사상이다. 효 사상은 우리 민족의 정체성을 발현해 온 원동력이며, 숭고한 정신적 자산이다. 그런데 시대의 급격한 변화는 우리의 삶을 이끌던 전통적 가치들을 소홀히 하는 우를 범하게 되었다. 이러한 때에 인간을 인간답게 지켜내고 세대·지역·계층 간 갈등을 불식시키며, 종교적·이념적 위화감을 화해와 평화로 용해해 낼

수 있는 힘을 효 정신에서 찾아야 한다고 본다. 따라서 효는 3통이다. 이를 정리하면 〈표 9〉와 같다.

〈표 9〉 '3통'의 효

① 통교적 효	② 통시적 효	③ 통념적 효

첫째, 효는 종교와 종파를 포괄하는 통교(通敎)적 가치이다. 어떤 종교(宗敎)이든 높고 큰 가르침을 주는 역할과 기능을 수행한다. 그리고 가르침 중에는 부모가 자식을 사랑하고 자식이 부모를 공경하고 봉양하는 것은 가르침 중에 가장 우선시 되어야 할 내용이다. 이런 맥락에서 모든 종교에서 부모를 공경하라고 가르치고 있는 것이다.

둘째, 시대와 공간을 아우르는 통시(通時)적 문화이다. 효는 과거와 현재, 미래를 불문하고 필요한 가치이며 아무리 세상이 변한다 해도 부모와 자식의 관계는 존재할 수밖에 없다는 점에서 통시적이며, 또한 어떤 국가를 간다고 해도 부모와 자식의 관계는 있기 마련이라는 점에서 효는 시대와 공간을 초월하는 가치이고 문화이다.

셋째, 이념과 사상을 뛰어넘는 통념(痛念)적 정신이다. 이념이란 '이상적인 것으로 여겨지는 생각이나 견해', 또는 '목표로 삼고 지향해야 할 가치체계'를 뜻한다. 따라서 효는 인류가 추구해야 할 이상적인 것이며 목표로 삼아야 할 가치이다. 이런 점에서 효는 이념을 뛰어넘는 통념적인 정신이다.

나. '7행'의 효

'7행'은 '효를 실천하는 일곱 가지 행동'을 의미한다. 이는 한국효운동단체총연합회에서 비전으로 선포한 내용을 약간 변형해서 정리한 내용이다. 효의 실천 형태는 〈표 10〉과 같이 정리할 수 있다.

〈표 10〉 7행의 효[32]

① 〔天〕: 경천애인(敬天愛人)을 실천한다.
② 〔上〕: 부모와 스승, 어른을 공경한다.
③ 〔平〕: 가족을 사랑하며 이웃을 사랑한다.
④ 〔下〕: 자식, 어린이, 제자를 사랑한다.
⑤ 〔己〕: 자기 자신을 사랑한다.
⑥ 〔國〕: 나라를 사랑한다.
⑦ 〔自〕: 자연을 사랑하고 환경을 보호한다.

이는 효(HYO)를 보편적·이타적 가치로 확대하여 적용하는 개념이다. 이런 내용은 『효경』을 비롯한 『불경』, 『성경』, 『논어』, 『맹자』, 『예기』 등 여러 문헌의 내용을 종합한 것인데, 효연합회에서 발표한 내용에는 '자기사랑'이 빠진 대신 '가족사랑'과 '이웃사랑'을 분리하여 7가지로 제시하고 있는데, 이것이 차이점이다.

32) 김종두, 『효의 패러다임과 현대적 개념』, 명문당, 2011, pp. 302−315

제 2 장

효의 패러다임과
현대적 · 미래적 효

효를 교육해 왔던 사람들 중에는 "효는 인륜질서의 근본이다"라면서도 막상 인용하는 사례는 반인륜적이거나 비현실적이어서 교육받는 학생들에게는 혼란을 주는 경우가 있다. 예컨대 '심청전', '나무꾼과 선녀', '손순매아(孫順埋兒)', '향득사지(向得舍知)' 등이 그렇다. 우리가 21세기를 살아가면서 실천하기가 어려운 조선시대 이전의 효를 학생들에게 요구함으로써 결과적으로 효를 외면하도록 하고 있는 것이다. 왜, 많은 사례 중에서, 하필이면 효의 원리에 어긋나는 사례들이 부각되고 있는가에 대해서도 의문을 가지게 된다. 그리고 이런 문제는 결국 효에 대한 패러다임의 문제와 연계된다. 효 사례는 자식으로서 부모의 기대에 부합하도록 자기 성실을 기초로 고통을 극복하며 효를 실천한 인물들, 예컨대 박정희, 박찬석, 박찬호, 박태환, 반기문, 신지애, 이대호, 지소연, 현숙, 홍수환 등의 사례를 인용하는 것이 더 바람직하다고 본다.

I 효 패러다임의 변화

1. 패러다임의 의미

"패러다임이란 한 시대를 지배하는 과학적 인식·이론·관습·사고·관념·가치관 등이 결합된 총체적 개념의 집합체로서 동시대의 학자들이 공통적으로 갖고 있는 생각의 틀이다(토마스 쿤).", "삶의 방식을 조율하는 의식의 지도이다(제임스 C. 헌터)."라는 표현에서 보듯이 '그 시대의 사물에 대한 인식과 이에 대한 관점'으로 이해할 수 있다. 미국의 과학자이자 철학자인 쿤은 그의 저서 『과학혁명의 구조』에서 '패러다임'은 '사례·예제·실례' 등을 뜻하는 그리스어(語) 파라데이그마(paradeigma)에서 유래한 용어이며, 이는 언어학에서 빌려온 개념이다.[33]라고 설명하고 있다.

따라서 효 패러다임은 '이 시대의 효는 어떤 것이어야 하는가?', '효와 삶을 어떻게 연계하고 조율해 나갈 것인가?'에 대한 인식이자 관점이라 할 수 있다. 예컨대 세상을 바라볼 때 어떤 색깔의 안경을

---

33) 최병순, 『군리더십』, 북코리아, 2010, p.114

끼고 세상을 바라보느냐에 따라 세상이 노랗게도, 빨갛게도, 파랗게 보이는 것과 마찬가지로 효를 어떻게 인식하고, 어떤 관점에서 바라보느냐에 따라 효에 대한 인식과 관점이 다르게 와 닿음으로써 행동으로 전환하는데도 영향을 미치게 된다.

현대의 21세기를 일컬어 지식정보화의 시대, 문화의 시대라고 하는데, 이 말은 효에 대한 지식(知識)이라는 것이, 효에 대해 바로 알고(知) 시대적으로 맞는 개념인가를 식별(識)할 수 있을 때 비로소 '효 관련 지식(知識)'이라 할 수 있고, 정보화(情報化)라는 것도 리더가 뜻(情)하는 바를 상대방에게 알려줘서(報) 변화(化)를 이끌어낼 수 있을 때 '정보화(情報化) 역량'을 구비했다고 할 수 있다.

그리고 문화의 시대에서 문화(文化)의 의미는, 용어의 범주가 넓어서 한마디로 표현하기는 어렵지만, 글자의 의미로 보면 문(文)은 '밝게 하다', 화(化)는 '되게 하다'의 뜻이 있으므로 문화(文化)는 '인간의 삶을 밝게 해주는 그 무엇'으로 해석할 수 있다. 따라서 '효 문화(文化)'는 효를 통하여 인간세상이 밝은 모습으로 변해가도록 하는 것으로 이해할 수 있다. 이런 맥락에서 효를 가르치기 위해서는 리더 자신부터 효에 대한 바른 패러다임이 필요하며, 효를 지식(知識)과 정보화(情報化), 그리고 문화(文化)에 부합하도록 교육할 수 있는 역량이 요구된다.

2. 효와 패러다임

효를 패러다임의 틀에서 보면, 시대에 따라 이념에 따라 다르게 인식되어 왔음을 볼 수 있다. 다시 말해서, 공맹(孔孟)시대의 효와 조선시대의 효, 그리고 현대의 효에 대한 실체와 인식이 다를 수 있는 것이다. 예컨대 조선시대에는 어떤 장수가 부모상(喪)을 당하고서도 전장에서 소임을 다했을 경우에, 조정에서는 "그런 불효막심한 장수는 처벌하는 것이 마땅하다"고 갑론을박하는 것이 당시 효의 패러다임이라면, 얼마 전 탤런트 이순재 씨가 모친상(喪)을 당하고서도 공연 스케줄에 따라, 장례식장이 아닌 공연장에서 관객과의 약속을 지켰던 예(例)는 현대적 효의 패러다임이라 할 수 있다. 또한 필자가 군대에서 효를 교육할 때도, 모(某) 상관이 "자네 군대에서 효를 교육하면 장병들이 전투를 못하게 되네, '신체발부수지부모불감훼상효지시야(身體髮膚受之父母不敢毁傷孝之始也)' 라고 하지 않았던가?! 군대에서 효를 교육하면 안되네…"라고 훈계(?)했던 것도 잘못된 패러다임 때문이다. 왜냐하면 화랑 관창, 충무공 이순신, 안중근 의사, 김구 선생 등의 부모는 나라를 위해 적과 싸우는 자식을 대견스럽게 생각했지, 불효로 여기지 않았다는 점을 상기할 필요가 있다. '신체발부' 라는 말은 『효경』에 공자가 한 말이지만, 『예기』에는 "군인이 전쟁터에서 용감하지 않으면 효가 아니다", 『논어』에는 "부모의 뜻을 살피고 부모가 돌아가신 뒤에도 부모의 뜻을 고치지 말아야 효라 할 수 있다"고 한 것처럼, 바람직한 방향으로 행하는 것이 효인 것이다.

원래 공맹(孔孟)시대부터 효는 부모는 자식을 사랑하고 자식은 부모에게 효도해야 한다는 ‘부자자효(父慈子孝)’와 부모와 자식은 어떤 경우라도 친함을 유지해야 한다는 ‘부자유친(父子有親)’, “부모는 자식의 벼리가 되어야 한다”는 ‘부위자강(父爲子綱)’의 원칙에서 ‘상호성(相互性)’과 보편성(普遍性)·이타성(利他性)을 발견할 수 있다. 그런데 조선시대에 오면서 상호성에 기초한다기보다는 자식이 부모를 공경하고 순종하는, 일방성에 기초한 ‘강요의 효’, 임금의 통치 이데올로기에 부합하는 충(忠)에 종속된 면이 있었다. 공경과 순종이 효인 것은 맞지만, 부모가 먼저 부모다워야 한다는 순리를 앞세우지 않고 자식은 무조건 부모를 따라야 한다는 자식의 희생과 일방성의 논리에 바탕을 둔 채, 교육에서도 소홀히 다루어져 온 것이다. 이는 다산(茶山) 정약용(丁若鏞)이 주자학을 주장하는 조선시대 학자들에게 “공자와 맹자 시대의 본연 사상으로 돌아가야 한다.”라고 주장했던 것과 맥을 같이하는 것이다. 다시 말하면, 공자가 주장한 ‘부자자효(父慈子孝)’와 맹자가 주장한 ‘부자유친(父子有親)’의 원리에 바탕을 둔 효 사상으로 돌아가야 한다고 역설했던 이유를 알아야 한다. 따라서 21세기 현대의 효는 상호성에 기초한 ‘소통의 효’이어야 하는 것이다.

3. 효 패러다임 관련 사례

효를 어떤 패러다임으로 볼 것인가? 이 점에 대해서는 이해를 돕기 위해 두 가지 관점에서 사례를 제시하였다. 하나는 효에 대한 인식과 관련된 것이고, 또 하나는 효를 외래 사상으로 보는 것에 대한 정체성과 관련되는 사례이다. 이 중에서 효의 인식과 관련된 사례는, 현재 효에 대한 인식이 효를 분별하고 판단하여 알고 있는 상태가 과연 바른 것인지를 생각해보기 위해서이다. 다시 말해서, 효의 본질적 의미와 다르게 해석되어져 교육에 활용되고 있는 경우를 살펴봄으로써 효에 대한 올바른 패러다임을 가지도록 하기 위함이다. 예컨대 동화 '나무꾼과 선녀'에서 나무꾼의 행위, 소설 심청전에 나타난 전반적인 내용, 삼국유사의 '손순매아(孫順埋兒)'에서 아버지인 손순의 행위 등은 반인륜적이거나 비현실적인 사례들이다. 관련 사례에 대해서는 제 ①권 『효의 패러다임과 현대적 개념』의 [사례 1∼6]에 자세한 해설과 함께 제시하였으며 제목을 제시하면 〈표 11〉과 같다.

〈표 11〉 효 패러다임 사례[34]

① '신생의 효성'에 대한 인식
② '원각의 효와 지게 이야기'에 대한 인식
③ '성무구어의 효'에 대한 인식
④ '손순매아'의 효에 대한 인식
⑤ '효녀 심청' 사례에 대한 인식
⑥ '나무꾼과 선녀' 사례에서 나무꾼의 효행에 대한 인식

다음 효의 정체성과 관련된 사례는 역사의식과도 연관된 내용으로, 효의 유래가 "효는 중국에서 비롯되었다", "효는 한국의 고유사상이다."라는 시각이 있는데, 이는 효야말로 인류의 시작과 함께 어디에서나 존재해왔다는 점에서, 한국인에게는 한국문화에 기초한 효가 존

---

34) 김종두, 『효의 패러다임과 현대적 개념』, 명문당, 2011, pp. 26−47

재해왔을 것이라는 점을 이해하기 위한 것이다. 관련 사례에 대해서는 제①권 『효의 패러다임과 현대적 개념』의 [사례 7～10]에 자세한 해설과 함께 제시하였으며, 제목을 제시하면 〈표 12〉와 같다.

〈표 12〉 효 정체성 사례[35]

① '동쪽의 오랑캐족' 의미와 정체성
② '고려장' 의 진실과 고려의 효
③ '남존여비' 의 유래에 대한 인식
④ '사이토 교육시책' 에 의한 역사 · 문화 말살 정책에 대한 인식

II 현대적 · 미래적 효의 함의

1. 효의 실천단계와 실천방법

효의 실천단계는 세 단계로 나눌 수 있다. 첫째는 낮은 단계의 효, 둘째는 높은 단계의 효, 셋째는 더 높은 단계의 효이다. 낮은 단계는 부모와 자식이 서로에게 걱정을 끼치지 않는 것이고, 높은 단계의 효는 서로를 기쁘게, 더 높은 단계의 효는 서로가 잘되기 위하 노력해서 입신양명(立身揚名)의 길을 가는 것이다. 자식의 입장에서 낮은 단계

---

35) 김종두, 『효의 패러다임과 현대적 개념』, 명문당, 2011, pp. 48−63

의 효는 부모님을 걱정 끼쳐 드리지 않는 것이고, 높은 단계의 효는 부모님을 기쁘게 해드리는 것이며, 더 높은 단계의 효는 자식이 잘되는 것(立身揚名)이다. 부모의 입장에서 낮은 단계의 효는 부모로서 자식을 걱정하지 않게 하는 것이고, 높은 단계의 효는 부모로서 자식이 기뻐하도록 처신하는 것이며, 더 높은 단계의 효는 부모가 잘되는 것이다.

현대적 효의 실천 방법에는 정신적인 효와 물질적인 효, 하모니의 효로 구분할 수 있다. 정신적인 효는 부모를 소외시키지 않는 등 정신적으로 편안하게 해드리는 효이다. 『효경』과 『성경』, 『불경』과 『논어』, 『맹자』와 『예기』 등에서 "부모를 공경하라", "부모에게 순종하라", "가장 큰 효는 부모의 뜻을 존중하는 것이다(大孝尊親)"라는 표현은 정신적으로 편안함을 드리라는 뜻이다. 다음 물질적인 효는 물질적으로 불편함이 없도록 해드리는 것이다. 자식이 어렸을 때 부모님이 먹고 입는 것, 공부하는 것, 의료비 등 모든 것을 해결해 주셨듯이 자식으로서도 부모님이 늙으시면 의식주(衣食住) 문제를 비롯한 용돈 문제 등에 대해 부족함이 없도록 보살펴 드려야 한다. 마지막으로 하모니의 효는 서로가 조화(하모니)를 추구하는 것이다. 부모는 자식이 잘되는 방향으로, 자식은 부모가 원하는 방향으로 노력하는 것을 말한다.

2. 효의 구분과 영역

현대적 효는 21세기에 어울리는 효를 말한다. 현대 사회는 과거 농경사회에 대가족이 함께 생활했던 시대와 달리 핵가족화 시대가 도래

㉿來)하면서 생활패턴이 많이 바뀌었다. 홀로 사는 노인과 부모의 도움을 받지 못하는 어린이들이 늘어나고 있으며, 이농(離農) 현상이 늘어나면서 혼자 사는 노인이 많아지고 가족이 아닌 이웃이나 종교 단체 등의 도움으로 살아가야 하는 노인들이 늘어나고 있다. 그리고 경제 사정 등으로 부모가 가출하는 현상이 늘면서 조부모나 위탁시설에 맡겨지는 어린이들이 많아지고 있다. 또한 자식이 있는 노인이라 하더라도 어쩔 수 없는 사정으로 혼자 살아가야 하는 경우도 있다.

이제는 효를 가정의 문제로만 보아서는 안 되고, 개인과 가정, 사회와 국가라는 각각의 영역에서 역할이 있어야 할 것인데, 이런 맥락에서 현대의 효 패러다임은 자식이 부모를 공경하고 가족을 사랑하는 의미라는 '가정 윤리적' 틀에서 확대해서 적용할 필요가 있다.

최근 '가족 실태조사' 설문에서 한지붕 아래서 함께 살지 않으면, 혈연의 관계라 할지라도 가족으로 여기지 않는 사람의 수가 80%를 넘는 것으로 나타나고 있다. 우리나라 국민들이 생각하는 가족의 범위를 보면, 할머니·할아버지를 '우리 가족'으로 인식하는 비율이 23.4%로, 5년 전 63.8%에 비해 크게 낮아졌다. 국민 10명 중 무려 8명이 '조부모는 우리 가족이 아니다' 라고 생각한다는 충격적인 조사[36]가 발표된 바 있다.

지식과 정보화 사회, 문화의 시대로 불리는 현대는 그 특성상, 자식의 효심이 있고 없고를 떠나서, 부모의 사랑이 깊고 얕음을 떠나서 가정의 힘으로는 어찌할 수 없는 경우가 발생하고 있다. 때문에 현대

---

36) 이미정 기자, 『노년시대신문(256호)』, 2011. 2. 10

적 의미의 효는 개인과 가정, 사회와 국가의 영역에서 각각의 역할이 필요하다. '개인' 영역의 효는 자기 자신에게 충실함으로써 입신양명(立身揚名)을 통해 부모님에게 기쁨을 드리는 것이고, '가정' 영역의 효는 가족구성원 서로가 도리를 다하는 것이고 '사회적 효'는 가족의 도움이나 보살핌을 받을 수 없는 어린이나 노인을 이웃이나 사회단체에서 보살피는 것이다. 또한 국가적 효는 국가가 나서서 정부주도로 법과 제도를 통해 효를 살려나가는 것이다. 이런 맥락에서 개인, 가정, 사회, 국가의 영역의 효를 정리하면 〈표 13〉과 같다.

〈표 13〉 효의 구분과 영역[37]

① 자기적 효	② 가정적 효
③ 사회적 효	④ 국가적 효

가. 자기적 효

자기적 효는 일명 수신(修身)의 효를 말한다. 즉 자기 자신을 수양해서 부모를 걱정 끼쳐드리지 않을 뿐 아니라 입신양명(立身揚名)을 통해 기쁨을 드리는 효이다. 자기를 알고 부모의 존재를 아는 정체성을 바탕으로 성실성에 기초한 자기계발(自己啓發)과 입신양명(立身揚名)을 통하여 부모님께

37) 김종두, 『효의 패러다임과 현대적 개념』, 명문당, 2011, pp.323−388

기쁨을 드리는 효이다. 부모님이 나를 잉태하시고 열 달 동안 애지중
지 품어주셨다가 온전한 몸으로 낳아주시고 젖먹이에서 우치원·
초·중·고등학교와 대학에 이르기까지 가르쳐 주시는 동안 온몸으
로 돌봐주신 부모님을 기쁘게 해 드리기 위해 노력하는 효이다. ‘나’
는 곧 부모님의 분신이므로 부모님 기대에 보답하는 삶을 살아야 한
다. 나로 인하여 부모님이 걱정하시지 않도록 자기 몸을 잘 간수하는
데서부터 출발하는 자세이다. 『부모은중경』에 “부모님께서는 나를
낳으실 때 서 말 서 되의 피를 흘리시고, 여덟 섬 너 말의 젖으로 키
우셨으니 내 몸을 소중히 해야 한다.”고 했고, 『효경(孝經)』에 “몸과 머
리카락, 피부까지도 부모님으로부터 받았으므로 다치거나 상하게 하
지 않는 것이 효의 시작이다(개종명의장).”38) “성공함으로써 후대에 이

---

38) “身體髮膚 受之父母 不敢毁傷 孝之始也.”

름을 날려 부모님 이름을 드러나게 하는 것이 효의 마지막이다(개종명의장).”39), “효는 어버이를 섬기는 일에서 시작하여 다음에는 나라를 위해 일하고, 마지막에는 자신이 성공하여 이름을 세우는 것이다(개종명의장).”40)라고 하였고, 『예기(禮記)』에 “효자가 어두운 곳에서 일을 하지 않으며 위험한 곳에 오르지 않는 것은 어버이를 욕되게 할까 두렵기 때문이다(곡례상편).”41)라고 하였다. 또한 『성경(聖經)』에 “무릇 지킬 만한 것보다 더욱 네 마음을 지키라. 생명의 근원이 여기에서 남이니라(잠언 5:23).” 하였고, 『불경(佛經)』에도 “우주만물 중에서는 ‘나’ 자신이 가장 존엄한 존재다(서응경).”42)라고 하였으며, 노자는 “타인과 싸워서 이기는 사람이 강한 사람이지만, 자신과 싸워서 이기는 사람이 더 강한 사람이다”라고 했다. 『격몽요결』에서도 “예의에 어긋나는 것은 보지 말고, 예의에 어긋나는 것은 듣지 말고, 예의에 어긋나는 것은 말하지 말고, 예의에 어긋나는 것은 행하지 말라. 이 네 가지 것은 몸을 닦는 데 가장 요긴한 것이다. 예의와 예의에 어긋나는 것을 처음 공부하는 이는 분별하기 어려우니, 반드시 사물의 이치를 깊이 궁리하여 밝혀서 다만, 이미 아는 데까지 만이라도 함께 행한다면 생각한 바가 이미 반을 넘었다 할 것이다(지신장).”43), “마땅히 신심(身心)을

39) “立身行道 揚名於後世 以顯父母 孝之終也.”
40) “孝始於事親 中於事君 終於立身揚名.”
41) “孝子不服闇 不登危 懼辱親也.”
42) “天上天下唯我獨尊.”
43) “非禮勿視非禮勿聽非禮勿言非禮勿動四者修身之要也禮與非禮初學難辨必須窮理而明之但於已知處力行之則思過半矣.”

바르게 해서 표리(表裏)가 하나같이 하여 아무리 깊숙한 곳에 있어서도 드러난 곳에 있는 것 같이 하고, 혼자 있더라도 여럿이 있는 것 같이 해서, 내 마음이 명백하여 조금도 은폐하거나 의혹하는 것이 없어서 남들이 나를 볼 수 있도록 할 것이다(지신장)."[44], "날마다 자주 자기 몸을 돌이켜 자세히 검사하여서 혹시 마음이 올바른 데 있지 않은가, 학문이 퇴보되지 않는가, 행실에 힘을 쓰지 않는가를 살핀다. 만일 이 세 가지 중에 한 가지라도 있으면 이것을 고치고 없으면 더 힘써서 부지런히 하고 게으르지 말아서 자기 몸이 죽은 뒤에라야 그만둘 것이다(지신장)."[45]라고 하여 자기 성실을 강조하고 있다.

이처럼 자기 자신은 부모님으로부터 받은 소중한 존재이므로 자신을 사랑하는 마음을 기초로 타인을 사랑함과 함께 신의를 얻는 등 부모님이 원하시는 방향으로 자기 자신을 이끌어야 하는데, 이처럼 자신에게 충실함으로 인해서 입신양명(立身揚名)의 길을 가는 것을 자기적 효라고 한다.

나. 가정적 효

'가정적(家庭的) 효'는 가정에서 가족구성원 사이에 행해지는 효를 말한다. 가족구성원은 부모, 형제, 자매, 부부 등이 포

> **Tip**
> '가정적 효'는 가정윤리와 가족 사랑을 기초로 가족구성원이 서로를 위하며, 각자의 도리를 다하는 효이다.

---

44) "當正身心表裏如一處幽如顯處獨如衆使此心如靑天白日人得而見之."

45) "每日頻自點檢心不存乎學不進乎行不力乎有則改之無則加勉孜孜毋怠斃而後已."

함된다. 부모는 자식을 사랑하고 자식은 부모를 공경하는 가운데, 형은 아우를, 동생은 형을 위하고, 언니는 동생을, 동생은 언니를 위하며 부부가 서로 존중하는 등 가정에서 상부상조하는 가운데 사랑을 실천해야 하는 것인데, 이렇게 가족구성원이 서로를 위하는 마음으로 살아가는 것을 가정적 효라고 한다.

가정은 우리에게 특별한 의미를 준다. 우리가 가정에서 태어나 가정에서 자라고 가정에서 행복을 찾아가기 때문이다. 이러한 가정의 중요성 때문에 우리나라는 5월을 '가정의 달'로 정하고 온 국민이 가정을 지킬 것을 권려(勸勵)할 정도로 가정을 중시하고 있다. 옛말에 가화만사성(家和萬事成), 수신제가치국평천하(修身齊家治國平天下)라는 말이 있다. "가정이 화목해야 모든 일이 잘 이루어진다.", "자신을 수련해서 가정을 잘 다스리고 나서 나라와 천하를 다스릴 수 있다"는 뜻이다. 가정이 화목하지 않고, 가정이 평탄치 않고 가족을 잘 이끌지 못하는 상태에서는 어떤 일도 이루어내기 어렵다. 그래서 가정을 인생의 안식처, 사랑의 보금자리 등으로 표현한다. 그렇다면 성공적인 가정, 화목한 가족은 어디에서 오는 것일까? 그것은 부모는 자식을 사랑하고 자식은 부모에게 효도하는 효(孝)와 제(弟), 자(慈)를 통해서 온다. 맹모삼천지교(孟母三遷之敎)는 가정적 효의 상징이라 할 수 있다. 맹자의 어머니가 아들을 위해 세 번이나 이사했고, 아들 맹자는 이러한 어머니의 가르침에 따르며 어머니를 기쁘게 해 드리기 위해 노력하다 보니 성현으로 칭송받는 인물로 성장할 수 있었다.

이렇듯이 가정적 효는 부모의 역할이 우선이고 자식이 따르는 부자자효(父慈子孝)와 부자유친(父子有親), 부위자강(父爲子綱)의 모습을 말한다. 즉 가정의 모든 구성원이 각자가 도리를 다하는 것이다.

다. 사회적 효

'사회적(社會的) 효'는 가정에서 부모 자
식 간 형성된 원초적 사랑을 바탕으로 타
인과 이웃, 인류봉사를 실천하는 것을 의
미한다. 제①권 『효의 패러다임과 현대적

효』에 수록된 사례 중에 [사례 20 : 한국인 슈바이처 '이태석 신부'], [사례
21 : 입양한 장애아를 최고의 수영선수로 키운 '양정숙 여사'], [사례 30 : 효녀
가수 현숙 씨의 사회적 효]의 경우라 할 수 있다.

현대와 미래사회는 복지 욕구가 늘어나면서 사회복지라는 용어와
함께 '보편적 복지', '맞춤형 복지', '한국적 복지'라는 용어가 등장
했다. 우리 사회는 가정의 보살핌을 받지 못하고 생활하는 어린이와
노인들이 늘어나고 있다. 그러한 어린이를 보호하고 상담하며 사회적
으로 보살피고, 가정에서 자녀들로부터 부양받지 못하는 노인을 보살
피는 효가 사회적 효이다.

특히 현대 고령사회의 노인문제는 심각하다. 오늘날 치매 걸린 노
인들이 많아지는 것은 가정의 문제로만 볼 수 없다. 나이가 많고 병
이 들고 소득이 없는 노인들에게 뭔가 골고루 혜택이 돌아가서 노인
질병을 사전에 예방할 수 있게 하는 쪽으로 사회가 관심을 가져야 한
다. 노인들이 원하는 쪽으로의 복지정책을 발전시켜야 하는데 노인들
이 그동안 생활해왔던 터전, 알고 지내던 사람들이 함께 공동체를 이
루도록 하면서 소외되지 않고 건강한 노년을 보낼 수 있도록 보살피

는 일이 사회적 효라 할 수 있다. 주변에는 가정의 안식처를 잃고 고통 받는 노인들이 있는데, 이들에 대해 가족을 대신해서 보살핌을 주는, 가정을 대신해서 이웃과 사회에서 행하는 효를 말한다. 이러한 의미의 효는 『효경』, 『불경』, 『성경』, 『논어』, 『맹자』 등에 잘 나타나 있다.

사회(社會)란 통상 '가정－사회－국가'라는 표현에서 보듯이, 가정을 벗어난 영역에서 공동생활을 하는 모든 형태의 인간 집단을 뜻하는데 마을·종교·계급·정당·회사 등이 포함된다. 그리고 사회생활은 사람이 사회의 일원으로서 집단적으로 모여서 질서를 유지하며 살아가는 공동생활을 의미한다. 『목민심서』「애민육조」에 노인을 봉양하는 일(養老), 고아를 거두어 보살피는 일(慈幼), 병으로 고통 받는 사람을 돕는 일(寬疾) 등이 나오는데, 이 또한 사회적 효에 속하는 내용이라 할 수 있다.

따라서 사회적 효는 가정의 범주를 벗어난 상태에서 이웃 간에, 종교적으로, 동호인들 사이에서 보살핌을 받는 효이다. 예컨대 지역단위로 운영되고 아동보호 및 상담소, 마을 단위로 행해지는 경로잔치, 종교단체에서 노인들을 대상으로 실시하는 무료급식, 독거노인에 대한 요양보호 활동, 지하철이나 버스에서 노인에게 자리를 양보하는 청소년 등이 포함된다. 최근 결손가정이 아닌 정상가정이면서도 행동장애, 정서장애 등 적응장애를 겪고 있는 아이들이 늘어나고 치매 등 노인성 질환으로 고생하는 노인들도 늘어나고 있다. 이들에 대해 가정에서 보호받지 못하는 삶을 이웃과 사회가 보듬는 일을 사회적 효라 하는데, 예컨대 박봉에도 소임을 다하다가 순직한 고(故) 이청호 경사

의 자녀교육비를 후원하기로 한 두산그룹의 미담 사례[46]도 사회적 효
에 포함된다고 할 수 있다.

라. 국가적 효

국가적(國家的) 효는 정부가 주축이 되어
법과 제도 등을 통해 효를 권장하고 시행
하는 것을 말한다. 제①권 『효의 패러다임
과 현대적 개념』에 제시된 [사례 32 : 정조 대
왕과 오륜행실도], [사례 33 : 어린이날, 어버이날, 노인의 날 제정과 효], [사
례 34 : 효행장려 및 지원에 관한 법률과 효] 등이 해당된다. 예컨대 어린
이날, 어버이날, 노인의 날, 가정의 달을 정부에서 지정해서 시행하
는 것이다. 그리고 『효행장려 및 지원에 관한 법률』을 통한 효문화진
흥원 설립, 효행자에 대한 주거 및 세제를 지원하는 것을 비롯하여
『노인복지법』, 『저출산 고령사회기본법』, 『다문화가족지원법』, 『노인
장기요양보험법』, 『헌법』 제34조(사회보장), 36조(혼인과 가족생활), 『민
법』 제974조(부양의 의무) 등에서 효와 관련된 내용이 국가적 효에 해당
된다.

과거 삼국시대나 고려시대, 조선왕조시대에는 조정(朝廷)이 직접 나

---

46) 2011년 12월 12일 이청호 경사를 비롯한 해양경찰이 대한민국 영해를 침범
하여 불법 조업을 하던 중국어선을 단속하는 과정에서 중국 선원이 휘두른
흉기에 순직한 이청호 경사의 세 자녀(2남 1녀)에게 두산그룹 연강재단(1978
년 설립)에서 대학교 졸업 때까지 학비를 지원할 장학증서를 2012년 1월 16
일 전달하였음.

서 효를 권장한 예가 있다. 21세기는 저출산 고령화 현상 등 정부가 직접 나서서 출산을 장려하고 고령자를 보살피는 문제에 대하여 관심을 가져야 하는 시대가 된 것인데, 이처럼 국가(정부)가 나서서 제도적으로 효를 구현해나가는 것을 국가적 효라고 한다.

우리는 예로부터 '충효일신(忠孝一身)', '충효일본(忠孝一本)'이라 하여 가정윤리인 효와 국가윤리인 충 같은 맥락으로 여겨온 면이 있다. 『후한서』에 "나라를 구할 충성된 신하는 반드시 효자의 가문에서 나온다."[47), 『효경』에 "어버이를 섬기는 효심을 임금에게 옮기면 그것이 곧 충이다"[48), 『충경』에 "무릇 충이란 자신에게서 일어나 집안에서 드러나고 나라에서 완성되는데 실행하는 것은 모두 한결같다. 그러므로 그 몸을 하나로 하는 것은 충의 시작이요, 그 집안을 한결같게 하는 것은 충의 중간단계요, 그 나라를 하나로 만드는 것은 충의 마지막 단계이다. 몸이 하나가 되면 모든 복록이 이르게 되고, 집안이 한결같게 되면 모든 친족이 화목하게 되며, 나라가 하나가 되면 만인이 다스려지게 된다."[49)고 한 것처럼 건강한 가정이 모여서 건전한 사회, 부강한 국가가 될 수 있다는 점에서 정부 차원에서 효를 구현할 필요가 있는데, 이러한 효를 국가적 효라고 한다.

47) "求忠臣 必於 孝子之門"

48) "君子之事親, 故忠可移於君"

49) "夫忠興於身 著於家 成於國 其行一焉. 是故 一於其身 忠之始也 一於其家 忠之中也 一於其國 忠之終也. 身一則百祿至 家一則六親和 國一則萬人理."

3. 미래 가치로서의 효

　앞으로 다가올 세상에서 효는 어떤 작용을 하게 될 것인가? 사람들은 대체로 효를 과거에나 필요했던 가치 정도로 생각하는 경향이 있다. 그러나 아무리 세상이 바뀌고 변한다 해도 변할 수 없는 것이 있는데, 그것은 바로 부모와 자식의 관계이다. 그리고 부모와 자식의 관계를 사랑으로 연결시켜 주는 그 무엇이 필요한데, 그것을 우리는 효라고 표현한다. 이런 의미에서 효는 전통적 가치이면서 미래가치로 보아야 할 것이다. 아무리 세상이 변한다 해도 부모와 자식의 관계는 존재할 수밖에 없고, 가정에서 부모·자식의 원초적 사랑으로 형성된 인간관계가 이웃과 사회, 나라와 자연으로 확대되어지기 때문이다.

　가치(價値, Value)는 '인간정신의 목표가 되는 보편타당의 당위(當爲)', '인간행동의 기준이 되는 주요 원칙', '어떤 대상이 인간관계에 의하여 지니게 되는 중요성' 등으로 해석된다. 그러므로 미래(未來) 가치란 앞으로 다가올 세상에서 인간의 정신적 목표가 되고 행동의 기준이 되는 원칙이 무엇이 될 것인가에 대한 답이 될 것인데, 필자는 그것을 효라고 본다. 이는 "장차 한국 문화가 세계 인류 문명에 기여할 것이 있다면 그것은 바로 효 사상일 것이다."라는 미래 학자 아놀드 토인비의 말이나, "세계 어디에서도 노인이 대한민국에서처럼 존경받는 곳은 없다. 한국의 노인 공경은 다른 문명국의 모범이 되고 있으며 다른 나라가 본받을 만한 일이다."라는 『한국 찬가』와 『25시』의 작가 콘스탄틴 게오르규의 말에 잘 나타나 있다. 특히 오늘날 한국이 안고 있는 과제들, 저출산 문제, 고령화 문제, 다문화가정의 문제 등은 효와 무관할 수가 없다. 복잡 다양해지는 21세기 삶의 현장에서 노인부양을 기피하고 결혼과 아이 출산을 망설이는 젊은 세대가 많아 지면서 자연스럽게 외국인과 결혼해서 살게 되는 가정이 늘어나는 것 은 필연이다. 그리고 이러한 문제를 해결할 수 있는 철학적 가치, 덕 목, 윤리 중의 하나가 효이다. 한국의 현안과제와 미래가치의 효에 의해 극복되어야 할 과제에 대하여 제시하면 〈표 14〉와 같다.

<표 14〉 한국의 현안과제와 미래 가치로서의 효[50]

① 가정의 역할 및 기능 회복에서의 효
② 교육의 문제와 효
③ 한국적 복지구현과 효
④ 저출산 문제와 효
⑤ 고령화 문제와 효
⑥ 다문화가정의 문제와 효

50) 김종두, 『효의 패러다임과 현대적 개념』, 명문당, 2011, pp.389−418

효의 대강(大綱)

대강(大綱)이란 사전적으로 자세하기보다는 기본적인 부분만을 따낸 줄거리를 뜻한다. 따라서 효에 대한 대강은 효에 대한 큰 줄기라 할 수 있으며, 다음과 같은 것들을 따내어 줄거리로 엮었다.

첫째, 효의 본질적 의미이다. 본질적의 의미는 효의 근본이 되고 바탕이 되는 것을 말한다. 효가 가지는 본질적 의미는 첫째, 효는 원초적 사랑이고 둘째, 효는 상호성에 기초하며 셋째, 효는 보편적·이타적 가치로서 작용한다. 넷째, 효는 의를 추구하며 다섯째, 효는 예와 충의 기초가 된다는 것이다.

둘째, 효라는 어원(語源)에 나타난 의미이다. 어원적 의미는 세 가지인데, 한자의 孝에서 두 가지, HYO라는 영문표기에서 한 가지를 찾을 수 있다. 孝를 考와 子의 합자(孝＝考＋子)로 보면 서로가 생각하는 관계로서 '정신적 효'를 뜻한다. 孝를 老와 子의 합자(孝＝考＋子)로 보면 노인과 어린이 관계로 '물질적 효'를 뜻한다. 또한 영문표기 HYO 는 Harmony of the Young & Old의 약자로 젊은 세대와 노인 세대의 하모니(調和)를 의미하는 '조화로움의 효'를 뜻한다.

셋째, 효의 개념적 의미이다. 개념이란 여러 관념 속에서 공통적 요소를 뽑아 종합하여 얻은 하나의 보편적 관념이다. 따라서 효의 개념적 의미는 효에 대한 여러 관념 속에서 공통 요소를 뽑아서 집약하는 것으로 가정윤리로서의 효와 보편적·이타적 가치로서의 효, 그리고 행위적·실천적 관점에서의 효로 구분할 수 있다.

넷째, 효에 대한 정의이다. 효에 대한 정의는 좁은 의미(협의)와 넓은 의미(광의)의 효가 있는데, 좁은 의미의 효는 가정윤리적 관점에서, 그리고 넓은 의미의 효는 가정윤리를 바탕으로 이웃과 사회, 국가와 자연으로 확대되는 보편적·이타적 가치로 보는 관점이다.

다섯째, 효에 대한 영역이다. 전통적 효와 달리 현대의 효는 가정의 영역 외에도 자기적 영역, 사회적 영역, 국가적 영역이 있어야 한다. 왜냐하면, 시대가 변함에 따라 과거 농경사회의 대가족제도와 현대와 같은 핵가족 시대는 효를 가정의 영역으로만 보아서는 안 되는데, 가정의 힘으로 어찌할 수 없는 상황들이 도래했기 때문이다.

여섯째, 효행의 방법이다. 효행 방법에는 정신적인 효(養志), 물질적인 효(養口體), 하모니의 효(調和)가 있다고 보았다. 그리고 정신적 효는 세 단계로서 걱정 끼치지 않는 '낮은 단계의 효', 부모를 기쁘게 해 드리는 '높은 단계의 효', 자신이 스스로 노력해서 입신양명(立身揚名)의 길로 가는 '더 높은 단계의 효'로 구분할 수 있다. 이런 의미를 담아서 도표로 제시하면 〈표 15〉와 같이 정리할 수 있다.

구 분		내　용			
효의 본질	원초적 사랑	상호성에 기초	보편성과 이타성	義를 추구	禮와 忠의 기초
어원적 의미	孝(정신) : 孝＋子		孝(물질) : 老＋子		HYO(조화) : Harmony Young Old
효의 개념적 의미	(1) 가정윤리로서의 효 ① 부모가 자식을 사랑하는 것 ② 조상과 부모를 공경하는 것 ③ 부모를 물질로 봉양하는 것 ④ 입신양명으로 부모를 기쁘게 하는 것 ⑤ 부모를 불의함에 빠지지 않게 하는 것 ⑥ 가족 사랑으로 우애를 이루는 것 ⑦ 부모와 자식의 쌍무적인 노력		(2) 보편적·이타적 가치로서의 효 ① 하늘을 경외하는 마음 ② 어른/스승을 공경하는 마음의 發露 ③ 타인/이웃을 위하는 마음의 發露 ④ 어린이/제자를 사랑하는 마음의 發露 ⑤ 나라를 사랑하는 마음의 發露 ⑥ 자연을 사랑하는 마음의 發露		(3) 행위적·실천적 관점에서의 효(7행) ① 敬天愛人을 실천 ② 부모/스승/어른 공경 ③ 가족/이웃을 사랑 ④ 자식/어린이/제자 사랑 ⑤ 자기 자신을 사랑 ⑥ 나라를 사랑 ⑦ 자연사랑/환경 보호 ※ 3통의 효 ① 통교적 효 ② 통념적 효 ③ 통시적 효
효의 정의	협의	가정윤리의 효(Filial Piety, Filial Duty) • 부모 : 부모로서 자식에 대한 도리(사랑과 정성) • 자식 : 자식으로서 부모에 대한 도리(사랑과 정성)			
	광의	보편적·이타적으로 하모니 추구의 효(HYO : Harmony Young Old) 효는 가정윤리와 가족 사랑을 바탕으로 이웃과 사회, 나라와 자연을 사랑하는 인류의 보편적·이타적 가치			
효의 영역	자기적 효	가정적 효	사회적 효	국가적 효	
효행의 방법	(1) 정신적인 효(養志) ① 낮은 단계의 효(상대가 걱정 안하게) ② 높은 단계의 효(상대가 기쁘게) ③ 더 높은 단계의 효(각각의 입장에서 서로가 잘됨)		(2) 물질적인 효(養口體) ① 依 : 옷을 입는데 불편이 없게 춥지 않고 덥지 않게 ② 食 : 맛있는 음식 대접 ③ 住 : 주거공간 마련		(3) 하모니의 효(調和) ① 소외되지 않게 한다. ② 궁금하지 않게 한다. • 부모 : 자식이 잘되는 방향으로 • 자식 : 부모가 원하는 방향으로 ③ 이타적 가치 실천

2부 효를 왜, 가르쳐야 하는가?

효를 가르쳐야 하는 이유는, 효를 바르게 알아야 행할 수 있기 때문이다. 인간은 본디 교육을 받지 않으면 짐승과 같은 삶을 살아갈 수밖에 없다는 것이 '야생 소년'과 '늑대 소녀 자매' 사례에서 밝혀진 바 있다. 사람이 사람답게 살아가도록 하기 위해서는 인간의 도리를 알도록 가르쳐야 하는 것이다.

선각자들이 밝힌 효 교육의 이유를 보면, 공자(孔子)는 인도(仁道)를 닦아야 하기 때문으로, 맹자는 인의지도(仁義之道)를 가르쳐야 하기 때문으로, 소크라테스는 덕(德)을 닦아야 하기 때문으로 설명하고 있다. 홍일식은 "오늘날 효가 외면당하지 않기 위해서는 지난 날 농경 사회의 효행을 효의 전부인 것으로 착각해선 안된다. 산업사회·정보화 사회가 되었으면 이에 걸맞는 효행의 본보기, 교육할 전범(典範)이 나와야 한다. 자식의 극단적인 희생만이 효가 아니며, 이런 현실이 젊은이들로 하여금 효를 외면하게 하는 이유이다."[51]라고 말한다. 따라서 이 시대에 맞는 효를 바로 알고 행하도록 가르쳐야 한다.

효를 가르쳐야 하는 또 다른 이유는 가정에서는 부모가 자녀를 사랑하고 자식은 부모를 공경하며, 학교에서도 스승을 공경하고 제자를 사랑하며, 학생끼리 우애하고 이웃과 자연을 사랑하도록 해야 하기 때문이다. 그런데 사람들은 효는 교육하지 않아도 천성적으로, 또는 자연스럽게 알게 되는 것으로 착각하는 경향이 있다. 그러나 율곡 이이(李珥)는 『격몽요결』에서 "부모에게 효도해야 한다는 것을 모르는 사람은 없으나, 그런데도 효도하는 사람이 많지 않은 것은 부모의 은혜를 깨닫지 못하기 때문이다. 그래서 효를 가르쳐야 한다."고 했다. 교육법 제2조(교육이념)에는 '대한민국의 교육은 홍익인간정신을 구현하는 것'으로, 효행장려지원법 제1조(목적)에는 '효는 국가발전의 원동력이 되는 것'으로 명시하고 있다.

따라서 제2부(효를 왜, 가르쳐야 하는가?)에서는 제1부(효란 무엇인가?) 내용을 기초로 「문헌에 제시된 효 교육의 당위」를 살펴보고, 「교육의 일반이론에서 본 효 교육의 필요성」, 「시대적으로 효를 교육해야 할 당위성」에 대하여 제시하였다.

---

51) 홍일식, "효가 외면당하는 이유", 뉴스 & 뉴스, 2003. 5. 30

제4장

문헌에 제시된
효 교육의 당위(當爲)

  '왜, 효를 가르쳐야 하는가?' 에 대한 답은 『효경』을 비롯한 『불경』, 『성경』 등의 경전과 『논어』, 『맹자』, 『예기』 등의 유교 문헌에 잘 나타나 있다. 효를 가르쳐야 하는 이유는 식자(識者)에 따라서 여러 가지로 설명하고 있는데, 이를 바르게 이해하기 위해서는 문헌에 제시된 효 관련 내용들을 기초로 현대에 맞게 해석해야 한다. 왜냐하면 효의 원리는 과거와 현재가 틀리지 않지만 효를 행동으로 옮기는 데는 상황요인이 반영되어야 하기 때문에 달라야 한다. 따라서 경전에 현자(賢者)들이 제시한 효 교육의 이유를 알아보고, 이를 통해 이 시대에 효를 교육함에 있어서 어디에 주안을 두어야 할 것인가를 살펴본다. 이점에 대해 율곡 이이(李珥)는 "배우는 사람은 이치를 연구하는 것보다 먼저 할 것이 없고, 이치를 연구함에는 책을 읽는 것보다 먼저 할 것이 없으며, 성인(聖人)과 현인(賢人)의 마음을 쓴 자취와 선과 악에서

본받아야 할 것과 경계하여야 할 것을 책에서 찾아야 한다."[52]고 했
다. 때문에 성인(聖人)과 현인(賢人)들이 말하는 효 교육의 이유를 정확
히 알아야 하고, 여기에서 효 교육의 주안점을 찾아야 한다.

52) 『격몽요결』「독서장」: "學者 常存此心 不被事物所勝 而必須窮理明善 然後
　　當行之道 曉然在前 可以進 步故入道 莫先於 窮理 窮理 莫先乎讀書 以聖賢用
　　心之迹 及善惡之可戒者 皆在於書故也."

I 『효경』에 제시된 효 교육 이유 및 주안점

1. 효 교육의 이유

① 효는 덕의 근본이요, 모든 가르침이 그로 말미암아 생겨난다.[53]

② 가르침이 엄숙하지 않아도 (정치가) 이루어지고 그 정치가 엄하지 않아도 다스려지는데, 그 이유는 리더(선왕)가 그것(효)을 가르침으로써 백성을 교화시킬 수 있기 때문이다.[54]

③ 천자로부터 백성에 이르기까지 효에는 시작과 끝이 없다(모두 알아야 한다). 그래서 걱정이 미치지 않는 자가 있을 수 없다.[55]

④ 리더(군주)에게 강제로 요구하는 것은 상전을 무시하는 것이고, 성인을 비난하는 것은 예법을 무시하는 것이요, 효를 하지 않는 것은 부모를 비난하는 것이다. 이것이 모두 큰 혼란을 일으키는 길이다(따라서 효를 가르쳐야 한다).[56]

⑤ 리더(군자)는 부모를 섬김에 효를 다하는 고로 그것을 군주에게 옮겨서 충성한다. 형을 섬김에 있어 공경을 다하는 고로, 그것을 어

---

53) 『효경』「개종명의」: "孝 德之本也 敎之所由生也."

54) 『효경』「삼재장」: "其敎不肅而成 其政不嚴而治 先王見敎之可以化民也."

55) 『효경』「효평장」: "自天子以下至於庶人 孝無終始 而患不及者未之有也."

56) 『효경』「오형장」: "要君者無上 非聖人者無法 非孝者無親 此大亂之道也."

른에 옮겨서 순종한다. (이렇게 됨으로 해서) 집안에서 잘 다스려
졌기 때문에 벼슬자리에서도 백성을 잘 이끌 수 있는 것이다.[57]

⑥ 부모를 사랑하는 사람은 다른 사람을 미워하지 않고, 부모를 공경
하는 사람은 다른 사람을 업신여기지 않는다.[58]

⑦ 부모를 섬기는 사람은 윗자리에 있어도 거만하지 않고 아랫자리
에 있어도 질서를 어지럽히지 않으며 같은 무리와 함께 있어도 서
로 다투지 않는다.[59]

⑧ (리더가) 백성들을 서로 친애하도록 하는 데에는 효보다 좋은 것
이 없고, 백성들을 예에 순응하게 가르치는 데는 공경함보다 좋은
것이 없다.[60]

⑨ 부모와 자식의 도는 하늘의 뜻에 따르는데 있고, 군주와 신하의
도는 의를 따르는데 있다.[61]

⑩ (효는) 하늘과 땅의 법칙을 구성원(백성)들이 본받으니, 하늘의 밝
음을 본받고 땅의 이로움으로 인하여 모든 인원이 순하게 된다.[62]

⑪ 옛날에 명철한 리더(왕)는 아버지를 섬김에 효를 다했던 고로 하늘
을 섬기는 것도 분명히 하였다.[63]

⑫ 다섯 가지 형벌에 속하는 죄가 모두 3천 가지에 이르나 그중에 불

57) 『효경』 「광양명장」 : "君子之事親孝故忠可移於君. 事兄悌故順可移於長, 居家
理故治可移於官."
58) 『효경』 「천자장」 : "愛親者 不敢惡於人 敬親者 不敢慢於人."
59) 『효경』 「기효행장」 : "事親者 居上不驕 爲下不亂 在醜不爭."
60) 『효경』 「광요도장」 : "敎民親愛 莫善於孝 敎民禮順 莫善於悌."
61) 『효경』 「부모생적장」 : "父子之道 天性也 君臣之道 義也."
62) 『효경』 「삼재장」 : "天地之經 而民是則之 則天之明 因地之利 以順天下."
63) 『효경』 「응감장」 : "明王事父孝故事天明."

효보다 큰 것은 없다.[64]

『효경』에서 제시하는 '효 교육의 이유'는 첫째, 효를 가르치면 교화가 이루어지게 되므로, 사람으로서 근본과 기본이 서게 되기 때문이라고 이르고 있다. 가정 교육이 잘된 사람이 학교에서 학우를 사랑하고 직장에서도 유능한 사람으로 평가 받기 마련인데, 이 또한 효를 행함에서 오는, 기본이 된 사람이기 때문이다. 둘째, 효를 가르치면 질서가 저절로 잡힌다는 점이다. 효심이 있는 사람들이 모인 집단이나 조직은 자기를 통제할 자제력을 발휘하게 되기 때문이다. 셋째, 효 하는 사람은 이타적 성품을 가지게 된다는 점이다. 남을 배려하고 존중하며 잘 어울리려는 마음을 가지게 되는 것은 효심에서 비롯되는 것인데, 이런 의미에서 친애(親愛)하게 하는 데는 효보다 더 좋은 것이 없다고 이르고 있다. 넷째, 효는 하늘의 이치이므로 인간으로서 해야 할 기본이고, 불효는 가장 큰 죄악이므로 하지 않도록 가르쳐야 한다고 이르고 있다.

2. 효 교육의 주안점

① "부모님께서 낳아주셨으니 공적이 이보다 큰 것이 없다."[65]는 점을 알게 한다.

② "부모가 (자식을) 낳아 기르면 (자식은) 부모를 봉양하며 날로 공

---

64) 『효경』「오형장」: "五刑之屬三千 而罪 莫大於不孝."

65) 『효경』「부모생적장」: "父母生之 續莫大焉."

경하였다. 이렇게 공경하는 마음을 근거로 공경하는 법을 가르치고 친애하는 마음을 근거로 사랑을 가르쳐야 한다."[66]

③ 효의 시작은 부모님을 섬기는 것이고, 효의 마지막은 몸을 세워 성공하는 것이며 몸을 세워 도를 실천하여 후대에 이름을 날려 부모님 이름을 드러나게 하는 것이 효의 마지막이라는 점을 알게 한다.[67]

④ 부모에게 간쟁하는 자식이 있으면 (그 부모는) 불의함에 빠지지 않는다.[68] 그러므로 부모님의 불의함이 있을 때는 적극적으로 간해야 하는 것임을 알게 한다.

『효경』에서 제시하는 효 교육의 주안점은 먼저 생명을 주신 부모님에 대해 감사하게 생각해야 하고, 부모의 뜻에 따르도록 해야 한다는 점이다. 효는 사랑의 근본이며 모든 가르침이 그로 말미암아 생겨나는 것이므로 학교 등에서 부모님의 뜻에 따르는 자세로 학교생활에 임하도록 가르쳐야 한다. 그리고 효는 상호성을 바탕으로 의를 추구하는 것이므로 부모가 불의함에 빠질 경우 간해서 바르게 처신하도록 해야 한다고 이르고 있다.

---

66) 『효경』「성치장」: "親生之膝下 以養父母日嚴. 人因嚴以教敬 因親以教愛."

67) 『효경』「개종명의」: "孝 始於事親 終於立身 立身行道 揚名後世 以顯父母 孝之終也."

68) 『효경』「간쟁편」: "父有爭子 則身不陷於不義."

Ⅱ 『불경』에 제시된 효 교육 이유 및 주안점

1. 효교육의 이유

① 내가 중생들을 보니 비록 사람의 모양은 이어 받았으나 마음과 행동은 어리석고 어두워서 그 아버지와 어머니의 크신 은혜가 있는 줄을 알지도 못하고 공경하는 마음을 내지 않으며, 은혜를 버리고 덕을 배반하며, 어질고 자애로운 마음이 전혀 없어서 효도를 하지 않고 의리를 저버리게 되는 것이다(부모은중경).

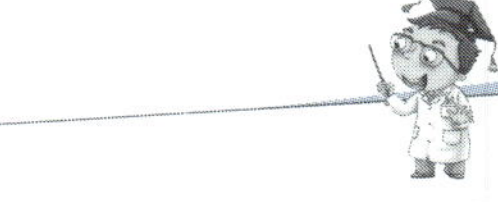

② 효는 수행자의 삶의 기준과 준거, 죄악을 범하지 못하게 하는 규정임을 알게 한다(범망경).

③ (효를 알지 못하면) 부모가 처한 환경 및 여건과 춥고 더운 것을 아는 체하지 않고 초하루 보름에도 문안드리지 않으며, 당연히 부모를 편안히 모실 것을 생각하지 않고 부모 나이가 많아져 모양이 쇠약하고 파리해지면 남이 볼까 부끄럽다 하여 구박하고 괄시한다(부모은중경).

④ (효를 가르치지 않으면) 혹시 어머니가 홀로 되거나 아버지가 홀로 되어 빈 방을 지키게 되면 마치 손님이 남의 집에 붙어있는 것처럼 여기며, 침대나 자리에 먼지와 흙이 쌓여도 한 번도 씻지 않으며, 부모가 있는 곳에 들어가 문안하거나 보살피는 일이 없다. 부모의 방이 춥거나 덥거나 부모가 배고파하거나 목말라하는 것을 모른 체하게 되는 것이다(부모은중경).

『불경』에서 제시하는 효 교육 이유는 첫째, 부모의 은혜를 알게 해야 하기 때문이다. 부모님이 우리를 낳으실 때 서 말 서 되의 피를 흘리시고 여덟 섬 너 말의 젖으로 키워주신 은혜를 알아야 하는 것이다. 둘째, 효는 수행자의 삶의 기준과 준거가 되는 것이므로, 효를 통하여 수행자가 죄 짓는 것을 막아주기 위해서이다. 셋째, 부모에게 불편함이 있어도 모른 체하고 나이가 많아져서 몸이 쇠약해져도 모른 체하는 것은 자식으로서 효심이 부족한 탓이므로 효를 가르쳐서 알고 실천하도록 해야 하는 것이다.

2. 효 교육의 주안점

① 낳으실 때 서 말 서 되의 피를 흘리시고 여덟 섬 너 말의 젖으로 키워주신 부모님의 은혜를 알게 해야 한다(부모은중경).

② 자식이 멀리 가면 생각하고 염려하시며, 끝까지 자식을 불쌍히 여기고 사랑해주셨음을 알게 해야 한다(부모은중경).

③ 부모에 대한 효는 모든 선(善)을 행하게 하는 근본이 되게 하는 것이다(부모은중경).

④ 부모의 은혜를 잊고 부모에게 불손하고 업신여기며 형제끼리 다투고 스승의 가르침도 따르지 않아 영(令)이 서지 않는 것은 부모가 자식을 귀엽게만 여기고 어른들이 감싸주기만 하기 때문임을 알게 한다(부모은중경).

『불경』에서는 자식을 낳으실 때의 고통과 자식에게 베푸시는 은혜를 강조하고 있으며, 효가 모든 선의 으뜸이며 수행자가 삼아야 할 삶의 기준과 준거, 죄악을 범치 못하게 하는 규정이라는 점에 착안하여 교육해야 하며, 특히 부모로서 바른 역할에 대하여 강조하고 있다.

Ⅲ 『성경』에 제시된 효 교육 이유 및 주안점

1. 효 교육의 이유

① 네 아버지와 어머니를 공경하라, 이것이 약속 있는 첫 계명이니, 이는 네가 잘되고 땅에서 장수하리라(에베소서 6:2−3).

② 누구든지 자기 친족, 특히 자기 가족

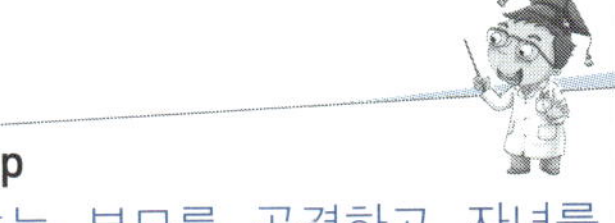

을 돌보지 아니하면 믿음을 배반한 자요 불신자보다 더 악한 자니라(디모데전서 5:8).

③ 자녀는 하나님께서 부모에게 주신 특권인 동시에 자녀들이 악한 세상에서 올바른 인성과 신앙을 가지고 살아가도록 인도해야 하는 것은 부모의 마땅한 도리이다(디모 데후서 1:2-5, 요한일서 5:2).

④ 네가 이것을 알라. 말세에 고통 받는 때가 이르리니 사람들은 자기를 사랑하며, 돈을 사랑하며, 자긍하며, 교만하며, 훼방하며, 부모를 거역하며, 감사치 아니하며, 거룩하지 아니한다(디모데후서 3:1-2).

⑤ 만일 어떤 과부에게 자녀나 손자들이 있거든 저희로 먼저 자기 집에서 효를 행하여 부모에게 보답하기를 배우게 하라. 이것이 하나님 앞에 받으실만한 것이니라(디모데전서 5:4).

『성경』에서 제시하는 효 교육 이유는 첫째, 효를 행하면 잘되고 건강의 축복을 받게 되고 둘째, 누구든지 가족을 돌보지 않는 사람은 불신자보다도 더 악한 자이므로 효를 가르쳐서 행하도록 해야 하며 셋째, 효를 가르치지 아니하면 늙어서 고통 받는 때를 맞게 되므로, 자녀에게 효를 가르쳐야 하며 넷째, 부모공경은 곧 계명을 지키는 것이니 이를 가르쳐서 알도록 해야 하고 다섯째, 부모가 자식에게 효를 가르치는 것은 마땅히 해야 할 도리이기 때문에 효를 배우게 해야 하는 것이라 이르고 있다.

2. 효 교육의 주안점

① 효는 부모님의 허물을 덮어드리는 것 (창세기 9:23), 부모님을 기쁘게 해 드리고 걱정끼쳐 드리지 않는 것이다 (잠언 23:25).

② 부모님 말씀에 순종하는 것 (누가복음 2:51, 골로새서 3:20), 형제간에 화목하게 지내는 것 (마태복음 5:23~24), 자녀를 돌보고 사랑하는 것이다 (골로새서 3:21).

③ 부모가 먼저 효자가 되는 것 (갈라디아서 6:7), 남편은 아내를 사랑하고 (에베소서 5:25) 아내는 남편에게 복종하는 것이다 (에베소서 5:22~24).

④ 물질을 드림으로써 마음이 함께 하도록 하는 것이다 (마태복음 6:21).

⑤ 아비들아 너희 자녀를 격노케 말지니 낙심할까 함이라 (골로새서 3:21).

⑥ 채찍과 꾸지람이 지혜를 주거늘 임의로 하게 내버려두면 그 자식은 어미를 욕되게 한다 (잠언 29:15).

⑦ 너희 각 사람은 부모를 경외하고 나의 안식일을 지키라. 너희 하나님 여호와니라 (레위기 19:3).

⑧ 하나님이 이르셨으되 네 부모를 공경하라 하시고, 또 아비나 어미를 훼방하는 자는 반드시 죽으리라 하셨다 (마태복음 15:4).

⑨ 부모된 자는 먼저 마음을 다하고 성품을 다하고 힘을 다하여 하나님을 사랑하고 하나님 말씀을 자신의 마음에 새겨, 그 말씀을 자녀에게 부지런히 가르쳐야 한다 (신명기 6:4-9).

⑩ 부모는 먼저 자녀들이 부모로부터 사랑받고 있는 존재임을 알리

고 사랑을 표현해야 한다(데살로니가전서 2:8).

『성경』에서는 부모를 공경할 것과 부모의 허물을 덮어 드릴 것, 그리고 형제간에 화목하고 아내와 남편은 서로 사랑하는 등 가족 사랑을 강조하고 있다. 또한 의식주 문제를 포함하여 물질을 드림으로써 마음도 함께 하는 것이니, 부모를 위하고 사랑하는 마음에서 불편함이 없으시도록 해 드려야 한다고 이르고 있다. 이런 것들을 통해서 걱정시켜 드리지 않고 기쁨을 드리는데 주안을 두어야 한다는 점을 강조하고 있다.

IV 『논어』에 제시된 효 교육 이유 및 주안점

1. 효 교육의 이유

① 젊은이들은 들어와서는 효도를 하고 나가서는 우애(友愛)를 지키며, 근신하고 신의를 지키고 널리 여러 사람들은 사랑하며, 인(仁)을 친근히 하여야 한다. 이렇게 하고도 남는 힘이 있으면 공부하는 것이다.[69]

Tip

효는 사랑을 이루는 근본이므로 효를 행하는 사람은 상대를 범하려 하지 않는다. 따라서 삶의 근본을 세우기 위해서는 효를 가르쳐야 한다.

69) 『논어』「학이편」: "弟子 入則孝 出則弟 謹而信 汎愛衆 而親仁 行有餘力 則以學文."

② 효도와 우애를 다하는 사람이 윗사람 범하기를 좋아하는 사람은 드물다.[70]

③ 리더(군자)가 어버이에게 독실하면 백성들 사이에 인(仁)이 진작(振作)되고 옛 친구를 버리지 않으면 백성들이 박절하지 않게 된다.[71]

④ 구성원(백성)을 장중(莊重)하게 대하면 공경스러워지고 효와 자애(慈愛)를 행하게 하면 '충' 되게 되고, 선인(善人)을 등용하고 무능한 사람을 가르쳐 주면 부지런히 힘쓰게 될 것이다.[72]

『논어』에서 제시하는 효 교육의 이유는 첫째, 효 교육이 그 어떤 공부보다도 우선시되어야 한다는 것이다. 즉 사람이 되고 나서 학문이요 명예요 재물임을 알도록 해야 한다. 집 밖에 나가서 우애와 신의를 지킨 다음에 남는 힘이 있으면 공부를 해야 한다는 것은 이를 뜻하는 것이며, 그러므로 효가 바탕이 되어야 한다는 것이다. 둘째, 가정에서 효도와 우애를 하는 사람은 윗사람을 범하지 않게 된다. 즉 예의 바르고 온전한 사람이 되기 때문에 주위 사람들과 조화를 이루는 사람이 된다는 것이다. 셋째, 리더, 즉 윗사람이 부모에게 효 하는 모습을 보이면 부하, (구성원)들에게 인(仁)이 진작되어서 사람들이 살면서 도리를 저버리는 일을 하지 않게 된다고 이르고 있다.

70) 『논어』「학이편」: "其爲人也孝弟 而好犯上者 鮮矣."
71) 『논어』「태백편」: "君子篤於親 則民興於仁 故舊 不遺 則民不偸."
72) 『논어』「위정편」: "臨之以莊則敬 孝慈則忠 擧善而教不能則勤."

2. 효 교육의 주안점

① 오늘날의 효는 부모를 부양하는
것을 효라고 이르고 있으나 개와
말에도 모두 부양을 하고 있으니,
공경하지 않는다면 무엇으로 구별
할 수 있겠는가?[73]

② 부모님 살아 계시면 멀리 나가 놀지 아니하며, 떠나 놀 때에는 반
드시 있는 곳을 알려야 한다.[74]

③ 리더는 근본을 세우는데 힘써야 하며 근본이 서면 길과 방법이 저
절로 생긴다. 효(孝)와 우애(弟)는 인(仁)을 이루는 근본이 된다.[75]

『논어』에서는 부모님을 물질적으로 봉양해야 하지만 부모님을 공
경함으로써 걱정끼쳐드리지 않아야 하고 무엇이든 말씀드려서 걱정
하시지 않게, 정신적으로 편안하게 드리는 것이 먼저라는 점과, 리더
가 교육을 함에 있어 근본을 중시해야 하는데, 근본을 세우는 교육은
바로 인(仁)을 이루도록 하는 것이고, 그 근본이 바로 효라는 것임을
알게 해야 한다고 이르고 있다.

---

73) 『논어』「위정편」: "今之孝者 是謂能養 至於犬馬 皆能有養 不敬 何以別乎."

74) 『논어』「이인편」: "父母在 不遠遊 遊必有方."

75) 『논어』「학이편」: "君子務本 本立而道生 孝弟也者 其爲仁之本與."

V 『맹자』에 제시된 효 교육 이유 및 주안점

1. 효 교육의 이유

① 군자한테는 세 가지 즐거움이 있는바 거기에 왕자가 되어 천하에 군림하는 것은 더불어 존재치 아니한다. 부모가 생존해 계시며 형제들에게 연고가 없는 것이 첫 번째 즐거움이요, 하늘을 우러러보아도 하늘에 부끄럽지 않고 땅을 굽어보아도 사람한테 부끄럽지 않은 것이 두 번째 즐거움이요, 천하의 뛰어난 인재를 얻어서 교육할 수 있는 것이 세 번째 즐거움이니, 군자한테는 세 가지 즐거움이 있으나 거기에 왕자가 되어 천하에 군림하는 것은 더불어 존재치 아니한다."(진심 상)[76]

② 군자가 보통 사람들과 다른 까닭은 그가 본심을 보존해 낼 수 있기 때문이다. 군자는 인자함을 본심에 지니고 예절을 본심에 지닌다. 인자한 사람은 남을 사랑하고 예절을 차리는 사람은 남을 공경하는데, 남을 사랑하는 사람은 남도 항상 그를 사랑하고 남을 공경하는 사람은 남도 항상 그를 공경하는 법이다(이루 하).[77]

---

76) 『맹자』「진심 상」: "君子有三樂 而王天下 不與存焉 父母俱存 兄弟無故 一樂也 仰不愧於天 俯不怍於人 二 樂也 得天下英才 而敎育之 三樂也 君子有三樂 而王天下 不與存焉."

77) 『맹자』「이루 하」: "君子所以異於人者 以其存心也 君子以仁存心 以禮存心 仁者 愛人有禮者 敬人愛人者 人 恒愛之 敬人者 人恒敬之."

③ 인자함은 사람의 본심이요, 의로움은 사람이 갈 길이다. 그 길을 버리고 따라가지 않고 마음을 놓쳐버리고서 찾을 줄을 모르니 안타깝다. 사람이 닭이나 개를 놓쳐버리게 되면 찾을 줄을 아는데, 마음을 놓쳐버린 것은 찾을 줄을 모른다. 학문하는 길도 다른 것이 없다. (학문은) 자기의 놓쳐버린 마음을 찾는 것일 따름이다(고자 상).[78]

④ 사람이 배우지 않고서도 잘 해내는 것은 그의 타고난 능력인 것이고 생각하지 않고서도 잘 아는 것은 그가 타고난 지혜 때문이다. 갓난아이라 할지라도 자기의 어버이를 사랑할 줄 모르는 자가 없고, 그가 장성하게 되면 자기의 형을 공경할 줄 모르는 자가 없다. 어버이를 어버이로 받드는 것이 인자함이요, 연장자를 존경하는 것이 의로움과 별다를 게 없고, 그렇게 본성적으로 갖추어진 능력을 천하의 사물에 적용시켜나가면 되는 것이다(진심 상).[79]

⑤ 자기가 하고 싶지 않은 것을 남한테 시키려 하지 말며, 자기가 바라지 않는 것을 남한테 바라도록 만들려 해서는 안된다. 그렇게 하는 것이 올바르게 살아가는 방법일 따름이다(진심 상).[80]

⑥ 사람이 덕행과 지혜와 학술과 재치를 구비하고 있으면 항시 심한 열병(疢疾)을 앓듯 노심초사하기 마련이다. 임금한테 버림받은 외로운 신하와 어버이의 사랑 밖으로 제쳐진 자식들은 그가 위태로

---

78) 『맹자』「고자 상」 : "仁 人心也 義 人路也 舍其路而弗由 放其心而不知求 哀哉 人 有雞犬放 則知求之 有放 心而不知求 學問之道 無他 求其放心而已矣."

79) 『맹자』「진심 상」 : "人之所不學而能者 其良能也 所不慮而知者 其良知也 孩提之童 無不知愛其 親也 及其長 也 無不知敬其兄也 親親 仁也 敬長 義也 無他 達之天下也."

80) 『맹자』「진심 상」 : "無爲其所不爲 無欲其所不欲 如此而已矣."

움에 부딪칠 것을 조심하며, 그가 환란을 염려하는 것이 심각한지
라. 그러므로 사리에 통달할 수 있는 것이다."(진심 상)[81]

⑦ 인(仁)하면서 어버이를 버리는 자는 있지 않으며, 의(義)롭고서 군
주를 뒤로 하는 자 있지 않다.[82]

『맹자』에서 제시하는 효 교육의 이유는 첫째, 부모·형제가 함께할
수 있다는 것이 행복임을 알게 해야 한다는 점이다. 이를 '맹자의 군
자삼락'의 첫 번째라고 한다. 둘째, 위대한 인격을 갖추기 위해서는
어린아이 때의 본심을 잃지 않아야 하므로 효를 가르쳐야 하고 셋째,
인자함과 의로움 등 인간이 갖추어야 할 본심을 유지토록 해야 하는
데, 효가 바로 본심을 유지케 해주는 것
이며 넷째, 사랑(仁)을 실천하는 사람
이 어버이를 버리는 사람은 없는 법
이므로 사랑(仁)의 근본이 되는 효
를 가르쳐야 한다고 이르
고 있다.

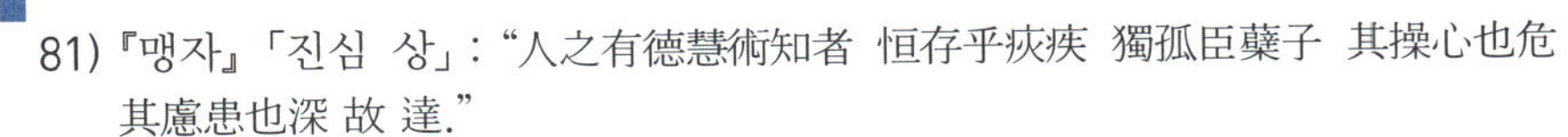

---

81) 『맹자』「진심 상」: "人之有德慧術知者 恒存乎疢疾 獨孤臣孼子 其操心也危
其慮患也深 故 達."
82) 『맹자』「양혜왕상」: "未有仁而遺其親者也 未有義而後其君者也."

2. 효 교육의 주안점

① 위대한 인격을 가진 인물이란 어린 아이 때의 본심을 잃지 않는 사람이다.[83]

② "군자가 자기 자식을 직접 가르치지 않는 것은 무엇 때문입니까?" 맹자가 말하기를 뜻대로 다뤄지지 않기 때문이다. 가르치는 사람은 반드시 올바른 것을 가지고 하는데 올바른 것을 행하지 않으면, 거기에 연계된 성을 내게 되는바, 거기에 연계된 성을 내게 되면 도리어 가르침을 해치게 된다. '아버지는 내게 올바를 것을 가르치면서도 아버지의 행동은 올바른 데서 나오는 것 같지가 않게 되면, 이것이 부자간에 서로를 해치는 것이요, 부자간에 서로를 해치는 건 나쁜 것이다. 옛날에는 이런 이유로 자식을 바꿔 가르쳤으며, 아버지와 자식 사이에는 잘 되라고 질책하지 않았다. 잘 되라고 질책하면 사이가 벌어지는데 사이가 벌어지게 되면 상서(祥瑞)롭지 못함이 그보다 더 큰 것이 없기 때문이다.' (이루 상)[84]

③ 천천히 걸어서 연장자를 뒤따라가는 것을 공순하다 말하고, 서둘러 걸어서 연장자보다 앞질러 가는 것을 공순치 못하다 말한다. 천천히 걸어가는 것을 못하는 사람은 없겠지만 다만 하지 않을 뿐이다.

---

83) 『맹자』「이루 하」: "日 大人者 不失其赤子之心者也."

84) 『맹자』「이루 상」: "君子之不教子 何也 孟子日 勢不行也 教者 必以正 以正不行 繼之以怒 繼之 以怒 則反 夷矣 夫子教我以正 夫子 未出於正也 則是 父子相夷也 父子相夷 則惡矣 古者 易子而教之 父子之間 不責善 責善則離 離則不祥 莫大焉."

요순(堯舜)의 가르침은 효도와 공경일 뿐이다(고자 하).[85]

④ 가르치는 것에도 또한 방법이 많은 법이다. 내가 달갑게 여기지 않아서 가르쳐주지 않는다면 그것도 또한 가르쳐주는 방법 중의 하나인 것이다(고자 하).[86]

⑤ 학교에서 부모에게 효도하고 형을 공경하는 도리를 교육시키면 머리털이 허연 늙은이가 짐을 등에 지거나 머리에 이고 도로를 오가지 않게 될 것이다(양혜왕 상).[87]

『맹자』에서 알 수 있는 효 교육의 주안점은 첫째, 사람의 본성은 착한 것이므로 그러한 심성이 유지·보존되도록 가르쳐야 한다. 둘째, 효 교육은 부모가 직접 하는 것보다 가정에서는 조부모, 학교에서는 교사 등이 하는 것이 효과적인데, 그 이유는 부모가 자식을 가르칠 때, 부모가 부모다운 언행을 하지 않으면서 자식에게 요구하게 되면 많은 점에서 부작용이 날 수 있기 때문이다. 그래서 맹자는 '역자교지(易子敎之)'라고 했다. 즉 부모끼리 자식을 바꾸어서 가르쳐야 한다는 것이다. 셋째, 효는 예의 기초가 된다는 점이다. 연장자를 뒤따를 때 예의를 갖추는 것도 효도와 공경에서 나오는 것이며, 부모를 모시고 부끄럽지 않은 삶을 살면서 제자를 가르치는 즐거움 등은 인간으로서 기본이 되어야 한다는 점이다. 넷째, 가정에서보다 학교에서 효를 가르침으로써 경로효친(敬老孝親)을 실천토록 해야 한다는 점을 이르고 있다.

---

85) 『맹자』「고자 하」: "徐行後長者 謂之弟 疾行先長者 謂之不弟 夫徐行者 豈人所不能哉 所不爲也 堯舜之道 孝弟而已矣."
86) 『맹자』「고자 하」: "敎亦多術矣 予不屑之敎誨也者 是亦敎誨之而已矣."
87) 『맹자』「양혜왕 상」: "謹庠序之敎 申之以孝弟之義 頒白者不負戴於道路矣."

 # 『예기』에 제시된 효 교육 이유 및 주안점

1. 효 교육의 이유

① 가장 큰 효는 부모님을 공경하는 것이요, 그 다음이 부모를 욕되게 하지 않는 것이며, 마지막으로 부모를 봉양하는 것이다.(제의편)[88]

② 효자는 어두운 곳에서 일을 종사하지 않으며, 위태로운 곳에 오르지 않는다. 이는 어버이를 욕되게 할 것을 두려워하기 때문이다. 부모가 살아계실 때에는 벗과 더불어 죽음에 대하여 허락하지 않아야 한다.[89]

③ 부모에게 잘못이 있을 때에는 마음을 억누르고 웃음 띤 얼굴로 부드럽게 간한다. 만일 간(諫)함을 받아들이지 않으면 일어나서 공손히 대하고 효성을 다하여 마음이 풀려서 기뻐하면 다시 간한다. (부모가) 기뻐하지 않는다고 (간하지 않다가) 동네에서 죄를 얻는 것보다 차라리 (용기 있게) 간하는 게 낫다.[90]

『예기』에서 제시하는 효 교육의 이유는 첫째, 부모님의 뜻을 존중

---

88) "大孝尊親 其次弗辱 其下能養."

89) 『예기』 「곡례편」 : "孝子不服闇不登危懼辱親也 父母存不許友以死."

90) 『예기』 「내칙」 : "父母有過, 下氣怡色, 柔聲以諫, 諫若不入, 起敬起孝, 說則復諫, 不說, 與其得罪 於鄕黨州閭, 寧孰諫."

하기 위함이다. 마음을 편안히 해 드리는 것이 중요하고 물질적 봉양
은 나중이라는 점을 강조하고 있다. 둘째, 부모를 걱정하게 하고 염
려하게 하지 않도록 가르쳐야 한다. 자식이 불량배들과 함께 어울려
암흑지대에 있거나, 위험한 곳에 있게 되면 결과적으로 부모를 걱정
하게 하는 일이다. 이런 이유에서 부모님이 살아계실 때에는 벗과 더
불어 자살을 논한다거나 행해서는 안된다. 셋째, 부모에게 간함에 있
어서 항상 밝은 표정이어야 하고, 어떤 경우라도 부모가 나쁜 일을
하거나 죄를 짓지 않도록 자식으로서 말려야 한다는 점을 제시하고
있다.

2. 효 교육의 주안점

① 무엇을 인의(人義)라고 하는가, 부모는
   자식을 사랑하고 자식은 부모에게 효
   도하며, 형은 현량하고 아우는 형을 공
   경하며, 남편은 의롭고 아내는 남편 말
   을 경청해야 하며, 어른은 은혜로워야

하고 어린이는 순해야 하며 군주는 인자해야 하고 신하는 충성해
야 한다. 이 열 가지를 이르러 인의라고 한다.[91]

② 내 몸은 부모님이 낳아주셨다. 부모가 낳아주신 몸을 갖고 행동하
   는데 있어서 감히 공경하지 않을 수 있겠는가? 평소 살아가는데

91) 『예기』 「예운편」 : "何謂人義 父慈子孝 兄良弟弟 夫義婦聽 長惠幼順 君仁臣
    忠 十者謂之人義."

있어서 장경(莊敬)하지 않으면 효가 아니다. 임금 섬김에 충성되지 않으면 효가 아니다. 관직을 수행함에 있어 성실하지 않으면 효가 아니다. 벗으로부터 신의와 존경받지 못하면 효가 아니다. 전장의 진지에 임하여 용감하지 않으면 효가 아니다. 이상 다섯 가지는 완수하지 못하면 그 결과가 그의 어버이에까지 미칠 것이니 감히 공경하지 않을 수 있겠는가?[92]

③ 리더(임금)가 사랑의 도를 천하에 세우려면, 먼저 스스로 그 어버이를 사랑하는 것에서 시작한다. 이것이 백성들에게 자목(慈睦)의 도를 가르치는 방도이다. 경(敬)의 도를 천하에 세우려면 먼저 스스로 그 형장(兄長)을 공경하는데서 시작한다. 이것이 백성에게 유순(柔順)의 도를 가르치는 방도이다. 자목의 도를 가르쳐서 백성이 어버이 있음을 귀하게 여기게 되고, 유순의 도를 가르쳐서 백성이 위의 명령을 들음을 귀하게 여기게 된다. 이리하여 백성이 모두 자목의 도로써 그 어버이를 섬기고, 유순의 도로써 위의 명령을 청종(聽從)하면, 천하는 반드시 치평(治平)된다. 그러므로 이 두 가지의 길을 천하에 실시하면 모든 일이 잘 행해진다.[93]

『예기』에서도 마찬가지로 인의(人義)를 갖추기 위해 평소 '공경'을 강조하고 있는데 각자의 직분에 충실해야 하며, 부모님이 우리를 낳아주셨으므로 그 은혜를 잊어선 안된다고 이르고 있다. 또한 리더가

92) 『예기』「제의편」: "身也者 父母之遺體也 行父母之遺體 致不敬乎? 居處不莊 非孝也. 事君不忠非孝也 蒞官不敬非孝也 朋友不敬非孝也 戰陣無勇非孝也 五 者不遂 裁及其親恥不敬乎?"

93) 『예기』「제의」: "立愛自親始教民睦也 立敬自長始教民順也 教以慈睦 而民貴 有親 教以敬長 而民貴用命 孝以 事親 順以聽命 錯諸天下 無所不行."

구성원들에게 효를 교육하기 위해서는 리더 자신이 '솔선수범' 하여 효를 행함으로써 본보기를 보여야 한다는 점을 제시하고 있다.

VII 『소학』에 제시된 효 교육 이유 및 주안점

1. 효 교육의 이유

① 사람은 가르치지 아니하면 알지 못하게 되고 알지 못하면 행할 수도 없게 된다. 부모에게 효도하고 웃어른을 공경하게 되는 것은 스승의 은혜가 아닌 것이 없다.[94]

② 어린아이도 그 부모를 사랑해야 하는 것을 알지 못하는 아이가 없고, 자라면서는 그 형을 공경할 줄 알지 못하는 이가 없다.[95]

③ 리더(君子)가 사람을 가르침에는 순서가 있으니, 먼저 작은 것과 가까운 것부터 가르치고, 그런 뒤에 큰 것과 먼 것을 가르쳐야 하거니와, 먼저 가깝고 작은 것부터 가르치고, 뒤에 멀고 큰 것을 가르쳐야 하는 것이다."[96]

④ 벼슬아치는 벼슬이 이루어질 때 게을러지고 병은 조금 나을 때 더

---

94) 『소학』「사제편」: "非敎不知 非知何行 能孝能弟 莫非師恩"

95) 『小學』「明倫編」: "孩提之童 無不知愛其親 及其長也 無不知敬其兄也."

96) 『小學』「嘉言編」: "君子敎人有序 先傳以小者近者 而後 敎以大者遠者 非是先傳以近小 而後 不敎以遠大也."

하며, 재앙은 게으른데서 생기고, 효도는 처자(妻子)로 인하여 쇠하여지거니와, 이 네 가지를 살펴서 끝을 삼가 하기를 처음과 같이 해야 할 것이다.[97]

⑤ 사람이 어릴 때는 부모를 그리워하고, 여색(女色) 좋음을 알면 미녀를 그리워하고, 처자(妻子)가 있으면 처자를 그리워하고, 벼슬하면 임금을 그리워하고, 임금의 사랑을 얻지 못하면 속으로 끓거니와, 큰 효자는 평생 동안 부모를 그리워하는 법이니, 나이 오십이 되고서도 부모를 그리워하는 것을 나는 저 위대한 순(舜)임금에게서 보았다.[98]

『소학』에서 제시하는 효 교육의 이유는 첫째, 사람은 효를 배워서 제대로 알아야 행할 수 있기 때문이고 둘째, 사람은 어려서부터 부모를 사랑하고 형을 공경할 줄 알아야 하는 것이니, 이러한 마음이 지속되도록 하는 가르침이 있어야 하며 셋째, 사람을 가르칠 때는 순서가 있어야 하는데 부모자식의 관계, 친척과의 관계, 이웃과의 관계 등 가까운 것에서부터 먼 것으로 확대해나가야 하고 넷째, 여색과 처자식으로 인하여 부모 섬기는 일에 소홀히 하는 불효를 해서는 안된다는 점을 이르고 있다. 다섯째, 사람은 나이가 들어가면서 환경이 바뀜에 따라 부모의 은혜를 잊게 될 수 있으므로 나이에 맞게 효 교육을 지속적으로 시켜야 한다는 점을 제시하고 있다.

---

97) 『小學』「明倫編」: "官怠於宦成 病加於小愈 禍生於懈惰 孝衰於妻子 察此四者 愼終如始."

98) 『小學』「稽古編」: "人少則慕父母 知好色則慕少艾 有妻子則慕妻子 仕則慕君 不得於君則熱中 大孝 終身慕父 母 五十而慕者 子於大舜 見之矣."

2. 효 교육의 주안점

① 리더(임금)의 명령에 부하(신하)는 공손하고 부모가 자식을 사랑함
에 자식이 효도하며, 형은 사랑하고 아우는 공경하며, 남편은 온
화하고 아내는 부드러우며 시어머니는 자애롭고 며느리는 따르는
것이 예절이다.[99]

② 친척이 기뻐하지 않으면 감히 외부 사람들과 사귀지 말아야 하고,
가까운 사람과 친하지 않으면 감히 먼 사람을 구하지 말아야 하며,
작은 것을 살피지 못하면 감히 큰 것을 말하지 말아야 한다.[100]

③ 옛날에 부인이 자식을 임신하면, 잘 때 옆으로 눕지 아니하고, 앉
을 때 모서리에 앉지 아니하고, 설 때 한 쪽 발로 서지 아니하며,
간사한 맛을 먹지 아니하고, 벤 것이 바르지 않으면 먹지 아니하
고, 자리가 바르지 않으면 앉지 아니하며, 눈으로 간사한 빛을 보
지 아니하고, 귀로 음란한 소리를 듣지 아니하며, 밤이면 소경 악
사로 하여금 시를 외우게 하고 올바른 일을 말하게 하였다.[101]

『소학』에서는 '기본'과 '기초'에 주안을 두고 가르쳐야 한다는 점
을 강조하고 있다. 즉 부모나 형제, 친척이 원하는 사람이 아니면 친
구로 사귀지 말아야 하고, 가까운 것부터 살펴야 하며, 가르침에 있

---

99) 『소학』「명륜편」: "君令臣共 父慈子孝 兄愛弟敬 夫和妻柔 姑慈婦聽 禮也."

100) 『소학』「명륜편」: "親戚不說 不敢外交 近者不親 不敢求遠 小者不審 不敢言
大."

101) 『소학』「입교편」: "古者 婦人 妊子 寢不側 坐不邊 立不蹕 不食邪味 割不正
不食 席不正 不坐目不視邪色 耳不聽淫聲 夜則令瞽誦時 道正事 如此則生子
形容端正 才過人矣."

어서 '작은 것과 가까운 것'을 '큰 것과 멀리 있는 것'보다 먼저 해야한다는 점 등을 강조하고 있다. 특히 어머니가 아이를 잉태했을 때조심해야 할 것을 비롯하여 기본과 기초적인 것에 충실해야 한다는점을 강조하고 있다.

VIII 『명심보감』에 제시된 효 교육 이유 및 주안점

1. 효 교육의 이유

① 하루라도 선을 생각하지 않으면 모든 악이 모두 스스로 일어난다.[102]

② 나쁜 마음이 가득 차면 하늘이 반드시 벌을 줄 것이다.[103]

③ 복은 맑고 검소한 데서 생기고, 덕은 몸을 낮추고 겸손한 데서 생기고, 도(道)는 편안하고 고요한 데서 생기고, 생명은 화창(和暢)한데서 생긴다. 근심은 욕심이 많은 데서 생기고, 재앙은 탐(貪)하는마음에서 생긴다. 군왕(君王)을 높이고, 부모에게 효도하며, 존장(尊長)을 공경하고, 덕이 있는 이를 받들며, 어진 이와 어리석은 이를 분별하고, 무식한 자를 용서하는 삶을 살아야 한다.[104]

102) 『명심보감』「계선편」: "莊子曰 一日不念善 諸惡 皆自起."
103) 『명심보감』「천명편」: "益智書 元 惡鑵 若滿 天必誅之."

④ 사람의 성품은 물과 같으나 물이 한 번 기울어지면 돌이켜질 수 없고, 성품이 한 번 기울면 돌아오지 못한다. 물을 제어하는 것은 반드시 둑으로 하고, 성품을 제어하는 것은 반드시 예법으로 하는 것이다.[105)

⑤ 엄한 아버지는 효자를 길러내고 엄한 어머니는 효녀를 길러낸다.[106)

『명심보감』에서 제시하는 효 교육 이유는 하루라도 선한 일, 즉 효를 생각하지 않으면 악한 생각들이 저절로 생겨나고, 나쁜 마음이 가득 차면 하늘의 벌을 받게 되므로 선(善)의 기본이라 할 수 있는 효를 가르쳐야 한다고 이르고 있다. 또한 덕을 갖추는데 효가 있어야 하며 사람의 성품은 마치 물과 같아서 기울어지면 안되는 법이므로, 어린 시절에 가정에서 부모가 인간의 기본 도리를 가르쳐야 한다는 점을 이르고 있다.

---

104) 『명심보감』「정기편」: "紫虛元君誠諭心文 曰 福生於淸儉 德生於卑退 道生於安靜 命生於和暢 憂生於多慾 禍生於多貪 過生於輕慢 罪生於不仁 戒眼莫看他非 戒口莫談他短 戒心莫自貪嗔 戒身莫隨惡伴 無益之言 莫 妄說 不干己事 莫妄爲 尊君王孝父母 敬尊長奉有德 別賢憂恕無識 物順來而勿拒 物旣去而勿追 身未遇而勿 望 事已過而勿思 聰明 多暗昧 算計 失便宜 損人終自失 依勢禍相隨 戒之在心 守之在氣 爲不節而亡家 因不 廉而失位 勸君自警於平生 可歎可警而可畏 上臨之以天鑑 下察之以地祇 明有三法相繼 暗有鬼神相隨 惟正可 守 心不可欺 戒之戒之."

105) 『명심보감』「계성편」: "景行錄 云 人性 如水 水一傾則不可復 性一縱則不可反 制水者 必以堤防 制性者 必以禮法."

106) 『명심보감』「훈자편」: "嚴父 出孝子 嚴母 出孝女."

2. 효 교육의 주안점

① 그 임금을 알고자 하면 먼저 그 신하를 살피고, 그 사람을 알고자 하면 먼저 그 친구를 살피고, 그 부모를 알고자 하면 먼저 그 자식을 살핀다. 임금이 성인답다면 신하가 충성하고 부모가 자식을 사랑하면 자식은 부모에게 효도하게 된다.[107]

② 선을 보거든 마치 미치지 못하는 것 같이 하고, 악을 보거든 마치 끓는 물을 만지는 것 같이 생각하여 멀리해야 한다.[108]

③ 내가 어버이에게 효도하면 내 자식 역시 나에게 효도한다. 내가 효도하지 않는다면 어찌 자식이 나에게 효도하겠는가? 효도하고 섬기는 자는 다시 효도하고 섬기는 자식을 낳게 되지만, 어그러지고 거슬리는 자는 다시 패역하고 불효하는 자식을 낳게 되나니, 믿지 못할 것 같으면 처마 끝의 물방울을 보라. 방울방울 떨어짐이 어긋남이 없음을 보게 된다.[109]

『명심보감』에서는 부모가 부모다워야 자식이 자식다울 수 있으므로 부모의 역할이 중요하다는 점을 이르고 있다. 그리고 만선의 근본인 효에 대해서는 마치 미치지 못하는 듯하고, 불효(惡)를 보면 마치 끓는 물을 만지듯 하라고 이르고 있으며, 무엇보다도 부모의 본보기가 효를 교육하는데 있어서 으뜸임을 강조하고 있다.

---

107) 『명심보감』「성심편(하)」: "欲知其君 先視其臣 欲識其人 先視其友 欲知其父 先視其子 君聖臣忠 父慈子孝."

108) 『명심보감』「계선편」: "子曰 見善如不及 見不善如探湯."

109) 『명심보감』「효행편」: "孝於親 子亦孝之 身旣不孝 子何孝焉 孝順 還生孝順子 悖逆 還生孝逆子 不信 但 看簷頭水 點點適適不差移."

Ⅸ 『격몽요결』에 제시된 효 교육 이유 및 주안점

1. 효 교육의 이유

① 대체로 부모에게는 당연히 효도해야 한다는 것을 알면서도 효도 하는 사람이 별로 많지 않은 것은, 부모의 은혜를 깊이 깨닫지 못 하기 때문이다. 이 세상 어느 물건도 내 몸보다 귀한 것은 없다. 곧 부모께서 주신 것이기 때문이다. 지금 남에게 재물을 주었다면 그 물건의 많고 적음이나 가치의 경중에 따라서 그 은혜에 감사하 는 마음도 깊거나 얕아 보이겠지만, 부모가 나에게 이 몸을 주셨 으니 천하의 어떠한 물건과도 바꿀 수는 없는 것이다.[110]

② (학문을 하는 이유는) 부모가 되어서는 마땅히 자식을 사랑하고, 자식이 되어서는 마땅히 부모에게 효도하고, 신하가 되어서는 마 땅히 충성하고, 부부가 되어서는 마땅히 분별이 있어야 하고, 형 제가 되어서는 마땅히 우애가 있고, 젊은이가 되어서는 마땅히 어 른을 공경하고, 친구가 되어서는 마땅히 믿음을 주기 위함이 다.[111]

③ 학문을 하는 사람은 반드시 성실한 마음으로 그 학문하는 길로 향 해야 하고, 속된 세상의 잡된 일로 그 학문의 뜻을 어지럽게 해서

---

110) 『격몽요결』「사친장」: "凡人莫不知親之當孝而孝者甚鮮由不深知父母之恩 故也 天下之物莫貴於 吾身乃父母 之所遺也 今有遺人以財物者則隨其物之多 小輕重而感恩之意爲之深淺焉父母遺我以身以擧天下之物無以易此身矣."

111) 『격몽요결』「序文」: "只是 爲父當慈 爲子當孝 爲臣當忠 爲夫婦當別 爲兄弟 當友 爲少者當敬長 爲朋友當 有信."

는 안된다. 어지럽히지 않은 연후에 학문을 하는 터전이 잡히는 것이다.[112]

④ 일상생활에서 잠깐 사이라도 부모를 잊지 않아야 한다. 그런 다음에야 효도를 하는 사람이라 이름 지을 수 있다. 그리고 자기의 몸가짐을 삼가지 않으며, 하는 말에 법도가 없고 난잡하게 노는 것으로 세월을 보내는 사람은 모두 그 부모를 잊은 사람들의 행동인 것이다.[113]

⑤ 어떤 사람이 너무 예에 치우친 나머지 3년 동안 죽만을 먹었다 하니, 이와 같이 참으로 효성이 남보다 뛰어나고 추호도 힘써 억지로 하는 뜻이 없다면, 비록 예의 한도에 지나쳤더라도 오히려 그런대로 괜찮다. 그러나 만일 효성이 지극하지 못하면서 억지로 힘써 예를 지나치게 한다면, 이것은 자신을 속이고 어버이를 속이는 것이니 마땅히 경계해야 할 것이다(상제장).[114]

『격몽요결』에 제시하고 있는 효 교육 이유는 첫째, 자식들이 부모에게 효도해야 하는 것을 알면서도 효도하지 않는 것은 은혜를 깨닫지 못해서이므로 효를 제대로 알도록 가르쳐야 한다는 점을 강조하고 있다. 둘째, 학문을 하는 이유는 부모가 되어서는 마땅히 자식을 사랑하고, 자식 된 자로서는 부모를 공경해야 하는 것을 알도록 해야

---

112) 『격몽요결』「지신장」: "學者必誠心向道不以世俗雜事亂其志然後爲學有基址."

113) 『격몽요결』「사친장」: "日用之間, 一毫之頃, 不忘父母然後乃名爲孝, 疲持身不謹, 出言無章, 嬉戲度日者, 皆是忘 父母者也."

114) 『격몽요결』「상제장」: "人或有過 禮, 而啜 粥三年者, 若 是誠孝出 人, 無一毫勉强之意, 則雖過禮, 猶或可也. 若誠孝未至, 而勉强踰禮, 則是自欺而欺親也, 切宜戒之."

하기 때문이며 셋째, 사람이 세상을 살아가는 데는 바른 자세로 불의를 행하지 않아야 하는데, 이는 부모의 말씀을 거역하지 않는 자세가 필요하다. 그러므로 효를 가르침으로써 몸가짐을 바르게 해야 한다. 넷째, 효를 행함에 있어서 예에 치우친 나머지 남에게 보이기 위해서 겉치레, 또는 건강을 해치도록 해서는 안된다는 점을 가르쳐야 한다고 이르고 있다.

2. 효 교육의 주안점

① 성인(聖人)만이 유독 성인이 되고 나는 유독 평범한 사람이 되는 것은 진실로 뜻을 세우지 못하고 아는 것을 분명히 못하고 행실을 독실(篤實)하게 못함이니, 모두가 내가 하기 달린 것뿐이다. 대체로 사람들은 스스로는 뜻을 세웠다고 말하면서 힘써 나가지 않으며, 우물쭈물하고 뒷날을 기다리는 사람은 명색만 뜻을 세웠다 할 뿐 실지로는 공부를 하려는 성의가 없기 때문이다.[115]

② 항상 한 가지라도 불의(不義)를 행하고, 한 사람이라도 죄 없는 사람을 죽이고서 천하를 얻는다 할지라도, 해서는 안된다는 것을 마음속 깊이 생각함으로써 이 생각을 가슴속에 명심하고 있어야 한다(지신장).[116]

---

115) 『격몽요결』「입지장」: "何故獨爲聖人 我則何故獨爲 衆人耶 良由志不立 知不明 行不篤耳 志之立知之 明行 之篤 皆在我耳 豈可他求哉. 凡人 自謂立志 而不卽用功 遲回等待者 名爲立志 而實無向學之誠故也."

116) 『격몽요결』「지신장」: "常以行一不義殺一不辜而得天下不爲底意思存諸胸中."

『격몽요결』에 제시하고 있는 효 교육의 주안점은 첫째, 부모의 은혜는 누구나 어느 정도는 알고 있으나 효를 행하지 않는 것은 자식으로서의 도리를 알지 못하기 때문이므로 효를 통해 자식의 도리를 가르쳐야 한다는 점과 둘째, 누구나 자기의 뜻을 세우고 의지를 굳건히 함으로써 성공함으로써 입신양명의 효를 실천해야 한다는 점, 셋째, 불의를 통해 무엇을 얻는다 해도 그것은 올바른 방법이 아니므로 의를 추구하는 가운데 진정한 효가 있음을 알게 해야 한다는 점을 이르고 있다.

X. 기타 문헌에 제시된 효 교육 이유 및 주안점

1. 효 교육의 이유

　①《중용》하늘이 명한 것을 성품(性)이라 이르고, 성품을 따르는 것을 도리(道)라 이르고, 도리를 닦는 것을 가르침(敎)이라 이른다.[117]
　②《후한서》나라를 구할 충성된 신하는 효자의 가문에서 나온다.[118]

기타문헌에 제시된 효 교육의 이유에 대해 『중용』에서는 하늘이 명한 인간의 성품을 잘 간직하고 하늘의 뜻에 따라 행하도록 가르쳐야

117) 『중용』 : "天命之謂性 率性之謂道 修道之謂敎."
118) 『후한서』 : "求忠臣必於孝子之門."

하며, 인간이 지향해야 할 도리를 가르치라고 이르고 있고, 『후한서』
에서는 나라를 위하는 충신들은 효자의 가문에서 나오게 되므로, 나
라를 위하는 충신을 배출하기 위해서는 효를 가르쳐야 한다고 이르고
있다.

2. 효 교육의 주안점

① 《중용》 효는 사람(리더, 부모)의 뜻을 잘 계승하며 사람의 일을 잘
   전술(傳述)하는 것이다.[119]
② 《채근담》 아버지가 사랑하고 아들이 효도하는 것은 모두 당연히
   그처럼 해야 하는 것이다. 만약 베푸는 자가 덕으로 자처하고 받
   는 자가 은혜로 생각한다면 문득 장사꾼의 도가 되어 버리리
   라.[120]

기타문헌에서 제시하고 있는 효 교육의 주안점에 대해 살펴보면,
『중용』에서는 효는 부모님과 스승 등의 뜻을 잘 계승해서 전술(傳述)하
는 것이므로 부모님이 돌아가시더라도 따라 행하고, 그러한 조상님의
뜻을 후손에게 알려야 한다고 이르고 있고, 『채근담』에서는 부모로서
자식을 사랑하는 것이나, 자식으로서 부모를 공경하고 봉양하는 것
등은 당연히 해야 하는 것이므로, 이를 밖에 나타나게 하려 해서는
안된다는 점을 강조하고 있다.

---

119) 『중용』 : "夫孝者 善繼人之志 善述人之事者也."
120) 『채근담』 : "父慈子孝 俱是合當如此 如施者任德 受者懷恩 便成市道矣."

종합적으로 볼 때 효 교육은 기본과 바탕에 주안을 두는 교육임을 알 수 있다. 자녀를 교육할 때 작은 것부터, 가까운 것부터 가르쳐야 하는 이유도 그 때문이다. 즉 세상에 태어나서 가장 먼저, 가까이서 접하게 되는 대상이 부모이고 가족이다. 작은 실천 또한 부모와 가족에게 해야 할 우선적인 도리이다. 그중에서도 공경을 가장 우선시하고 있는데, 공경은 바로 부모가 원하는 방향으로 자식이 따라야 하는 덕목이자 가치이기 때문이다. 이렇게 작은 것을 행하다 보면 효라는 것도 자연스레 교육되어지는 것으로 보고 있다. 『논어』에 "리더는 근본을 세우는데 힘써야 하고 근본이 서면 길과 방법이 저절로 생긴다. 그리고 그 근본은 효(孝)와 우애(弟)에서 나온다."고 한 것이나 『효경』에 "효는 덕의 근본이요, 모든 가르침이 그로 말미암아 생겨난다."고 한 것도 같은 맥락이다. 효가 교육되어지면 기본이 바로 서게 되고, 세상을 바르게 변화시킬 수 있는 리더다운 인격과 역량을 갖추게 되는 것이다.

제 5 장

교육의 일반 이론에서 본 효 교육의 필요성

교육(敎育)이란 인간이 인간다운 모습으로 살아가도록 인간의 행동 특성을 계획적으로 변화시킴으로써 잠재역량을 이끌어내는 과정 (process)이다. 즉 인간다움을 기초로 발전적 변화를 이끌어내는 것이 교육의 목표인 것이다. 그러므로 효 교육은 효를 바탕으로 사람다운 사람이 되도록 발전적 변화를 이끌어가는 과정이라 할 수 있다. 그리고 여기서 '사람다움' 이란 인간으로서 기본 도리를 알고 행하는 사람이다. 이를테면 부모는 자식을 사랑하고, 자식은 부모에게 효도하는 삶을 통하여 부모는 부모답고, 자식은 자식다움을 추구하는 것이다. 또한 스승은 제자를 가르치고, 제자는 스승에게 배우는 과정을 통해 스승은 스승답고, 제자는 제자다운 모습이다. 이러한 심성이 타인을 사랑하고 이웃을 사랑하며 사회와 국가, 자연을 사랑하는 삶을 살아가도록 가르치는 것이 효 교육이다.

교육은 교육법(제2조 교육이념)에도 나와 있듯이 홍익인간 정신, 즉 타인을 널리 이롭게 하는 정신을 구현하는 데 목적을 두고 있다. 다시 말하면 도덕적 품성과 창의적 역량을 갖춘 인재를 육성함으로써 우리 사회의 도의와 정치·경제·사회·문화적 수준을 한 단계 높이는데 목적이 있는 것이다. 그러함에도 불구하고 오늘날의 교육은 입시위주, 학벌지상주의로 가고 있는 것이 문제다. 그러나 이는 비단 학교의 문제로만 봐선 안 될 것인데, 가정·학교 교육과 사회 교육이 함께 해야 할 문제이기 때문이다. 이제라도 교육의 근본을 세우고 기본에 충실함으로써 사람이 된 후에 학문과 명예, 재물을 생각하도록 하는 교육이 되어야 할 것인데, 그 방안의 하나가 효를 가르치는 것이다.

일찍이 공자(孔子)는 "효는 덕의 근본이며, 모든 가르침이 그로 말미암아 생겨난다(孝德之本也 敎之所由生也)"고 했다. 여기서 말하는 덕(德)은 득심(得心)이다. 즉 상대방의 마음을 얻는 것으로, 효는 상대방의 마음을 얻는데 있어 기본으로 작용한다. 도덕적·윤리적 이상을 실현해 나가는 인격적 능력은 효에서 시작되는 것이다. 세상 누구도 부모가 원하는 것과 원치 않는 것을 분별해서 행동하게 되면 바람직한 방향으로 나아가지 않을 수 없다. 세상에서 성공한 인물들의 성공 과정을 살펴보면 이들은 모두 효자(녀)이고 부모(조부모)가 원하는 방향으로 열심히 노력한 것이 결과로 이어졌음을 볼 수 있다. 이런 맥락에서 본 장(章)에서는 교육의 일반적인 이론과 효 교육의 연관성에 대하여 고찰해봄으로써 효가 뒷받침된 교육의 당위성을 제기하려고 한다.

Ⅰ 교육의 필요성과 본질적 의미에서의 효

1. 교육의 필요성과 효

가. 교육의 필요성

인간에게 교육이 필요한 이유는, 교육을 받지 않으면 살아갈 수 없는 존재일 뿐 아니라 교육을 받지 않으면 짐승만도 못한 존재가 되기 때문이다.

인간은 잉태되는 순간부터 부모의 사랑이 전제된 태교(胎敎)가 시작된다. 부모는 태교 때의 마음이 변해서는 안되고, 자식 또한 성장하고 나서 부모의 사랑을 잊으면 안된다. 최근 젊은 부모들이 자식에게 모유수유와 밥상머리교육 등 기본적인 교육을 등한시하는 경우가 나타나고 있는데, 이는 그들의 부모에 의해 받았던 것과 무관치 않다. 자식은 본능적으로 자신의 생존을 위해 부모의 보살핌이 필요한 동안은 부모에 대하여 뜨거운 애착과 애정을 느끼지만, 자신이 자라서 독립할 수 있는 단계에 이르면 부모에 대한 애착이나 애정은 점점 머리에서 잊혀간다. 그대로 방치하면 완전 소멸되고, 어떤 경우는 패륜으로 이어지기도 한다. 때문에 부모에 대한 사랑이 가슴에서 뜨겁게 타오르는 가운데 성숙(成熟)되어지도록 하는 교육이 필요한데, 그것이 효(HYO) 교육이다.

교육의 이유에 대해서는 현자(賢者)들이 교육을 어떻게 보아 왔는가

> **Tip**
>
> 인간은 오직 교육을 받을 수 있는 유일한 존재이다. 인간이 교육을 받지 않으면 짐승처럼 살아가기 때문에 '사람' 되는 교육을 먼저 해야 한다.

를 살펴보면 어느 정도 알 수 있다. 기원전 공자, 소크라테스, 플라톤, 아리스토텔레스, 맹자, 그리고 18세기에 들어와서 헤겔, 칸트, 헤르바르트 등은 교육을 덕(德)과 인의(仁義), 도덕(道德) 등 규범적인 측면(인간다움 : 내재적 목적)에 초점이 맞추고 있음을 볼 수 있다. 그러다가 18, 19세기 페스탈로치와 존 듀이 등에 의해 기능적인 측면(사회개혁, 문화전달자 : 외재적 목적)에서, 그리고 장자크 루소, 프뢰벨, 피터스 등에 의해 조작적 측면(의도적 실현 : 내·외재적 목적)의 사조(思潮)가 나타났다. 이렇듯 교육의 필요성은 시대의 흐름에 따라 다양한 각도로 제기되어 왔음을 볼 수 있는데, 사람은 다른 동물과는 달리 도움을 받지 않고는 살아갈 수 없고 사랑이 없이는 교육이 이루어질 수 없는 존재이다. 산모가 태교를 함에 있어 음식, 약 복용, 삿된 생각을 하면 태아에게 잘못된다고 생각하고 매사를 조심하는 것이나 모유수유, 밥상머리교육도 그 때문이다. 태아의 출생 직후는 영아(嬰兒)라는 보잘 것 없는 유기체에 불과하므로 1년여 동안은 아무 것도 할 수 없고 오직 생리적 욕구에 매달린 채 삶을 이어 가지만, 차츰 나이를 먹어감에 따라 점진적으로 의젓한 인간으로 발달해 가는 것을 본다. 그런데, 중·고등학교, 심지어 대학에 다니는 자녀까지도 그에 맞는 사랑과 교육이 병행되지 않으면 인간의 모습으로 발달되어 갈 수가 없다. 때문에 입시중심의 교육보다는, 지금까지 살아온 과정을 알게 하고 사랑을 통해 성장되어지도록 하는 교육이 필요한데, 이는 다음 사례를 통해 확인해 볼 수 있다.

사례 1　프랑스의 '야생 소년'[121]

　　이 사례는 1795년 프랑스의 남부 '아베롱' 숲 속에서 12~13세로 추정되는 한 소년을 발견한데서 비롯된다. 이 소년은 파리로 옮겨져서 당시 25세의 청년 의사 이따르(Itard)에 의해 교육되어졌다. 이따르가 이 소년을 처음 보았을 당시의 감각기능은 활발하지 못했고 큰 소리에도 무감각했을 뿐 아니라, 발성은 벙어리 상태로서 짐승의 소리를 내고 있었다. 지능은 매우 낮았고 기억력, 판단력, 사고력도 뒤떨어져 있었으며 사람을 두려워하여 사람을 보면 발작적인 동작이나 경련을 일으키기도 했다. 그리고 우리 속에 갇힌 동물처럼 부단히 몸을 뒤흔들며 사람을 물어뜯으려 하는 등 야만의 모습 그대로였다. 결과적으로 이 소년은 태어날 때부터 저능아는 아니었으나 가정에서 부모와 가족의 따뜻한 사랑을 받지 못했던 탓에 인간의 모습이 아닌 동물의 모습, 그 자체였던 것이다.

　　5년 동안 정성어린 교육을 받은 이 소년은 어느 정도 감각을 일깨웠고 언어를 사용해서 자기 요구를 표현하는 일도 가능해졌다. 이 야생 소년을 통해서 얻은 교훈은 첫째, 인간이 고유의 감각과 기능을 빼앗기게 될 때 다른 동물보다도 뒤떨어지게 되고 둘째, 인간으로서의 사회성이나 도덕성은 문명의 혜택을 받았을 때만 가능하며 셋째, 인간으로서 가치를 발휘하며 살아가기 위해서는 인간다움의 교육이 절대적으로 필요하다는 점을 알게 되었다는 점이다.

---

121) 송경영, 『교육학의 이해』, 교육아카데미, 2009. pp. 25－26

이 사례는 1920년 10월 인도 뱅갈 지역에서 두 살가량 된 아말라(Amala)와 여덟 살 된 카말라(Kmala)라는 이름이 붙여진 여아 자매를 늑대 굴에서 구출한 이야기이다. 미국의 싱(Singh) 목사 부부의 정성어린 보살핌 속에 양육되기 시작한 두 여아의 형질적 특성은 인간이 분명했지만 행동은 늑대와 흡사한 점이 많았다. 이들은 네 발로 기어 다니기를 좋아했고 날고기를 입으로 뜯어먹었으며, 늑대처럼 소리를 질렀고 빛을 싫어했으며, 어둠을 찾아 다녔고 고기 냄새에 민감하였으며, 음식을 땅에 놓아야만 핥아먹었고, 옷을 입혀주면 찢어버렸으며, 사람이 가까이 오는 것을 꺼렸고 피해 다녔으며, 두 손으로 그릇을 잡는 데만 1년 반의 시간이 걸렸고 꼿꼿이 설 수 있는 데 1년 반이 걸렸으며, 죽기 전까지 9년 동안 배운 언어가 보통아 5−6세의 수준이었다. 싱 목사 부부의 보고서에 의하면 사람이 인간으로서의 특유한 기능을 개발하지 못하고 잘못된 습성에 물들게 되면 차라리 백지 상태에서 어떤 행동이나 습관을 형성하는 것보다 더욱 어렵고 오랜 시간이 걸린다는 점이다. 그러나 싱 목사부부의 헌신적인 보살핌에도 불구하고 아말라는 1년 만에 3세의 나이로 죽었고, 카말라는 9년 후에 17세의 나이로 사망하고 말았다.

이처럼 인간은 어디에서 태어나 어떤 환경에서 교육이 뒷받침된 가운데 성장하느냐에 따라 사람다운 사람이 될 수도 있고, 짐승만도 못한 존재가 될 수도 있다. 그러나 늑대는, 늑대의 소굴에서 자라든 사

122) 김태길 외, 『건강하고 미래가 있는 가정』, 한울터, 1996. p.186

람의 소굴에서 자라든 늑대를 벗어날 수가 없고 망아지나 강아지도 마찬가지다. 그것들은 탄생하기 이전부터 환경이 어떻든 늑대는 늑대로, 망아지는 망아지로 자랄 수밖에 없는 것이다. 그런데 인간은 그렇지가 않다. 인간은 그가 어떠한 인적, 물적 환경 속에서 어떠한 교육을 받으면서 양육되느냐에 따라 인간이 될 수도 있고 동물만도 못한 존재가 될 수도 있다. 이런 관점에서 보면 인간은 실로 교육을 필요로 하는 유일한 존재이고, 이 엄숙한 명제가 자녀들을 기르는 부모에게 인간으로서의 책임을 부과하고 있는 것이다. 그러나 교육은 진공 속에서 이루어지는 것이 아니라 유전적인 요소를 바탕으로 환경의 영향 속에서 이루어진다. 즉 유전적인 요소와 환경적인 요소의 함수 관계에서 성장하고 발달해 가는 것이다. 그러므로 자녀들이 인격적으로 성장하고 발달하여 사람다운 사람, 인격인으로의 삶을 영위해 나가도록 하기 위해서는 인격의 함양에 도움이 되는 인적, 물적 환경을 만들어 주는 것이 필요하다.

현재 한국의 교육 행태에 대해 우려하는 목소리가 높다. 대부분 학교 교육에 대한 지적이지만 '학교 교육이 사람다운 사람을 키우기보다 학력(學力)을 키우는데 치중하고 있는데 대한 우려이다. 그러다 보니 "군대 가면 사람 된다."는 말은 있어도, "학교 가면 사람된다."는 말은 듣기 어렵다. 그런데 이런 현상의 발생 원인이 학교에만 있다고 생각해선 안된다. 사람을 만드는 교육은 학교보다 가정의 역할과 기능이 우선돼야 하기 때문이다. 그런데 '인간다움'에 역점을 두는 교육을 하려고 해도 이를 받아들이려 하지 않는 '환경'이 문제다.

실례로, 방학 기간 동안 학생들에게 인륜질서의 근본인 효를 가르치기 위해 교육 프로그램을 운영하려 해도 학부모나 학교 당국의 비협조로 할 수 없는 경우가 그것이다. 지방자치단체에서 예산을 지원 받아 중·고교학생들에게 효 교육을 하려 해도 학부모나 교사들 입장은 효보다는 영어, 수학 등의 과목이 시급한 것으로 인식하고 있기 때문이다. 그러나 오늘의 젊은 부모가 늙고난 후 자식들로부터 불효를 당하게 되고, 그때 가서 후회하게 될 수 있음을 간과해서는 안된다. 이런 현상 또한 효를 제대로 알지 못하고 교육하지 않은 탓인 것이다.

나. 교육과 효의 관계

"효를 왜 가르쳐야 하는가?"에 대한 답은, 기본이 된 사람을 만들기 위해서이다. 그리고 기본이 된 사람은 효가 무엇인지를 알고 행하는 사람이다. 그런데

효를 가르치려면 교육자의 위치에 있는 사람이 먼저 효를 알아야 하

고 행하는 모습을 보여야 한다. 그래야 피교육자가 효를 배워서 실천에 옮기게 되기 때문이다. 사람이 효를 행한다는 것은 온전한 사람에 가깝게 다가간 상태라 할 수 있다. 왜냐하면 효를 하는 사람은 인륜의 조화를 이루는 사람이기 때문이다. 그러면 어떤 사람이 인륜의 조화를 이루는 사람인가를 생각하게 되는데, 부모는 자식을 위하고 자식은 부모를 위하는 가운데 부모와 자식 사이에 형성된 사랑을 기초로 이웃과 사회, 나라와 자연을 위할 줄 아는 사람이다.

사람은 사회적 동물인 까닭에 혼자서는 살아갈 수 없다. 원래 사람을 나타내는 '인(人)' 자는 사람과 사람이 가슴과 가슴을 맞대고 살아가는 모습을 나타내는 글자이다. 따라서 사람과 사람이 살아가는 세상에서 서로를 배려하고 생각하는 삶이 필요한데, 원초적 사랑인 효를 바탕으로 타인과 이웃, 나라와 자연으로 확대하여 조화를 이루도록 교육해야 하는 것이다.

인간을 '가치 지향적 존재'로 표현한다. 인간은 가치에 따라 판단하고 행동방향을 선택하는 속성이 있기 때문인데, 그래서 인간이 어떤 가치를 기준으로 세상을 살아가느냐가 중요하다. 옛말에 "알아야 면장(免牆)한다", "아는 것이 힘이다"는 말이 있는데, 이 말은, 알지 못하면 어려움을 면할 수 없게 되고, 아는 것이 많아야 역량을 잘 발휘할 수 있다는 뜻이다. 원래 면장(免牆)은 '담장 벽을 면한다'는 뜻으로, 밤길을 걸을 때 앞에 담장이 있는 줄을 모르고 걷게 되면 담벼락에 얼굴을 부딪칠 수 있으니 담장이 있음을 알아야 한다는 뜻으로 공자(孔子)가 아들(鯉)에게 한 말이다. 교육을 하는 사람은 알아야 역량(力量)을 발휘할 수 있는 것이니 '효'를 가르치는데 있어서도 효를 알아야 이 시대에 맞는 효를 가르칠 수 있다. 이것이 효를 제대로 안 상태에서 가르쳐야 하는 이유이다.

그런데 사람들은 "효는 실천이다"라면서 효를 알려주기보다 '실천'을 강조하는 면이 있다. 더구나 "효는 인륜질서의 근본이다"라고 말하면서 정작 교육에 인용하는 사례들은 반인륜적이고 비현실적인 사례로 설명하다보니, 효 자체를 외면하는 현상이 나타나게 되는 것이다. 그래서 효를 실천하는 데는 「지(知)→정(情)→의(意)→행(行)」의 과정을 필요로 한다. 즉 효가 무엇인지를 알고(知), 느끼며(情), 다짐(意)하게 될 때 비로소 효를 실천(行)하게 되기 때문이다. 율곡 이이(李珥)는 『격몽요결』에서 "부모에게 효도해야 한다는 것을 모르는 사람은 없으나, 그런데도 효도하는 사람이 많지 않은 것은 부모의 은혜를 깨닫지 못했기 때문이다. 따라서 효를 가르쳐야 한다."고 했는데, 부모의 은혜를 알고 느끼게 하는 것이 중요하고, 그러자면 리더 자신부터 효를 제대로 알고 행하는 가운데 구성원에게 효를 가르쳐야 하는 것이다.

인간은 교육을 필요로 하는 유일한 존재이다. 인간은 오직 교육을 통해서 문화를 만들어내는 등 보다 나은 세계로 변화를 추구할 수 있기 때문인데, 교육이라해서 다 교육은 아니다. 요즘 국회를 보면 최고의 지성과 리더십을 갖춘 지도자로 뽑힌 사람들이지만 옳고 그름의 가치판단 기준이 없어 보이고, 오직 당리당략과 자기 이익만을 위해 주장하는 듯한 모습만 보인다. 소위 예의염치(禮儀廉恥)가 없어 보이는 것이다. 가정에서 TV를 보다가 국회의원들의 모습이 나오면 자식에게 "저 분을 닮아라, 나라를 위해 애쓰시는 분이다."라는 설명을 할 수 있어야 할 것인데, 오히려 그 반대 현상이 나타나고 있다. 오죽했으면 국회의장이 "국민 여러분, 제발 기본과 바탕이 된, 가정 교육을 제대로 받은 국회의원을 뽑아주시기를 부탁드립니다."라는 갈을 했을까 하는 생각이 든다. 때문에 어떤 교육을 누구에게 어떻게 받느냐가 중요하다.

교육은 부모의 사랑을 받고, 은혜를 아는 가운데 가족 간 혈육애를 바탕으로 성장이 이루어지도록 하는 일이 선행되어야 한다. 가족사랑, 가정윤리인 효가 바탕이 되어 이웃과 사회, 국가와 자연으로 확대되도록 해야 하는 것이다. 효는 가족 간 우애를 바탕으로 부모님에게 효도하도록 하는 보편적·이타적 가치로 작용한다는 점에서 모든 교육의 기초가 되는 것이다.

따라서 교육이라는 것이 도덕을 추구하고 사람다운 사람으로 살아가도록 지식을 주입하며, 잠재역량을 끄집어내는데 목적을 둔다는 점에서 효와 교육은 깊은 연관성이 있는 것이다.

2. 교육의 본질적 의미와 효

가. 교육의 본질적 의미

교육이 가지는 본질적 의미는 무엇인가? 이는 모든 교육자들이 풀어야 할 숙제이자 관심 영역이다. 혹자는 "교육의 본질은 백년대계에 있다"라고 표현하기도 하는데, 교육(敎育)은 교화(敎化)와 육성(育成)의 줄임말로 가르쳐 알게(敎)하는 일, 긍정적 변화를 추구

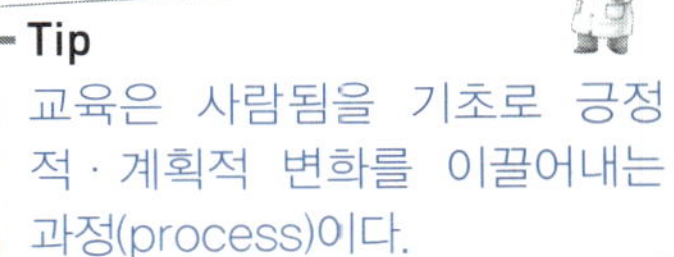

하는 일, 사랑과 정성으로 기르는(育) 과정(process)을 통해 이루어지는 (成) 것으로 이해할 수 있다. 그리고 이런 과정은 누군가가 누구에게 가르치는 행위만이 아닌 삶, 그 자체를 통해서 배우게 되는 일상적인 것들이 포함된다.

교육은 이미 어머니 뱃속에 잉태하게 되는 순간부터 시작되고, 태아는 그때부터 어머니의 심장 박동소리에 희로애락(喜怒哀樂)을 함께하며, 그로부터 성품이 형성되어지는데, 이런 것 역시 교육에 해당되는 것이다. 그러면서 말을 배우고 걸음마를 배우며 음식 먹는 법, 형제 간 우애(友愛)와 어른과 대화하는 법 등을 배우게 된다. 인간을 '사이(between)의 존재', '가치 지향적 존재', '사회적 동물' 등으로 표현하는 것은 인간이 혼자 살아갈 수 없으며, 누군가와 함께 살아가기 마련이라는 점 때문인데, 그것은 바로 부모와 자식, 형제자매의 관계로부터 시작하여 이웃과 사회, 국가와 자연으로 확대되는 삶을 살아가게 된다는 점이다. 그러므로 사람은 관계 속에서 욕구와 환경의 영향을 받으며 살아갈 수밖에 없는데, 이러한 여러 영향요인을 통틀어 문화(文化)라고 한다. 따라서 사람은 문화를 떠나 살 수 없으며 문화는 인간의 삶을 지배하는 역할을 하게 되는데, 이러한 문화는 교육에 의해 만들어지고 후대에 전수된다는 점에서 교육과 깊은 연관이 있다.

그렇다면 이러한 '교육'이 가지는 본질이 무엇인가 하는 점인데, 본질(本質)은 사전적으로 "[어떤 것이 지니고 있는] 가장 중요한 근본적인 성질이나 요소"[123]를 말한다. 그런데 교육의 본질을 설명한다는

---

123) 이기문 감수, 『새국어 사전』 (서울 : 두산 동아, 2004), p.1004

것이 쉬운 문제가 아니다. 이 문제는 교육학을 전공한 학자들도 쉽지 않은 영역으로 기술하고 있을 뿐 아니라, 이 분야에 대한 연구나 논의가 부족한 면도 있다[124]고 보여진다.

필자는 직업군인이었던 까닭에 군 생활 내내 교육자로서의 역할에 대하여 고민했던 적이 있다. 그것은 전쟁이 발발하면 적과 싸워서 이겨야 하고, 이기기 위해서는 간부(幹部)로서의 역할을 해야 하는데, 간부는 지휘자(指揮者)로서, 교육자(敎育者)로서, 관리자(管理者)로서의 역할을 통해 부하를 이끌어야 하기 때문이다. 그런데 지휘자와 관리자의 역할과 임무는 쉽게 이해할 수 있었지만, 교육자의 역할과 임무에 대해서는 이해하기가 어려웠다. '교육이란 무엇인가?'에 대한 답을 얻기 위해 여러 문헌을 보았지만 이해가 어려웠다. 본 서(書)를 집필하면서도, 교육에 대한 본질을 알아야 효의 본질과 연계하여 '효 교육의 당위성'을 제시할 수 있기에, 교육에 관한 여러 문헌을 통해 답을 얻으려 했지만 어려운 점은 마찬가지였다.

그렇지만 교육의 본질이 없는 것은 아닐 것이라는 점에서, 본질을 찾는 방안으로 한자(漢字)와 영문자(英文字)의 어원과 교육의 정의 등을 통해 교육이 가지는 본질적 의미를 찾아보려고 한다.

---

124) 엄태동, 『교육의 본질과 교육학』(서울 : 학지사, 2006), pp. 49−59

　　*여기에서 저자는 "교육의 본질은 단 한번도 인간에 의하여 밝혀진 적이 없으며 심지어 '교육이란 무엇인가'라는 질문이 진지하게 제기된 적도 없을 뿐만 아니라, 이러한 연유로 올바른 대답이 형성되어 있지도 않다 (중략)"면서, 교육을 말하는 사람들은 대체로 교육을 본질적인 면보다 기능적인 면에서 접근한 면이 있다고 지적한다.

(1) 글자의 어원에 나타난 교육의 의미

㈎ 한자의 어원에 나타난 교육의 의미

'교육(敎育)이란 무엇인가?'에 대한
답은 교육이라는 어원(語源)을 통해 얻
을 수 있다. 본디 우리의 선조들은 "글
자는 지혜를 담는 그릇이다(文者道之器)"

라 하여 문자(文字)에 담긴 의미를 통해 지혜를 얻곤 했다. 이런 맥락
에서 한자(漢字)와 영문자(英文字)의 어원을 통해 그 본뜻을 살펴 본다.

한자의 교육(敎育)은 '가르칠 교(敎)'자와 '기를 육(育)'자가 합해진
글자이다. 여기에서 보듯이 교육은 '가르쳐서 기른다'는 의미를 담고
있는데, 이는 효(孝)자와 깊은 연관이 있다. '교육(敎育)'이라는 용어가
부모와 자식의 관계로 얽혀 있기 때문이다. 설문해자에 의하면 교(敎)
자는 '위에서는 베풀고 아랫사람은 그것을 본받는다(上所施下所效)'는
뜻이고, 육(育)자는 '자녀를 길러서 선을 실천하도록 한다(養子使作善
也)'라는 의미인데, 교육(敎育)에서의 교(敎)자와 육(育)자는 다음과 같
은 세 가지로 해석할 수 있다.

첫째, 교(敎)자를 '인도할 교(爻)'자와 회초리로 '칠 복(攵)'자의 합자
(爻＋攵)로 보는 견해이다. 즉 인간을 가르칠 때는 회초리를 들어서라
도 올바른 길로 인도해야 한다는 의미가 들어 있다. 그리고 육(育)자는
'아이 돌아 나올 돌(ㄊ)'자와 몸 육(月)자의 합자(ㄊ＋月)이니, 어머니의
뱃속에서 아이가 돌아 나올 때 어머니가 감내(堪耐)해야 하는 고통과
아이를 지극히 생각하는 사랑과 정성의 의미가 담겨 있다.

둘째, 교(敎)자를 '효도 효(孝)' 자와 '아버지 부(父)' 자의 합자(孝＋父)로 보는 견해이다. 교육자는 부모와 같은 마음으로, 피교육자는 마치 부모에게 효도하는 마음으로 가르침에 따라야 한다는 의미이다. 그리고 육(育)자는 어머니의 사랑과 정성을 의미하는 것이니 피교육자와 교육자의 교호적 관계를 나타내는 글자이다.

셋째, 교(敎)자를 '효도 효(孝)' 자와 '글월 문(文)'의 합자(孝＋文)로 보는 견해이다. 즉 스승은 부모가 자식을 사랑하듯이 제자에게 글을 가르치고 제자는 부모에게 효도하는 자세로 글을 배워서 입신양명(立身揚名)의 길로 나가야 한다는 뜻이다. 그런데 여기서 문(文)자를 '밝을 문, 빛날 문' 자로 해석하면 '부모에게 효도하는 자세로 배워서 자신을 밝고 빛나게 한다'는 입신양명(立身揚名)의 의미로도 해석할 수 있다.

이렇듯이 한자어로서의 교육(敎育)의 의미는 효와 깊은 관계가 있는 것이다. 교육자로서의 사랑과 정성, 그리고 의지가 담겨야 한다는 점과 피교육자로서의 자세가 어떠해야 하는 지에 대한 의미가 담겨 있는데, 이는 마치 부모와 자식의 관계로 묘사되고 있는 것이다. 소크라테스가 교육에 대해 말하기를 "교육은 산파술(産婆術)이다. 아이를 낳는 산모(産母)와 아이를 받아주는 산파(産婆)간에 호흡이 맞아야 아기가 온전히 세상에 나올 수 있듯이, 교육자와 피교육자의 호흡이 맞아야 훌륭한 인물이 만들어질 수 있다. 따라서 교육은 산파술이다."라고 했다. 여기서 말하는 가르침이라는 것은 비단 학교에서만이 아니라 가정과 사회, 직장, 군대 등 평생 동안을 배우는 모든 과정이 포함되는 것이다.

⑷ 영문자의 어원에 나타난 교육의 의미

교육에 대한 영어 표기는 pedagogy
와 education이다. 여기서 pedagogy는
그리스어의 'paidagogos'에서 유래된
용어로, 'paidagogos'는 'paidos(어린이)'
와 'agogos(이끈다)'의 합성어이다. 이는

어린이를 배움의 장소로 이끌고 다니면서 가르친다는 뜻이다. 즉 '어
린이를 앞에서 인도하는 사람' 혹은 '어린이를 이끄는 기술' 등으로
이해할 수 있다. 다음 education은 라틴어의 'educare'에서 유래한
용어로 'e(밖으로)'와 'ducare(끌어내다)'가 합쳐진 말이다. 이는 함축적
으로 인간의 내재적인 소질과 잠재적 가능성을 밖으로 끌어내어 발전
시킨다는 의미를 담고 있다. 대체로 교육에 대한 영어 표기는
'education'을 사용하는 것이 보편적인데, 교육학에서는 'pedagogy'
라는 용어를 더 많이 사용하는 것으로 알려져 있다.

따라서 영문자의 어원에 나타난 교육의 의미에서 발견할 수 있는
교육과 효의 관계는, 성숙자가 미성숙자에게 문화와 지식을 가르쳐
주고 이끈다는 의미, 그리고 미성숙자의 내적인 잠재성을 도와서 계
발시킨다는 의미로 이해할 수 있다.

⑵ 교육의 정의에 나타난 본질적 의미

교육의 개념은 그 정의(定義)를 통해 그 의미를 이해할 수 있다. 정의
란 개념을 보다 구체적으로 밝혀 그 뜻을 옳게 정하는 것으로 어떤

의미를 한정해 놓은 것이기 때문에 표현이 다양할 수가 있다. 예를 들면, 리더십의 정의가 1,000여 개에 가깝고 문화의 정의도 200여 개가 되는 것과 같은 이치이다. 이런 점에서 효와 교육의 정의도 다양한 형태로 표현이 가능한데, 교육에 대한 정의는 규범적·기능적·조작적 관점에서 정의할 수 있다.[125]

규범적(規範的) 정의는 교육의 궁극적 목적과 결부시켜 규정한다. 교육의 궁극적 목적을 어떤 가치와 진리를 연계시키느냐에 따라 수많은 정의가 가능하다. 예를 들면, '교육은 인격을 함양하는 과정이다', '교육은 영원한 진리와 가치 지향적 삶의 과정이다', '교육은 인간을 인간답게 성장케 하는 과정이다' 등이다. 여기에서 인간을 '인간답게' 형성한다는 것은 도덕적, 인격적 목표에 접근 시키는 과정으로 볼 수 있다. 따라서 규범적 또는 목적론적 정의는 국가·사회적 차원에서나 개인적 차원에서 모두 인격완성이나 자아실현 등의 내재적 가치 실현을 목표로 하고 있다.

기능적(機能的) 정의는 교육을 무엇을 위한 수단으로 규정하려는 입장이다. 이는 규범적 정의와 대조적 입장으로, 교육이 이바지해야 할 대상을 국가 및 사회, 경제, 사회문화, 종교, 인간 자신 등으로 보느냐에 따라 수많은 기능적 정의가 가능하다. 예를 들면, '교육은 국가 사회발전을 위한 수단이다', 교육은 사회문화의 계승 및 발전의 수단이다', '교육은 개인의 사회적 출세를 위한 수단이다' 등이다. 이러한 기능적 정의는 교육을 도구적 가치로 보는 입장이다. 우리나라 교

125) 송경영, 『교육학의 이해』, 교육아카데미, 2009. pp. 14−18

육은 기능적 측면이 강한 것으로 볼 수 있다.

조작적(操作的) 정의는 교육을 조작적(操作的) 견지에서 정의하는 것을 말한다. 예를 들면, '교육은 인간행동 특성을 계획적으로 변화시키는 과정', '교육은 인간을 바람직한 방향으로 성장케 하는 과정' 등으로 보는 관점이다.

교육은 다른 학문 분야와 같이 인간행동에 관심을 갖되, 특히 인간행동 특성의 변화, 즉 몰랐던 지식을 알게 하고, 미숙했던 사고력을 완숙하게 하며, 몰랐던 기술을 몸에 익혀 주고, 이런 '관(觀)'을 저런 '관'으로 바꾸어 놓으며, 저런 '정신'을 이런 '정신'으로 변화시키는 데 관심이 있다. 그리고 교육은 인간의 성장, 발달, 조성 등 변화의 질이 개인에게 선천적으로 결정되어 있지 않다고 전제한다. 왜냐하면 교육은 인간행동이 자연적으로 변화해 가는 것에 관심이 있는 것이 아니라, 그것을 의도적으로 변화시키는 데에 관심이 있기 때문이다. 이것이 교육을 인간행동 특성의 계획적인 변화라고 정의하는 이유이다.

한 인간이 성장, 발달하고 변화해 가는 데는 교육의 힘만이 작용하는 것은 아니다. 인간이 태어날 때부터 타고난 것으로 생후의 경험 여하와는 관계없이 성장하는 성숙(成熟)이라는 영향도 있고, 경험 여하에 따라 성장, 발달이 정해지는 학습(學習)이라는 영향도 있다. 또 학습은 교육을 받지 않은 상태에서도 여러 가지 경험과 자습에 의해서도 효과가 나타난다. 그러나 교육은 인간행동 특성의 계획적인 변화를 말하므로 엄격한 의미에서 무의도적인 교육은 교육이 아니며, 그것은 단지 학습에 불과한 것이다. 여기에서 계획적이라는 것은, 기르고자 하는 인간행동에 관하여 명확한 의식이 있고, 그것을 기를 수 있는 이론과 실증이 뒷받침되는 계획과 과정을 의미한다. 전자는 명확한 교육목적이 있음을 의미하며, 후자는 교육과정이 있음을 뜻하는 것이 된다. 교육의 정의를 모아 정리하면 〈표 16〉과 같다.

〈표 16〉 교육의 정의

● **규범적 측면(교육의 내재적 목적)**

① 교육은 인도(仁道)를 닦는 것이다(공자, B.C. 551 − B.C. 479).

② 하늘이 명한 것을 성이라 하고, 성을 따르는 것을 도라 하며, 도를 닦는 것을 교라 한다(天命之謂性, 率性之謂道, 修道之謂敎, 子思 B.C. 484? − B.C. 402?).

③ 교육은 덕을 닦는 것이다(소크라테스, B.C. 470~B.C. 399).

④ 교육은 인간 각자의 도를 닦는 것이다(플라톤, B.C. 427~B.C. 347).

⑤ 교육은 이상적인 인간을 형성하는 것이다(아리스토텔레스, B.C. 384 ~B.C. 322).

⑥ 교육은 인의지도(仁義之道)를 가르치는 것이다(맹자, B.C. 372? − B.C. 289?).

⑦ 교육은 인간을 도덕적으로 만드는 것이다(Hegel, 1770~1831).

⑧ 교육은 인간을 인간답게 형성하는 작용이다(Kant, 1724~1804).

⑨ 교육목적은 도덕적 품성을 도야하는 것이다(Herbart, 1776~1841).

● **기능적 측면(교육의 외재적 목적)**

① 교육은 사회개혁의 수단이다(Pestalozzi, 1746~1827).

② 교육은 문화의 전달이다(Paulsen, 1846 − 1908).

③ 교육은 문화의 전달과 갱신의 과정이다(Kerschensteiner, 1854~ 1932).

④ 교육은 생활이다. 교육은 성장이다. 교육은 (꾸준한) 경험의 재구성이다. 교육은 사회화 과정이다. 교육은 전인과 관련된다. 교육은 피교육자의 자발적 참여와 적극적 활동을 필요로 한다(J. Dewey, 1859-1952).

⑤ 인간은 교육적 동물이며, 인간의 역사는 교화의 역사이다(Krieck, 1882-1947).

⑥ 교육의 목적은 사회적 자아실현이다(Brameld, 1904-1987).

● 조작적 측면(교육의 내·외재적 목적의 혼합)

① 교육이란 비교적 성숙한 사람이 미숙한 사람을 문화재를 통하여 또는 자연의 상태에서 문화적 이상의 상태로 끌어올리는 문화작용이다(Spranger, 1546-1611).

② 교육은 인간의 성장 가능성을 최대로 신장시키도록 돕는 일이다(J.J. Rousseau, 1712-1778).

③ 교육이란 천부적 자질과 능력을 계발하기 위하여 어린이를 이끄는 작용이다(Fröbel, 1782-1852).

④ 교육은 세대 간 문화적 유산의 이양, 그리고 신세대에게 교육의 성과를 자기의 것으로 만드는 방법을 가르치는데 목적이 있다(1889-1975, Arnold Joseph Toynbee).

⑤ 교육은 바람직한 정신 상태를 도덕적이고 온당한 방법에 의해 의도적으로 실현하는 일이다(R.S. Peters, 1919-).

⑥ 교육은 인간행동의 계획적인 변화이다(정범모, 1925-).

이를 종합해보면, 교육이란 도덕성을 기초로 사람이 되게 함과 함께, 어떤 분야의 성숙자가 미성숙자에게 몰랐던 것을 알 수 있도록 하고, 할 수 없었던 것을 할 수 있도록 하고, 깨달을 수 없었던 것을 깨달을 수 있도록 하고, 느낄 수 없던 것을 느끼도록 하고, 볼 수 없던 것을 볼 수 있도록 하고, 들을 수 없던 것을 들을 수 있도록 하여 인간의 일생을 가치 있게 살아가도록 도와주는 일을 하는 것이다. 더 나아가 알아낸 것, 할 수 있게 된 것, 깨달은 것을 정리 정돈하여 표현할 수 있도록 하는 것도 교육의 중요한 일이다.[126]

나. 교육의 의미와 효

'교육의 의미' 와 효 교육을 연계시켜 본다면 규범적 정의에 가깝다고 할 수 있다. 교육에 대하여 공자는 인도(仁道)를 닦는 것으로, 소크라테스는 덕을 닦는 것으로, 플라톤은 인간의 도를 닦는 것으로 정의한 것에서 보듯이 인간다움에 초점이 맞춰져 있기 때문이다. 그런데 '교육을 어떻게 할 것인가?' 와 효 교육을 연계하면 조작적 정의에 가깝다는 점을 발견하게 된다. "교육은 인간의 성장 가능성을 최대로 신장시키도록 돕는 일이다."라는 루소의 정의나 "교육은 바람직한 정신 상태를 도덕적이고 온당한 방법에 의해 의도적으로 실현하는 일이다."라는 피터스의 정의, 그리고 "교육은 인간행동의 계획적인 변화이다."라는 정범모의 정의 등은 효가 추구하는 것과 맥을 같이 하고 있기 때문이다.

126) 김광자 외, 『교육학 개론』, 집문당, 2005. p.21

Ⅱ 인간의 본성에 관한 견해와 효

1. 인간의 본성에 대한 견해

인간의 본성이란 인간이 가지고 있는 본래의 성질이다. 즉 인간이 태어날 때 어떤 성품을 가지고 태어나는가에 대한 것이다. 인간의 본성(本性)에 대한 견해는 동서고금을 막론하고 가장 오래

된 담론(談論) 중 하나이며, 뇌과학을 비롯하여 이와 관련되는 과학 이론들이 등장함에 따라서 더욱 다양한 논란을 불러일으키고 있는 영역이다. 인간의 본성이 착한가, 혹은 악한가에 대해 여러 학설이 있는데, 이러한 학설의 등장은 인간의 도덕적 완성을 이루도록 하기 위함에서 주장되어진 것이며, 대체로 다음과 같은 것들이다.

가. 성선설

성선설(性善說)은 인간은 본디부터 선한 성품을 가지고 세상에 나온다는 것이다. 이 설(說)을 주장한 대표적 인물은 맹자(孟子, B.C. 372?~B.C. 289?)와 장자크 루소(J. J. Rousseau, 1712-1778)이다. 맹자는 인간은 본래 그 성품이 선하기 때문에 각자가 본성적으로 선한 것을 토대로 하여 행동을 하게 되면 성인의 경지에 도달할 수 있다고 하였다. 즉 사람의 본성은 측은지심(惻隱之心), 수오지심(羞惡之心), 사양지심(辭讓之心),

시비지심(是非之心)을 가짐으로써 천부적으로 선하며, 그것은 각각 인
(仁)·의(義)·예(禮)·지(智)의 근원을 이룬다는 것이다. 그리고 사람의
마음은 희(喜)·노(怒)·애(哀)·락(樂)·애(愛)·오(惡)·욕(欲)으로 나타
나게 된다고 하였다. 그 후 유교는 성선설을 도덕실천의 근거로 하여
계승되고 발전하게 되는데, 이러한 맹자의 성선설에 대한 주장은 고
자(告子)와의 대화에 잘 나타나 있다.[127]

고자(告子)는 "인성은 마치 빙빙 도는 물과 같습니다. 동방으로 트면
동으로 흐르고, 서방으로 트면 서쪽으로 흐릅니다. 인성에 선과 불선
(不善)의 구분이 없는 것은 마치 물이 동서의 구분이 없는 것과 같지
않습니까?"라고 하자, 맹자(孟子)는 "물에는 정말 동서의 구분은 없지
만 상하의 구분이 없겠는가. 인간의 본성이 선한 것은 마치 물이 아
래로 내려가는 것과 같으니, 사람치고 선하지 않은 사람이 없고, 물
치고 아래로 내려가지 않는 물이 없는 것일세. 이제 물을 쳐서 위로
튀어 오르게 하면 이마를 넘어가게 할 수도 있고, 아래를 막아서 역
류케 하면 산에까지도 올라가게 할 수 있으나, 이것이 어찌 물의 본
성이겠는가? 외부의 힘으로 그렇게 되는 것일세. 사람을 불쌍하게 만
드는 것도 그 경우가 이 물과 같은 것일세."라고 답변했다는 대화내
용이다.

이처럼 고자는 인간의 성품을 물에 빗대어 성무선악설(性無善惡說)을
주장하지만, 그러나 맹자는 그의 성선(性善)의 지론을 고수하는 답변
을 통해 인간의 본성 자체는 반드시 선(善)에 있으나 불선(不善)의 소행

---

127) 고벽진 외, 『최신 교육학의 이해』, 교육학사, 2007. pp.158－162

이 있는 것은 일시적인 외적 환경에 의한 것임을 주장하고 있다.

그 후 18C에 들어서 루소는 '인간의 본성은 본래 선한 것인데 문명과 사회제도의 영향을 받아서 악하게 되었다.'고 하였다. 즉, 자연이 만든 사물은 모두가 선하지만 일단 인위(人爲)를 거치면 악으로 변한다는 것이다. 맹자가 성선설을 주장한 이래 순자를 비롯, 칼빈과 홉스 등 서양을 중심으로 성악설이 주류를 이루게 될 때, 이에 반대하는 성선설을 주장한 대표적인 인물이 루소이다. 루소는 그의 교육사상을 밝힌 『에밀』에서 "인간은 본시 악한 것이 아니라 선하다. 인간은 출생 시에 어질고 티 없는 선한 성품을 지니고 태어나지만, 인간의 풍습과 관습에 오염됨으로써 악하게 된다는 것이다. 그는 인간을 식물에 비유하면서 부모나 교사는 되도록 어린이가 자연적으로 자라나는 것을 방해하지 말아야 한다고 하였다. 이처럼 루소는 전통적으로 인간을 죄악시하려고 하는 성악설에 대하여 정면으로 반기를 들고 어린이를 혹독한 훈육으로 다루어서는 안된다는 것을 주장하였다. 그러나 루소의 주장도 역시 인간발달에 관한 실증적인 증거의 뒷받침을 받은 것이 아니라 전통적인 성악설에 대하여 반대되는 입장을 취하였을 뿐 과학적인 근거를 가지지는 못했던 것으로 보고 있다.

나. 성악설

성악설(性惡說)은 인간을 본디부터 악한 성품을 가지고 세상에 나온다는 것이다. 이 설(設)을 주장한 대표적 인물은 순자(荀子, B.C. 298~B.C. 238)와 칼빈(J. Calvin, 1509-1564), 홉스(T. Hobbes, 1588~1679) 등이다.

순자(荀子)는 "인간의 성품은 악하다. 선한 것은 인위다."라며 성악(性惡)을 주장하였다. 그러나 그의 의도는 맹자와 마찬가지로 사람들에게 수양(修養)을 권하여 도덕적 완성을 이루고자 하는 데 있었다. 즉, 사람이 태어나면서부터 가지고 있는 감성적인 욕망에 주목하고, 그것을 방임하면 사회적인 혼란이 일어나기 때문에 악이라는 것이며, 따라서 수양은 사람에게 잠재해 있는 것을 기르는 것이 아니라, 외부의 가르침에 의해 후천적으로 쌓아올려야 한다는 주장이다. 기독교에서 말하는 원죄(原罪), 즉 인간의 본성은 근본적으로 악하기 때문에 죄를 지니고 태어난다는 관점과 같은 맥락이다.

성악설에 의하면, 인간은 태어날 때 도덕적으로 보아 악한 충동을 지니고 있으며, 본질적으로 죄악스러운 존재라는 것이다. 이런 연유로 인간은 교육을 제대로 받지 않으면 선한 행동은 하기 어렵고, 오직 악한 행동을 하게 된다고 보았다. 서양문화에 있어서 성악(性惡)의 생각은 거의 지배적이었는데, 이는 구약성서의 영향으로 보인다. 인간은 아담으로부터 내려오는 악한 본성을 물려받아 출생하게 된다는 원죄의식(原罪意識)은 기독교의 중요한 교리로 등장하게 되었고, 그것은 16세기의 프랑스의 복음주의자 칼빈에 이르러 극단적인 성악사상(性惡思想)으로 발전하였다. 고대 희랍의 철학자들 사이에서도 성악설이 널리 퍼져 있었는데, 그들은 인간은 육신과 영(靈)으로 구성되어 있으며, 육신은 불순하고 악한 반면, 영(靈)은 순결하고 선한 것이라고 생각하였다. 그러므로 영(靈)이 인간을 지배하면 선한 행동을 기대할 수 있으나, 육(肉)이 인간을 지배하게 되면 인간은 악하게 되고, 그 결과로 악한 행동을 하게 된다는 것이다. 인간에게 있어서 육신이 지배하기 때문에 근본적으로 악하다는 생각을 하게 된다는 것이다. 그 후 영국의 홉스는 성악설을 전제로, 각자의 이익을 위해서 사람은 계약으로써 국가를 만들어 '자연권(自然權)'을 제한하고, 국가를 대표하는 의지에 그것을 양도하여 복종해야 한다고 주장하였다.

이러한 성악(性惡)의 관점은 아동의 양육과 교육에 지대한 영향을 미쳤다. 엄한 규율을 가지고 훈육을 시키지 않으면 인간은 본성적인 착한 성향이 제압당하거나 제거될 수 있다고 생각하였기 때문에 엄격한 훈육이 강조되었고, 또 그렇게 함으로써만 아동을 올바른 방향으로 이끌 수 있다고 보았다. 더욱이 인간의 악한 본성은 되도록 일찍 고쳐져야 한다고 믿었기 때문에 어린 시절의 적절한 훈육이 강조된 것이다.

다. 백지설(중성설)

백지설은 인간이 태어날 때는 마치 백지와 같은 상태라는 것이다. 이 설(設)을 주장한 대표적 인물은 고자(告子)와 존 로크(John Locke, 1632~1704) 등이다. 고자에 의하면 "인간의 본성은 흐르는 물과 같아서 선한 쪽으로 트이면 선한 쪽으로 흐르고, 악한 쪽으로 트이면 악한 쪽으로 흐른다."는 것이다. 또한 로크는 "인간은 출생 시에 이른바 본능이라는 것을 가지고 있지 않고 환경의 자극을 수동적으로 받아들일 수 있는 태세만을 갖추고 있어 오직 경험에 의해 인성이 형성된다."고 했다. 이 설에 의하면 인간은 환경에 대하여 능동적으로 작용하는 동적인 존재라고 볼 수는 없고, 오히려 인간은 수동적인 존재이므로 인간은 환경에 영향을 받는 것이라고 생각하였다. 이와 같은 로크의 사상은 경험주의적 철학에서 나온 것이며 극단적인 환경론의 성격을 띠고 있는데, 인간의 본성은 본능을 가지고 있다는 이론과 대조를 이루고 있었다고 볼 수 있으며, 인간의 역동성과 목적성을 주장하는 입장과도 반대되는 것이다. 인간의 마음은 특수하게 만들어진 카메라와도 같아서 환경으로부터 오는 경험을 그대로 기록하기도 하고, 어떤 때에는 두 개의 인상을 합해서 하나의 관념을 만들기도 한다고 주장한 것이다. 출생 시 백지와 같은 인간의 마음에는 감각기능뿐만 아니라 사고활동도 포함되어 있으며, 경험한 바를 기록하고 정리하여 인간을 형성하는 토대가 된다고 본 것이다.

이러한 학설 외에도, 인간의 본성에는 상·중·하의 3등급이 있다는 한유(韓愈, 768~824)의 성삼품설(性三品說), 선하기도 하고 악하기도 하다는 왕충(王充, 27~100?)의 성선악혼재설(性善惡混在說) 등도 알려져 있다.

2. 인간의 본성에서 본 효

인간은 산모의 뱃속에 잉태하는 순간부터 인간으로서의 생명력을 가진다. 동양권에서 태아가 태어나지마자 나이 한 살을 부여하는데, 이미 열 달 전부터 인간으로서의 생명체를 가지고 있었다고 보는 것이다. 이렇게 뱃속에서 있다가 세상 밖으로 나온 태아가 과연 선할까, 악할까? 아마도 백지상태이면서 기본욕구를 가지고 있을 것으로 볼 수 있다. 메슬로우가 밝힌바 있듯이 인간은 자아를 실현하기 위해 생리적 욕구를 시작으로 안전의 욕구, 소속의 욕구, 명예의 욕구에 이어 자아실현 욕구를 거치게 된다. 때문에 이러한 욕구를 어떻게 해소해 나가며 이상적인 방향으로 자신을 이끌어나가게 할 것인가는, 이른바 효심의 작용, 즉 부모가 원하는 방향, 부모를 걱정시키지 않고 기쁘게 해 드리는 방향으로 성장해 가도록 유도한다면 가장 이상적인 방향으로 성장해갈 것이라는 점에서 효와 연관성이 있다.

Ⅲ 교육의 지향방향에서 본 효

1. 교육이 지향해야 할 방향

교육이 지향해야 할 방향은 교육의 이념과 교육의 목적, 교육의 목표를 통해 구체화 된다고 볼 수 있다.

> **Tip**
> 교육이 지향할 방향은 교육의 이념, 교육의 목적, 교육의 목표에 담겨 있다.

가. 교육의 이념

교육이념은 교육이 나가야 할 이상적인 방향과 목표를 찾아가도록 하는 것이다. 이념(理念)이란 사전적으로 '가장 이상적인 것으로 여겨지는 생각이나 견해', '목표로 삼고 지향해야 할 최고의 가치체계', '보편타당한 진리를 찾아가는 것', '무엇을 최고의 것으로 생각하는가에 대한 그 사람

> **Tip**
> 교육이념은 교육의 목적과 목표의 원천이 되는 것으로, 교육에서 가장 이상적이라 생각되는 것을 목표로 삼아 지향해야 하는 최고의 가치 체계이다.

의 근본적인 생각' 등으로 해석되는데, 철학적 해석은 '순수한 이성에 의하여 얻어지는 최고 개념'이다. 따라서 교육의 이념은 교육목적 및 목표의 원천이 되는 교육적 성과에 대한 이상적 관념(理想的 觀念), 또는 교육에서 가장 이상적이라 생각되는 것을 목표로 삼아 지향해야 할 최고의 가치 체계라 할 수 있다. 대한민국의 교육법 제2조에 명시된 '교육이념'은 "교육은 홍익인간의 이념 아래 모든 국민으로 하여금 인격을 완성하고 자주적 생활능력과 공민으로서의 자질을 구유하게 하여 민주국가 발전에 봉사하며 인류 공영의 이상 실현에 기여함을 목적으로 한다."고 명시하고 있다.

오천석(吳天錫)은 교육이념을 '교육의 지향할 바'라고 간명하게 규정하면서 다음과 같은 것들이 포함되어야 한다.[128]고 했는데, 첫째는 포괄성이다. 교육이념은 반드시 대소개념을 모순 없이 포함하는 총괄적이어야 한다. 둘째, 보편성이다. 어느 일부분에만 반영, 실천될 수 있는 것이 아니라 보편적으로 적용될 수 있어야 한다. 셋째, 기본성이다. 모든 교육 활동을 정당화하는 근거가 되어야 한다. 넷째, 일괄성이다. 온갖 교육활동은 이념에 의거한 원리로 운영되기 때문에 그들 사이에 모순이 있을 수 없으며 시간과 장소에 따라 변하지 않아야 한다. 다섯째, 지속성이다. 이성작용에 의하여 도달된 교육이념은 설혹 절대성은 없더라도 비교적 장기간 계속되어야 한다. 여섯째, 긍정성이다. 어느 사상을 막론하고 그것이 확고한 기초에 놓이고 항구성을 지니려면 부정적인 것보다 긍정적인 것이 바람직하다는 것이다.

128) 서울대학교 연구소. 『교육학 용어 사전』, 하우동설, pp. 121-122

나. 교육의 목적

　　교육의 목적은 교육이념의 하위개념
으로, 실현하고자 하는 방향과 목표를
찾아가려는 것이다. 목적(目的)이란 사전

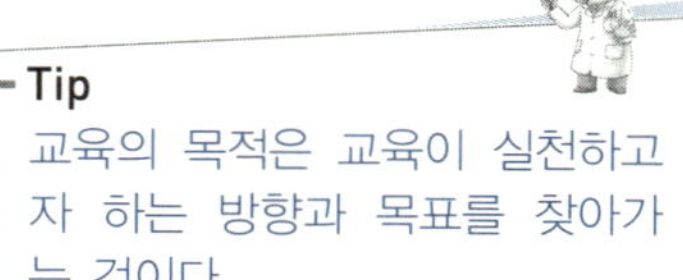

적으로 '실현하려고 하는 일이나 나아가는 방향', '실천 의지에 따라
선택하여 세운 행위의 목표'로 설명된다. 따라서 교육의 목적은 교육
을 통해 실현하고자 하는 인간의 소망이 이루어지도록 방향성을 제시
하는 것이다. 교육목적의 범위는 크게 내재적 목적과 외재적 목적으
로 나눌 수 있다.[129]

　　내재적 목적은 교육과 의미(개념)상으로 관련된 목적, 즉 교육의 의
미(개념) 안에 들어 있는 교육의 가치를 말하는 것이다. 여기서, 교육
과 목적은 서로 논리적(개념적) 관계를 갖는데, 내재적 목적은 주로 지
식과 이해, 지적 안목, 지성과 인격의 발달, 인격의 통합, 비판적 사
고, 자율성 등과 관련된다. 우리의 교육 목적은 자율성과 비판적 사
고를 강조하고, 학생들이 정신적으로 자율적인 개인이 되게 하는 것
이며, 자기 지향적인 삶을 살아가게 하는 것인데, 이는 모두 교육의
내재적 목적에 속한다.

　　외재적 목적은 교육의 목적이 교육개념의 '바깥'에 있다는, 이를테
면 교육과 별개인 '바깥' 것들이 교육의 실제를 이끌어 간다는 것이
다. 예를 들면, 직업준비를 위한 교육, 산업화를 위한 인적자원, 사회
개혁가 양성 등이 해당된다.

129) 고려대학교 교육문제 연구소. 『교육학 용어 사전』, 원미사, p. 15

다. 교육의 목표

교육의 목표는 교육목적의 하위개념으로, 교육에 의해 달성하고자 하는 현실적 대상이다. 목표(目標)는 사전적으로

'어떤 목적을 이루려고 지향하는 실제적 대상'을 말한다. 따라서 교육목표(敎育目標)는 의도적 교육실제에 있어서 달성하고자 하는 최종적 교육성과와 교육목적을 보다 구체화시킨 항목이라고 할 수 있다.[130] 교육목표 수립은 개인 중심적 입장·사회 중심적 입장·통합적 입장 등 세 가지를 고려할 수 있다.

첫째, 개인 중심적 입장에서는 학생의 능력·필요·흥미를 기초로 하여 각자의 효과적이고 충실한 발달에 중점을 두어 목표를 세운다.

둘째, 사회 중심적 입장에서는 사회로의 적응 및 개조를 교육의 목적으로 보고 이에 합당한 교육의 목표를 수립한다.

셋째, 통합적 입장에서는 사회는 개인 성원에 의해 구성되고 개선되지만 동시에 사회 또한 개인 성원의 성격·활동방향을 규제한다고 보아, 사회와 개인의 상호작용적 성질을 중시하여 학생의 사회적 자아실현을 강조하고, 사회의 요청과 개인의 필요를 절충하여 보다 높은 차원의 입장에서 교육목표를 구성한다.

---

130) 서울대학교 교육 연구소. p.107

2. 교육의 지향방향과 효

교육이 지향해야 할 바를 효 교육과 연계시켜보면 첫째, 교육의 이념과 효의 연계성이다. 교육이념은 교육이 나가야 할 이상적인 방향과 목표를 찾아가는 것이다. 또한 대한민국의 교육법

제2조(교육이념)에 교육은 홍익인간의 이념을 구현하는 것으로 나와 있다. 따라서 효는 인간이 삼아야 할 이상적인 방향인 동시에 홍익인간 정신에 바탕을 두고 있다는 점에서 연계성이 있다. 우리나라 교육이 외부적인 환경에 의해서 계속 흔들리고 입시제도가 자주 바뀌는 이유는 교육이념과 중심가치의 부재에서 오는 현상이다. 진보와 보수도 교육의 개혁과 안정적인 제도화를 위해서 필요하지만, 극단적인 이원론으로 문제를 해결하려 해서는 안된다. 이 문제를 해결하는 길은 교육이념으로 중심가치의 꼭짓점을 세우고, 보수와 진보의 양 진영이 조화를 이루는 데서 찾아야 한다. 우리나라 교육이념은 진보나 보수가 아니고 그 둘 중 하나가 되어서도 안된다. 교육법 제2조에 명시된 것처럼 우리의 교육이념은 '홍익인간' 정신이다. 이 법조문대로 우리나라의 모든 교육제도는 '홍익인간' 을 양성하기 위해서 만들어지고 활용되어야 한다. 홍익인간은 건강하고, 유능하고, 양심 있고, 정서적이고, 꿈과 비전을 가진 사람이니 그 안에 '경쟁력' 과 '수월성', 그리고 '인성' 과 '도덕성' 이 모두 들어 있다. 교육이념과 중심가치의 소중함을 함께 공감하는 가운데 교육이념을 추구해야 한다. 그렇게

하다보면 결국 부모가 원하는 방향으로의 가치 지향적으로 목표를 찾아갈 것이라는 점에서 효(HYO)와 연관성이 있다.

둘째, 교육의 목적과 효의 연계성이다. 교육의 목적은 실현하고자 하는 방향과 목표를 찾아가는 것, 즉 교육을 통해 실현하고자 하는 인간의 소망이 이루어지도록 방향성을 제시하는 것이다. 따라서 효라는 것도 부모·자식간의 원초적 사랑을 통하여 행복의 기초를 마련하고 입신양명(立身揚名)을 통해 부모를 기쁘게 해 드리다 보면 저절로 인간이 지향해야 할 방향성을 찾아가기 마련이고, 이를 기초로 이웃과 사회, 나라와 자연을 사랑하는 마음으로 확대되어진다는 점에서 효(HYO)와 연계성이 있다.

셋째, 교육 목표와 효의 연계성이다. 교육목표는 교육에 의해 달성하고자 하는 현실적 대상이다. 즉 의도적 교육 실제에 있어서 달성하고자하는 최종적 교육성과와 교육목적을 보다 구체화시킨 항목이라고 할 수 있으며, 교육목표 수립에 있어서는 개인 중심적 입장·사회 중심적 입장·통합적 입장 등 세 가지를 고려할 수 있다. 따라서 효와의 연계성은 효를 행함에 있어서 개인에게 충실한 자기적 효, 가정에 충실한 가정적 효, 사회적 배려에 충실한 사회적 효, 국가 차원에서 정부 주도로 국민 복지를 실현하는 국가적 효의 관점에서 교육 목표는 효(HYO)와 연계성이 있음을 알 수 있다.

Ⅳ 교화의 과정과 효 교육

교화(敎化)란 가르침을 통해 변화되어 지는 것을 뜻한다. 사람은 가르침을 받 아서 알게(知)되고 느끼게(情) 되며, 그 느낌을 기초로 다짐하게(意) 됨으로써 행

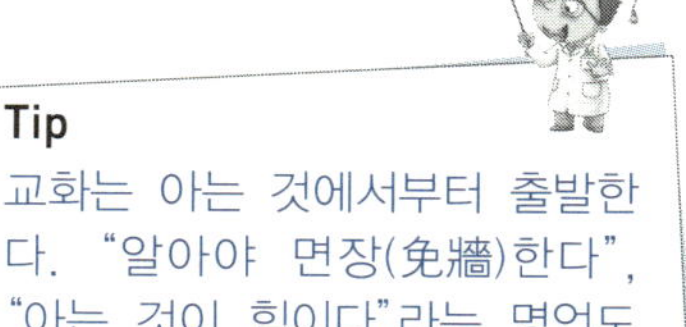

동(行)으로 옮겨지게 된다. 이러한 과정과 단계는 〈표 17〉과 같이 나 타낼 수 있다.

〈표 17〉 교화의 과정

知(앎) → 情(느낌) → 意(다짐) → 行(행동/실천)

여기에서 '지정의(知情意)' 분야를 마음의 구성요소라고 한다. 그래 서 앎과 느낌과 다짐이 상호작용을 이루기 위해서는 여건 조성, 즉 문화적 요인을 중시해야 한다. 그리고 '지(知)' 요소는 마음 중에서 '이성(理性)'과 연계되고, '정(情)' 요소는 '감성(感性)'과 연계되며, 의 (意)요소는 '의지(意志)'와 연계되어 작용되게 되는데, '지(知)'와 '정 (情)'은 '의(意)'와 함께 어울리게 될 때 생각한 바가 현실화 되어진다. 즉 이성적 판단과 감성적 직관이 의지에 의해 뒷받침되어야 비로소 실제적 변화를 가져와 행동으로 연결되는 것이다. 이런 점에서 '지정 의(知情意)'를 인격 형성의 3요소라고 한다.

효 교육의 궁극적인 목적은 효를 실천하게 하는데 있다. 효를 말로 만 하고 실천을 하지 않는다면 무가치한 일이 되고 만다. 그러나 우

리의 효 교육을 돌이켜보면 지나치게 '실천'만을 강조하는 면이 있다. 효에서 실천을 중시하는 것이 틀린 것은 아니지만, 효를 바로 알지 못하고 느낌과 다짐 등 마음의 작용(知情意)이 없는 상태에서 실천(行)을 강조하게 되면, 효는 특별한 사람만이 할 수 있는 것으로 이해되어 결과적으로 외면하게 되는 결과를 초래할 수 있다. 효행을 '느낌'과 '다짐'이 생략된 상태에서 강요하게 되면 형식적인 효 실천으로 나타나게 될 수 있다. 다시 말해서, 마음이 없는 효를 시늉만 하게 되는 것인데, 효를 행하게 되는 과정은 효를 바르게 알고(知), 효의 필요성을 느끼며(情), 효를 해야겠다고 다짐(意)한 연후에 비로소 효가 실천(行)으로 연계된다는 점을 유념해야 한다.

1. 知(지) : 누가, 무엇을, 어떻게 알려줄 것인가?

가. 누가, 무엇을 알려줄 것인가?

'지(知)'는 알려주는 단계이다. "알아야 면장(免牆)한다"는 말이 있듯이 효를 알지 못하면 가르칠 수도 행할 수도 없다. 또 효를 안다는 것도 과거 농경사회의 대가족제

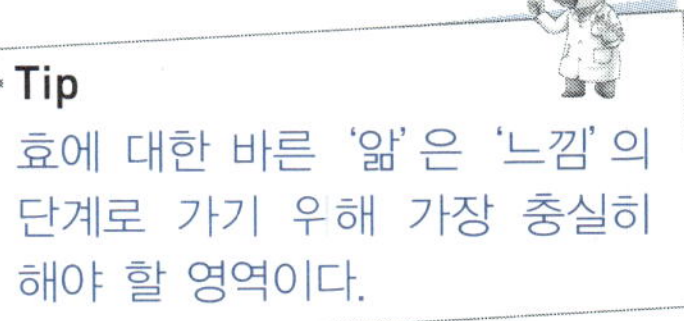

도에서 행해지던 효를 지금의 효와 같은 것으로 아는 것은, 엄밀히 말하면 아는 것이 아니다. 효를 안다는 것은 효를 지식화(知識化)할 수 있는 역량을 뜻한다. 즉 알고 있는 효의 내용이 이 시대, 각자의 환경과 여건에 부합되는 것인지에 대해 분명히 알고(知) 식별(識)할 수 있는

능력이 있을 때 비로소 아는 것이라 할 수 있다.

현재 한국 사회는 효행장려지원법에 의거 유치원과 초·중·고교, 그리고 군대와 평생교육기관에서 효를 가르치도록 되어 있지만, 이 내용을 아는 리더들이 많지 않은데, 이 또한 '知'의 문제이다. 때문에 아는 것이 중요하고, 자신이 알아야 피교육자에게 알려줄 수 있는 것이다.

그렇다면 '무엇을 알려줄 것인가' 하는 점이다. 즉 효는 행함이 뒷받침 되는 것이 중요한데, 행함에는 바르게 아는 것이 전제되어야 한다. 예컨대 부모를 위해 물건을 훔친다거나 자식이 잘되게 한다는 명목으로 자식의 앞길을 부모의 마음대로 하려는 것은 효를 잘못 아는 데서 오는 것이다. 이런 맥락에서 고기를 먹고 싶다는 부모를 위해 자신의 허벅지 살을 지속적으로 베는 것은 현실적으로도 있을 수 없는 일이고, 만일 그렇게 된다면 결국 자신의 생명이 위태로워질 것이므로 이는 잘못된 효인 것이다.[131]

131) 효 교육에 인용되고 있는 대표적 사례들, 즉 '나무꾼과 선녀', '손순매아', '향득사지' 등은 효의 본질적 의미에 비춰볼 때 비윤리적일 뿐 아니라 현실적으로도 맞지 않다. 나무꾼은 선녀의 옷을 훔친 절도범이고 '조사불효(不死不孝)'를 저질렀으며, 손순은 자식을 땅에 묻어 죽이려 했으며, 향득은 자신의 허벅지 살을 계속 베어 어머니께 고기반찬으로 드시도록 했는데, 사람 몸의 세포조직이나 당시 의술(醫術) 등을 감안할 때 있을 수 없는 일일뿐더러 '신체보존의 효'에도 맞지 않는 내용이다.

효를 행동으로 옮기기 위해서는 우선 효가 무엇이고, 어떻게 하는 것인지를 제대로 알아야 한다. 효를 교육 받는 사람의 입장에서 볼 때, 효가 무엇인지를 알아야 느낌이 올 수가 있고 다짐을 하게 되기 때문이다. 21세기를 살아가면서 '심청'이나 '나무꾼'처럼 해야 한다는 식으로 가르쳐서는 느낌이 올 수가 없다. 그래서 교육자부터 효가 무엇인지를 바르게 아는 것이 중요하다. 피교육자로 하여금 "아하! 그렇구나!"하는 공감을 얻을 수 있도록 가르치려면 '내용'이 중요하고, 내용을 분별하려면 효가 무엇인지를 알아야 한다. 그랬을 때 효에 대한 느낌을 줄 수 있고, 다짐으로 연결되어지도록 함으로써 행동으로 나타날 수 있는 것이다.

그렇다면 효에 대하여 무엇을 알려줄 것인가 하는 점이다. '제1권 『효의 패러다임과 현대적 개념』'에서 설명했듯이, 교육자가 효에 대한 개념과 본질을 충분히 이해한 상태에서 다음 사항을 감안해서 알려줘야 한다.

첫째, 효란 무엇인가에 대하여 대상에 맞게 알려주어야 한다. 효는 가정윤리로서의 효와 이타적 가치로서의 효, 행위적·실천적 관점에서의 효로 구분할 수 있다. 그리고 자식으로서의 효가 있듯이 부모 입장에서의 효가 있음을 알려주어야 한다.

둘째, 효를 누가 어디에서 교육할 것인가에 대하여 알려줄 필요가 있다. 교육 책임은 가정에서는 부모이지만 학교에서는 교사, 종교시설에서는 종교지도자이다. 군대에서는 상관이나 지휘관(자)이 될 것이고 직장에서도 상사가 된다. 특히 효 교육을 부모가 직접 하는 것은 곤란한 점이 많으므로 학교와 군대 등에서 하는 것이 효과적이다.

셋째, 효는 언제 가르쳐야 하는가에 대해서도 알아야 할 필요가 있다. 효 교육은 어린 시절에 받는 것이 효과적이지만 성인이 되어서도, 심지어 노년이 되어서도 효를 교육 받아야 할 대상임을 알도록 해야 한다. 내리사랑·올리효도라는 말이 있듯이 노인은 청소년을 사랑해야 한다는 당위성과 방법을 알려주어야 한다. 현재의 노인세대들은 그러한 교육혜택이 없었기 때문에 지하철 안에서 '자리양보'와 관련해서 청소년들에게 덕담으로 격려하는 경우도 있지만, 거친 말투를 사용하는 것으로 볼 수 있다. 이 또한 고령자들이 교육을 받을 수 있는 기회가 없었던 탓으로 볼 수 있는데, 이런 연유에서 고령자에게도 효를 가르쳐야 하는 것이다.

따라서 효 교육은 삶을 살아가는 과정에서 나이에 관계없이 "어떤 역할을, 어떻게 해야 할 것인가?"에 초점을 맞춰 알려주는 것이 중요하다.

나. 왜 알려주어야 하고, 무엇을 어떻게 알려줄 것인가?

그렇다면 우선 "효를 왜, 알려줘야 하는가?"에 대해 생각해 보자. 그것은 효를 실천(行)하도록 하기 위함이다. "어떻게 하면 효를 실천(行)하게 할 수 있는가?" 그것은 효에 대해 공감하는 느낌(情)과 효를 행하겠다는 다짐(意)이 선행되어야 한다. 그랬을 때 비로소 효를 행하게 되는 것이다. 그러므로 효를 가르쳐야 하는 이유는 무엇보다도 먼저 효를 바르게 알 수 있게(知) 하기 위함이다. "알아야 면장(免牆)한다"는 공자의 말도, 밤길에 앞에 담이 있는 줄 모르고 걷다가는 담벼락에 얼굴을 부딪쳐 다칠 수 있다고 경고하는데서 나왔듯이, 효를 알지 못하면 효를 행할 수 없고, 효를 행하지 않으면 자식들이 효를 배울 기회가 없어서, 부모가 늙으면 자식들이 불효자가 되어 결국 부모를 어렵게 한다는 의미로 받아들일 수 있다. 그러므로 효를 알지 않으면 안 되는 것이다.

다음은 "무엇을 알려줄 것인가?"이다. 사람들은 대체로 "효를 모르는 사람이 어디 있나? 효는 교육이 아닌 실천의 영역이다."라고 한다. "그렇다면 효를 무엇으로 설명할 수 있습니까?"라고 되물으면 "효는 효지…, 효도 모르나?!" 하는 정도로 얼버무리는 정도로 넘어 간다.

율곡은 『격몽요결』에서 "사람들은 대체로 부모에게는 당연히 효도 해야 한다는 것을 알면서도 효도하는 사람이 별로 많지 않은 것은, 부모의 은혜를 깊이 깨닫지 못하기 때문이다. 이 세상 어느 물건도 내 몸보다 귀한 것은 없는데, 이 몸은 부모께서 주신 것이기 때문에 더욱 귀한 것이다. 지금 남에게 재물을 주었다면 그 물건의 많고 적음이나 가치의 경중에 따라 그 은혜에 감사하는 마음도 깊고 얕을 수 있겠지만, 부모가 나에게 이 몸을 주셨으니 천하의 어떠한 물건과도 바꿀 수는 없는 것이다.[132]라고 기록하고 있다. 따라서 자식의 입장에 서 보면 부모의 은혜를 알도록 하고, 생명을 주신 부모님께 감사할 줄 알게 하는 교육이 되어야 한다. 그리고 부모의 입장에서 보면 내 몸으로 낳은 자식을 어떻게 키우는 것이 자식을 사랑하는 것인지를

---

132) 『격몽요결』 「사친장」 : "凡人莫不知親之當孝而孝者甚鮮由不深知父母之恩 故也 天下之物莫貴於 吾身乃父母 之所遺也 今有遺人以財物者則隨其物之多 小輕重而感恩之意爲之深淺焉父母遺我以身以擧天下之物無以易此身矣."

알도록 해야 한다. 부모의 은혜는 '어머니 마음(양주동 작사, 이흥열 작곡)'
이라는 노랫말에 잘 나타나 있다.

1) 나실제 괴로움 다 잊으시고 / 기를제 밤낮으로 애쓰는 마음
   진자리 마른자리 갈아 뉘시며 / 손발이 다 닳도록 고생 하시네
   하늘 아래 그 무엇이 넓다 하리오 / 어머님의 희생은 가이없어라.

2) 어려선 안고 업고 얼려 주시고 / 자라선 문 기대어 기다리는 맘
   앓을 사 그릇될 사 자식 생각에 / 고우시던 이마 위에 주름이 가득
   땅 위에 그 무엇이 높다 하리오 / 어머님의 정성은 지극하여라.

3) 사람의 마음속엔 온 가지 소원 / 어머님의 마음속엔 오직 한 가지
   아낌없이 일생을 자식 위하여 / 살과 뼈를 깎아서 바치는 마음
   이 땅에 그 무엇이 거룩하리오 / 어머님의 사랑은 그지없어라.

노랫말에서 볼 수 있듯이 부모님은 자식을 키우실 때 말할 수 없을
만큼의 고생을 하신다. 낳으실 때의 고통이 어떠하신지, 기르실 때는
어떻게 길러주셨는지에 대하여 가르쳐서 부모님의 은혜를 알도록 해
야 한다.

효를 바르게 안다는 것(知)은 사람 되는 길이 어디에 있는지, 효가
무엇이며 이 시대에 맞는 효는 어떤 효인지, 어떻게 하는 것이 진정
한 효인지를 아는 것이다. 그러므로 효를 안다는 것은, 자식으로서만
이 아니라 부모로서의 도리가 포함된다. 부모가 자식에게 어떻게 해
야 하고, 자식은 부모에게, 형(언니)은 동생에게, 동생은 형(언니)에게
어떻게 해야 하는지 등 도리(道理)를 아는 것이 중요하다. 그리고 그

도리는 과거나 현재나 그 원리에 있어서는 변함이 없지만 행함에 있어서는 변화되었음을 아는 것이 중요하다.

마지막으로 "어떻게 알려줄 것인가?" 하는 점이다. 현대는 지식정보화 시대로 불려지는 21세기이다. 그럼에도 불구하고 효를 가르침에 있어서 조선시대의 효를 가르치려는 경향이 있는데, 이래서는 느낌을 줄 수가 없다. 때문에 효 교육은 부모의 은혜와 자식으로서의 도리를 바로 알도록 알려줌으로써 느낌을 받도록 해야 한다. 예컨대 자식이 어머니의 밥을 빼앗아 먹는다고 자기 자식을 땅에 묻어 죽이려 한 사람을 효자로 묘사하고 있는 '손순매아(孫順埋兒)' 사례, 강이 얼어붙은 엄동설한(嚴冬雪寒)에 어머니가 드시고 싶어 하시는 잉어를 잡으러 강에 나갔더니, 잉어가 얼음을 뚫고 나왔다는 '성무구어(成茂求魚)' 사례, 아버지가 고기를 잡숫고 싶다 하여 자신의 허벅지 살을 세 번이나 도려내어 반찬으로 드렸다는 '향득사지(向得舍知)' 등의 사례는 느낌을 주는데는 시기적으로 맞지 않다. 왜냐하면 효를 행하려는 마음씨는 엿볼 수 있으나 현대적 관점에서 행동으로 옮기거나 실천할 수 없는 것들이기 때문이다. 때문에 효를 바르게 이해할 수 있도록 알려주어야 하는데, 그러기 위해서는 효에 대한 올바른 패러다임을 필요로 한다.

맹자가 성선설을 주장한바 있듯이 태어날 때 사람은 누구나 착한 모습을 가지고 성장해 간다. 그러한 어린아이를 어떤 성품과 태도를 가지도록 교육하느냐는 가정의 부모, 학교의 교사, 사회 기성세대의 몫이다. 그러므로 어렸을 때부터 가정에서 기초적인 예의부터 가르쳐야 한다. 『소학』에 "어린아이도 그 부모를 사랑할 줄 모르는 아이가 없고, 그 자라남에 이르러서는 그 형을 공경할 줄 알지 못하는 아이가 없다."[133], "리더(군자)가 사람을 가르침에 차례가 있으니, 먼저 작은 것과 가까운 것으로써 하고, 그런 뒤에 큰 것과 먼 것으로써 가르치거니와, 이것은 먼저 가깝고 작은 것으로써 하고, 뒤에 멀고 큰 것으로써 가르치지 않으려는 것이 아니다."[134]라고 이르고 있다. 다시 말해서, 자녀를 잉태하는 순간부터 태아에게 사랑을 베풀고 아기가 세상에 나오면 엄마의 젖을 물리고, 눈동자를 사랑스럽게 마주치면서 심장 박동소리를 교환하는 엄마의 모유수유에서부터 시작되어야 하는 것이다. 그리고 그러한 부모의 사랑을 받은 아이는 부모의 가르침에 따르는 습성을 가지도록 밥상머리교육 등 가정에서 교육을 충실히 해야 한다. 이러한 기초교육을 하도록 하는 것이 바로 효를 바르게 알려주는 것이다.

2. 情(정) : 무엇을, 어떻게 가르침으로써 느끼게 할 것인가?

가. 무엇으로 느끼게 할 것인가?

'효는 해야 하는 것이구나!'를 느끼게 하는 것은 여러 가지 방법이 있을 수 있지만 무엇보다도 중요한 것은 공감할 수 있는 내용이 있어야 하고, 방법이 따

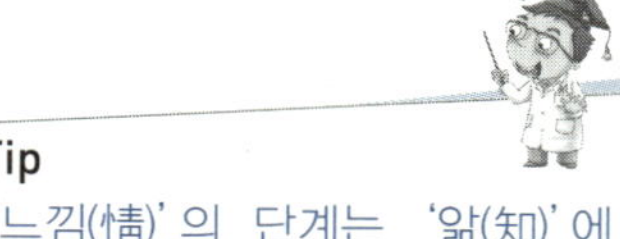

133) 『小學』「明倫編」: "孩提之童 無不知愛其親 及其長也 無不知敬其兄也."

134) 『小學』「嘉言編」: "君子敎人有序 先傳以小者近者 而後 敎以大者遠者 非是 先傳以近小 而後 不敎以遠大也."

라줘야 한다. 그리고 환경(상황)이 조성되어야 하는데 부모의 솔선수범은 환경 조성에서 가장 중요한 것이다. 공감(共感)이란 함께 느끼는 것으로, 손바닥이 마주쳐야 소리가 나듯이 느낌(feel)이 교차되고, 함께 느낌을 받을 때 심리적 변화가 일어나서 다짐(意)으로 연결되게 된다.

따라서 효를 느끼게 하는 방안으로서는 첫째, 효는 본보기에 의해 공감될 수 있음을 알려준다. 어린이도 언젠가는 부모가 되고 '내리사랑'을 실천하게 된다는 점에서 '본보기'를 강조해야 한다.

둘째, 부모의 은혜를 알 수 있도록 알려주는 일이다. 부모가 나를 낳으시기까지 열 달 동안 고생하신 이야기며, 낳으신 이후 유아시절, 아동시절, 초등학교, 중학교, 고등학교시절 자신을 뒷바라지하면서 고생하신 일들을 각자가 떠올릴 수 있도록 알려주어야 한다. 그 방법으로는 어머니 은혜를 떠올릴 수 있는 노래 함께 부르기, 영상자료 감상하기 등을 고려할 수 있다.

셋째, 효에 대해 토론하는 것이다. 시중에 나와 있는 효 관련 영상 매체를 활용해서 토의를 진행하는 것이다. 예컨대 '집으로'라는 영화를 보여주고 토의를 진행한다면, 외할머니의 사랑과 정성에 대해 상우라는 꼬마가 변화되어 가는 모습에서 각자 느낀 점을 발표케 하고, 다음 상우 군의 행동에 대해서 효와 불효의 관점에서 발표하도록 한다. 방학이 끝나가면서 엄마에게 돌아가게 되는 상우군이 할머니를 위해서 뭔가를 해야겠다고 다짐하는 모습에 대해서 각자가 느낀 점을 발표하게 하는 것이다.

넷째, 지체부자유 장애인들이 생활하고 있는 복지시설에 가서 봉사 활동을 하는 것이다. 장애인을 산책시켜주고 목욕탕에 들어가 목욕시켜주다 보면, "부모님이 나를 이처럼 건강하게 낳아주시고 키워주신 것만으로도 부모님께 감사드려야겠구나!"를 생각하며 은혜를 느끼도록 해준다.

실제 필자의 경우 군 지휘관시절 장병들과 함께 봉사활동에 참여해 보았고, 현재도 대학생들과 함께 봉사활동을 참여하고 있는데, 봉사활동을 하고 나서 학생들로부터 소감문을 받아보면 이구동성으로 "좀 힘이든 건 사실이지만 누군가를 도와줄 수 있다는 것이 너무 뿌듯하고, 부모님의 은혜를 다시 한 번 생각하게 됐습니다. 특히 부모님이 저를 이처럼 건강하게 키워주신 것만으로도 부모님 은혜에 감사하게 됩니다."라고 소감문에 적는 것을 보게 된다. 이렇게 해서 효에 대한 당위성을 느끼게 되면 "반드시 해야겠구나"라는 다짐으로 연결되는 것이다.

나. 어떻게 느낌을 받게 할 것인가?

사람은 느낌(情)이 왔을 때 행동의 방향을 선택하게 된다, 그리고 그 선택이 바로 다짐(意)이라는 점에서, 효행의 시초가 되는 느낌(情)은 중요하다. 그렇다면 무엇을 통해 느낌을 받게 할 것인가를 생각하게 되는데, 그것은 가슴으로 전달되도록 하는 교육자의 노력과 오감(五感)의 작용을 통해 느낌을 유도하는 기법이 요구된다.

효에 대하여 공감(情)을 얻는 데는 무엇보다도 효를 가르치는 사람의 본보기가 중요하다. 예컨대 할머니·할아버지를 모시고 손자·손녀가 함께 사는 3대 가정에서의 효를 교육하는 경우, 할머니·할아버지에게 효도하는 부모의 모습을 본 손자·손녀는, 그 모습으로 하여금 좋은 교육을 받고 있는 것이다. 그러나 반대로 할머니·할아버지에게 불효하는 모습을 보이면 그 어떤 가르침도 손자·손녀에게 가르침으로 연결될 수 없다. 때문에 본보기가 중요한 것이다. 그래서 맹자는 "효 교육은 부모가 직접 하는 것보다 다른 사람에 의해 하도록 하는 것이 낫다(易子敎之)."라고 했다. 그러나 효를 가르치는 입장에 있는 사람이라고 누구나 효자일 수는 없으며, 효자이기 때문에 가르칠 수 있는 것은 아니다.

부모님이 돌아가셔서 효를 행할 수 없거나, 또는 살아 계신 동안 부모님께 효를 다하지 못했다면 불효했던 점을 인정하고 사실에 기초하여 고백하는 자세로 교육에 임하면 되는 것이다. 그리고 지금부터라도 효도하는 삶을 다짐하고 실천하는 것이다. 효는 생전의 효만이 아니라 사후(死後)의 효도 중요하다. 자식에게 부모로서의 도리를 다하는 것도 부자자효(父慈子孝)와 부자유친(父子有親)을 실천하는 것이며 부모에게 기쁨을 드리는 것이라는 점도 알아야 한다. 그리고 부모님이 살아 계시다면 지금부터 효를 실천하겠다고 다짐할 때 교육자의 가르침에 대해 공감할 수 있게 된다. 그런 가운데 영상자료 등을 함께 시청하고 토의하며 각자의 생각을 발표하다보면 공감하고 다짐하게 되는 것은 그다지 어려운 일이 아니다.

효를 가르쳐야 하는 것은 가정에서 부모, 학교에서 교사의 기본 임무이자 역할이다. 『효경』에 "효는 덕의 근본이요, 모든 가르침이 그로 말미암아 생겨난다."고 했고, 『성경』에도 "만일 어떤 과부에게 자녀나 손자들이 있거든 저희로 먼저 자기 집에서 효를 행하여 부모에게 보답하기를 배우게 하라. 이것이 하나님 앞에 받으실만한 것이니라(성경, 디모데전서 5:4)."라고 했다. 이는 리더인 부모나 교사 자신의 솔선수범이 전제되지 않으면 안된다.

가정에서 부모가 효를 하지 않으면서 자식에게만 지시하거나 학교에서 교사 자신은 효를 하지 않으면서 제자들에게 '하라'고 했을 때, 제자들이 따라 하는 데는 한계가 있기 마련이다. 때문에 리더가 효를 교육하는 것은 기본 임무이고, 효 교육은 리더 자신의 실천에서부터 시작된다는 점을 알아야 한다. 『명심보감』에도 "자신이 어버이에게 효도하면, 자식 또한 나에게 효도한다. 자신이 어버이에게 효도를 하지 않는다면 자식이 어찌 나에게 효도하겠는가? 효도하고 순종하는 자는 효도하고 순종하는 자식을 낳고, 오역하는 자는 오역하는 자식을 낳나니, 믿어지지 않거든 오직 처마 끝의 물을 보라. 처마 끝에 떨어지는 물방울은 어기고 옮기는 일이 없느니라."[135]라고 한 것처럼, 부모의 솔선수범은 중요하다. 그리고 가르치는 위치에 있는 교육자가 효를 행하게 되면 "가르침이 엄숙하지 않아도 이루어지고 그 정치가 엄하지 않아도 다스려지게 된다."는 『효경』, "효는 수행자의 삶의 기준과 준거, 죄악을 범하지 못하게 하는 규정이다(범망경)."라는 『불경』의 내용에서 알 수 있듯이, 교육은 느낌을 통해 이루어지는 것임을 알아야 한다.

효를 느끼도록 하는데는 효 관련 영상물을 시청하고 소감 발표하기, 효 음악 함께 부르기, 양로원 등 복지설 봉사활동 등이 효과적이다.

---

135) 『명심보감』「효행편」: "孝於親 子亦孝之 身旣不孝 子何孝焉 孝順 還生孝順子 悖逆 還生 孝逆子 不 信 但看簷頭水 點點滴滴不差移."

3. 意(의) : 무엇을, 어떻게 가르침으로써 다짐하게 할 것인가?

가. 어떤 경우에 효를 다짐하게 되는가?

효를 다짐한다는 의미는 효를 행하기로 마음이나 뜻을 굳게 가다듬어 정하는 상태를 말한다. 사람은 누구나 부모님의 은혜에 대하여 깨닫게 되고 부모님이 사무치도록 그립고 고마운 분으로 다가올 때가 있다. 필자의 경험으로는 군대 생활을 시작하는 사관학교 시절에, 교수님이나 초빙강사들이 강의하는 도중 부모님과 관련된 내용을 설명할 때는 부모님 생각에 눈물이 나곤 했는데, 이때가 효를 다짐하게 되는 계기였다고 생각된다. 필자는 부모님이 고생하시는 것을 어렸을 때 보았고, 나이가 들면서 어머니와 대화를 하면서 점점 더 알게 되었다. 필자 어머니의 경우, "열두 살에 민며느리로 김씨 집안에 들어오셔서 열여섯에 혼례를 올리시고, 열여덟에 큰 누님을 낳으셨고, 둘째로 아들을 낳으셨으나 6일 만에 홍역으로 잃으셨다. 그후로 딸 여섯을 낳으시고 아들이 없다는 이유로 온갖 마음고생을 하시다가 끝으로 아들 3형제를 낳으셨는데, 형을 서른여덟에, 필자를 마흔에, 동생을 마흔 넷에 낳으셨다. 고향이 무창포 해수욕장 부근 농어촌 마을이었던 탓에 다른 집 부모님들은 아들이 초등학교만 졸업하면 대부분 석공수(石工手)로 취직시켜 돈을 벌도록 하는 것이 관례였지만, 우리 부모님은 나이가 많으셔서 일하기가 어려우심에도 불구하고, 우리 3형제 모두를 중학교에 진학시켰다. 그런 가운데 어머니께서는 생

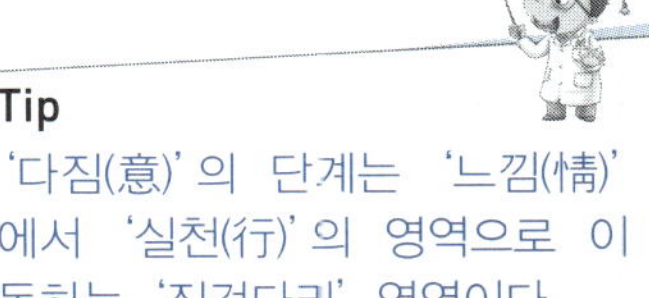

선장사, 사과장사, 소금장사, 석유장사, 밥장사 등을 하셨다. 어린 시절 초등학교 운동회 날 운동장에서 사과를 펴놓고 파시는 모습을 본 친구들이 '사과장수 아들'이라고 필자를 놀리곤 했는데, 난 그런 어머니가 너무 애처로웠던 탓에 "창피하게 왜, 사과 장사를 해서 날 놀림 받게 해…"라면서 어머니께 대들었던 기억도 있다. 지금 생각하면 큰 불효를 저질렀다는 생각이 든다. 금년 100세이시지만, 아직 건강하신 것은 하늘이 돕는 듯하다. 난 어머니가 젊어서 고생하신 것을 알고 있는 이상, 어떻게 해서라도 어머니가 행복하게 사시다 돌아가시게 해야겠다는 생각으로, 어머니가 가장 원하시는 것부터 해 드리려고 노력했고, 그러다보니 비교적 행복하게 살고 있다고 생각한다. 어머니 또한 필자만 보시면 언제나 웃으신다.

나. 무엇을 교육함으로써 다짐하게 할 것인가?

본질적으로 교육을 하는 이유는 사람다운 사람을 만드는데 목적이 있다. 그리고 사람을 만드는 교육 중에서 가장 기본이 되는 교육이 효 교육이다. 그 어떤 누구도 부모나 자식을 버리는 패륜적인 사람은, 어떤 지위에서 어떤 일을 하든 올바르게 행할 것으로 기대하기 어렵다. 부모 자식을 배반하고 버린 사람이 무엇인들 옳게 할 수 있겠는가? 때문에 효 교육은 모든 교육의 기초가 되는 것이다. 『효경』에도 "효는 덕의 근본이요, 모든 가르침이 그로 말미암아 생겨난다(孝德之本也 敎之所由生也)."고 했다. 초등학교는 초등학교대로, 중·고등학교는 그 나름의 수준에 맞는 내용과 방법으로 효를 가르침으로써 느끼고 다짐하도록 해야 하겠다.

4. 行(행) : 무엇을, 어떻게 가르침으로써 실천하게 할 것인가?

가. 어떻게 교육함으로써 실천하게 할 것인가?

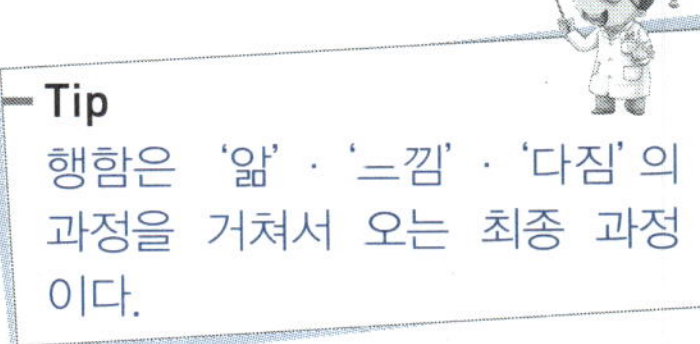

효에 대한 실천은 전적으로 당사자의 몫이다. 그렇기 때문에 일일이 강요하거나 확인해서 될 일이 아니다. 순전히 본인의 의사에 맡기는 수밖에는 없다. 다만, 교육자 입장에서는 피교육자로 하여금 부모님의 마음에 부합하는 삶을 살아가겠다는 느낌과 다짐을 하도록 하는 격려와 칭찬 등의 기법이 필요하다. 그리고 효를 실천하도록 하는 교육이 바로 효를 알고(知), 느끼며(情), 다짐(意)하게 하는 것이다.

필자가 교수로 재직하고 있는 대학에서는 효행록을 작성하게 함으로써 효의 실천을 유도하고 있다. 예컨대 학생들에게 효행록을 나누어 주고 자신의 「뿌리 찾기」 양식을 작성하게 해서 '나는 누구인가'를 알도록 '시조(始祖), 조부모, 부모님의 존함과 생신, 추모일 등'을 적어 오도록 하고, '효 실천 주간 점검표'를 항목별로 각자가 체크하도록 하고 있다.

나. 어떤 과정을 통해 효를 실천하게 되는가?

효를 실천하도록 교육하는 것은, 효를 알려주고 느끼게 하며 다짐하게 하는 '知·情·意'라는 마음의 구성요소[136]가 행동으로 연결되도록 했을 때, 효를 교육했다고 할 수 있다. 예를 들어, 효(孝)를 실천하도록 한다면, 교육자가 먼저 孝가 무엇인지를 알려 주어야 하고(知), 孝를 행하고 싶어짐을 느끼게(情) 해야 하며, 孝를 행하겠다는 다짐(意)을 하도록 한 이후에 비로소 孝를 행(行)하게 된다는 '知·情·意·行'의 과정에 의해 실천하게 된다는 점이다.

---

136) 남궁달화, 『인성교육론』(서울 : 문음사, 1999), 8쪽.

제 6 장

효 교육의 시대적 당위성

향후 대한민국의 최대 현안은 안보와 경제, 복지가 될 것이다. 천안함 폭침과 연평도 포격 사건에서 보았듯이 전쟁준비에 명운(命運)을 걸어온 북한으로서는 어떤 형태로든 도발을 통해 북한 주민을 긴장시켜 체제강화에 이용하려 할 것이므로 안보는 한시도 마음을 놓을 수 없다. 특히 갑작스런 김정일 국방위원장의 사망으로 후계자 수업을 받던 20대 후반의 김정은이 권력을 세습하게 됨으로써 예측불허의 상황은 그 가능성이 더 높아질 수 있다. 그리고 수출에 의존하는 자원빈국(資源貧國)이면서 고유가(高油價)의 행진, 그리고 천정부지로 치솟는 대학등록금과 주택가격 등은 자식을 키우는 부모들에게 계속적인 부담으로 작용할 것이므로 경제적 어려움 또한 계속될 것이다. 또한 이러한 문제들은 결국 저출산 및 고령화, 다문화가정문제 등과 맞물리게 됨으로써 출산을 기피하는 젊은이, 가정에서 소외되는 고령자의 어려움 등 삶의 질을 향상시키는데 제한 요소로 작용될 것이라는 점에서 한국적 복지 문제가 현안과제로 대두될 수 밖에 없다. 그러나 후진성을 면치 못한 정치 풍토는 자칫 국민을 더욱 어렵게 할 가능성이 있다. 그렇지만 원조 받던 가난한 나라에서 원조를 하는 경제대국이 된 것은 "하늘은 스스로 돕는 자를 돕는다."는 말처럼, 대한민국의 국민 모두의 노력에 의한 성취로써 자긍심을 가질만하다고 자평할 수 있을 것이다.

단지, 그리스와 일본과 같은 선례를 따르지 않기 위해서는 교육으로 뒷받침해야 할 것인데, 이를 위해서는 교육에 근본으로 작용될 수 있는 '그 무엇' 이 있어야 하고, 그것은 지도자의 리더십과 함께 효(孝, HYO)라는 철학적 가치에 기반을 두어야 한다고 보는데, 다음과 같은 이유에서다.

I 효는 국가적 현안과제 극복의 철학적 기초

1. 출산 장려정책의 철학적 기초 제공

효행장려지원법의 제1조(목적)에 "아름다운 전통문화유산인 효를 국가차원에서 장려함으로써 효행을 통하여 고령사회가 처하는 문제를 해결할 뿐만 아

니라 국가가 발전할 수 있는 원동력을 얻는 외에 세계문화의 발전에 이바지함을 목적으로 한다.”고 나와 있듯이 효는 국가발전의 원동력으로 작용한다.

우리나라는 일제시대, 8.15광복, 6.25남침전쟁, 보릿고개, 새마을운동 등을 거치면서 원조를 받던 나라에서 원조를 주는 나라로 바뀌었고, 세계 경제 10위권 국가로 우뚝 섰다. 이렇게 잘 살게 될 줄을 알았더라면 아이라도 많이 낳게 내버려둘 것을 애써 말려가며 무모하게 가족계획을 추진한 탓에 이제 저출산이 심각해서 이대로 방치하면 300년 정도 후에는 지구에서 우리 민족이 사라질지 모른다는 연구결과가 발표되기도 했다. 고령화 사회가 너무 빨리 온 것만으로도 감당하기 어려운데, 저출산 문제까지 겹치다 보니 우리는 매우 혼란스럽고 앞날이 걱정스러울 수 밖에 없다. 유럽 선진국들의 몰락과 이웃일본의 경우를 보더라도 효와 같은 보편적·이타적 가치에 대한 교육을 통해 국가발전의 원동력으로 삼아야 한다.

현재 염려되고 있는 저출산의 배경에는 아이 출산에서 육아 및 보육환경, 사교육비 및 집값 상승 등 자녀를 키우는데 대한 어려움, 그리고 부모세대의 손자(녀) 돌보기 거부가 크게 작용하고 있고, 그 원인은 효 문화의 붕괴에 있다고 보아야 할 것이다. 특히, 직장에서 임신한 여성에게 정신적 스트레스를 주고 직·간접적으로 사직을 강요하는 사례도 나타나고 있다. 그러다 보니 요즘 여성들은 자신의 일을 포기하면서까지 아이를 낳아 기르려 하지 않는다. 또한 아이를 낳아키워봤자 속만 태우고 장성해서까지도 부모를 힘들게 할 것이라는 불안감도 한몫을 하고 있다. 한마디로 'Give'는 있는데 'Take'가 없다는 것이다. 어떤 젊은이들 중에는 "낳는 것까지는 어떻게 감당하겠는데, 양육은 싫다"는 생각이 자리 잡고 있다. 육아휴직만 해도 그렇다. 3개월의 육아휴직으로 어떻게 아이를 정상적으로 키울 수 있겠는가? 양육 후에 재취업이나 승진기회 등에 있어 불리해지기 때문에 양육을 위해 일시적으로 직장에서 나와 있기를 망설이게 되는 것도 문제이다. 육아휴직이 보장된다 할지라도 호봉 승진 전문성의 제고 등 실질적이고 현실적인 부분에서 손해를 봐야 하는데 그런 손해를 감내하면서 기꺼이 아이를 낳을 만한 가치가 있겠느냐고 그들은 묻고 있는 것이다. 때문에 복지차원 그 이전에 문화차원의 접근이 요구되는 것인데, 교육으로 반영되어야 문화도 따라오게 된다. 백보 양보해서 자식은 있어야 한다 치더라도 '하나면 족하다' 는 생각이고 그 하나를 키우는 일도 매우 벅차다고 생각하고 있는 현실을 정부와 경제계, 교육계의 리더들이 문제의 심각성을 직시하고 해결책을 강구해야 할 것인데, 프랑스나 스웨덴 같은 극복사례를 벤치마킹 할 필요가 있다.

그렇다면 이 문제를 어떻게 극복할 것인가? 효 차원에서 생각해 본다면 첫째, 효 문화의 회복으로 '아이 돌보기' 문제를 육친의 관계로 해결하는 것이다. 저출산을 극복하기 위해서는 고용시장 전체의 다각적인 정책이 필요하지만, 자녀 양육의 큰 과제인 돌보기의 문제는 효 문화의 회복으로 부모 역할의 재정립이 좋은 대책이 될 수 있다고 본다. 아이는 육친이 보살펴야 하고 조부모가 손자녀를 기쁜 마음으로 돌보아 주는 것이 이런 문제들을 해결하고 좋은 후손을 기르는 첩경이 될 것인데, 이것은 부모를 기쁘게 해 드리는 높은 수준의 효 문화 복원 없이는 기대하기 어렵다. 고령화 사회가 되어 수명이 연장되고 건강연령 또한 매우 젊어졌으므로 조부모가 손자녀 돌보는 문화를 잘 정착시켜 나가면 노인 문제와 자녀 양육 문제를 함께 푸는 일석이조의 효과를 볼 수 있을 것이다. 조부모가 아이를 돌보면 아이의 정서가 안정되고 제자식을 보살펴주는 부모에 대한 고마움 때문에 부모를 정성스럽게 섬기는 마음도 생길 수 있으니 효 문화가 전통사회 수준으로 회복될 수도 있다는 기대감을 가질 수 있다. 이런 부모를 보면서 자라는 아이들은 자기들도 아이를 잘 낳아 길러야 노후에 저런 대접을 받으리라는 보상 심리에 만족도가 높아져서 저출산이 지속적으로 극복되는 연쇄적 효과를 기대할 수 있는 것이다. 그런데 이미 붕괴된 가족제도와 효 문화의 피폐를 그대로 둔 오늘의 토양에서 갑자기 홍보나 권유만으로 조부모들의 떠난 마음을 양육현장으로 불러들이기는 그렇게 쉬운 일은 아니다. 앞으로의 지속적인 의식의 전환을 위해서도 권장하는 노력과 현실적 보상을 정부차원에서 생각해 보아야 한다. 손자녀를 돌보는 조부모들에게 일정액의 양육비를 국가가 노인 수당으로 지급하고 장기적으로는 다자녀 부모에게 노인 수당을 많이 지급하고 손자녀, 또는 무자녀 노인에게는 노인 수당에 불이익을 줌으로써 노후를 위해 자녀를 낳아 기르게 하는 생활의식의 전환을 시도하는 것도 검토해 볼 문제이다.

또한 3세대 동거 가족을 위해 가족구조에 맞는 주택을 공급하는 등 가정 생활 속에서 조부모와 손자녀가 동거하는 가족의 증가를 유도할 수 있고, 이런 동거 가족의 경우는 자녀 양육의 문제 등이 훨씬 용이해질 수 있다고 본다.

둘째, 자녀를 갖는 기쁨과 사랑을 회복하는 노력이다. 저출산의 제일 핵심이 되는 요인은 가임 부부들이 아이를 안 낳거나 한 자녀 정도로 족하다는 이기적인 생각인데, 이런 인식을 갖게 하는 주된 원인이 가족관의 변화와 효 문화의 쇠퇴에서 오는 자신들 노후에 있어서 자식의 불필요성이라는 인식이다. 이런 것들이 근본 원인이고, 그 위에 현실적인 여건들이 가세해서 더욱 저출산을 부채질 하고 있는 것이다. 페스탈로치는 "이 세상에는 여러 가지 기쁨이 있지만, 그 가운데서 가장 빛나는 기쁨은 가정의 웃음이다. 그 다음의 기쁨은 어린이를 보는 부모들의 즐거움인데, 이 두 가지의 기쁨은 사람의 가장 성스러운 즐거움이다."라고 했다. 저출산 문제의 두 가지 관점은, '사교육비의 과다', '주택마련의 어려움', '불안한 사회 분위기' 등 양육비와 환경의 문제가 한 줄기이고, 직장을 떠나면 다시 가기 힘들 것이라고 하는 노동시장의 불안정성이 또 하나의 줄기이다. 따라서 해결방안의 하나가 직장에 탁아소를 마련해서 산모와 아이가 최대한 생활을 함께 할 수 있게 하는 것이다. 가임여성이 많이 근무하는 회사·학교·병원 등에서 탁아소를 운영할 수 있도록 정부 당국의 관심을 필요로 한다.

2. 고령사회 문제해결의 철학적 기초 제공

20세기에 있었던 급격한 사회변동은 우
리나라에서도 노인문제를 야기 시켰고, 21
세기 고령사회에서 이 문제가 더 큰 도전

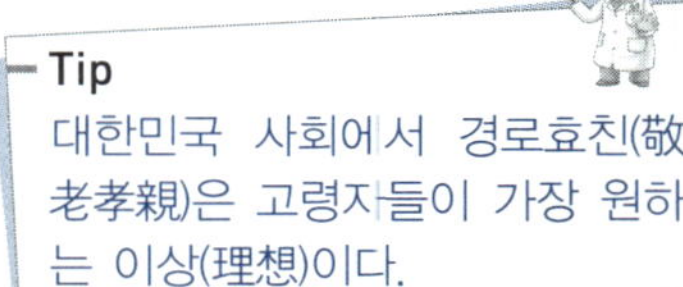

으로 다가오고 있다. 그리고 전통사회에서 노인부양을 뒷받침해 온
전통윤리와 효 사상은 현대화 과정에서 점차 쇠퇴하고 있고, 특히 효
를 실천하는 행동문화가 쇠퇴하여 노인문제가 커져가고 있다. 노인정
책의 기본은 가정에 있는 것이므로 가정의 기능을 정상화 하는 노력
이 있어야 한다. 누구나 늙으면 가족의 보살핌과 함께 외로움을 달랠
수 있기를 희망하기 때문이다. 한편 노인문제에 대응하는 국가의 노
인복지정책이 발달하고 있음에도 불구하고 노인문제는 여전히 큰 숙
제로 남아 있는데, 이와 같은 노인문제에 대응하는 방안의 하나가 효
행장려지원법을 활성화하고, 이를 바탕으로 노인복지법 등 관련법과
의 관계 설정을 필요로 한다.

효행장려지원법은 그 입법 취지대로 효 문화를 진흥하는 역할에,
노인복지법은 현실사회에서 발생하고 있는 노인문제를 해결하는 역
할에 충실해야 할 것이다. 효행장려지원법에서 효 문화를 경로에 관
한 사회적 가치로 정의하고 있듯이, 부모를 공경하고 부모를 모시는
사회적 가치는 현대사회에서도 그대로 존속되어야 한다. 따라서 효행
장려지원법은 이 가치를 실현하기 위한 교육, 문화 활동을 촉진하는
활동과 관련 시킬 필요가 있다.

효행장려지원법과 노인복지법을 연계하는 문제는, 노인복지를 가정
과 사회, 국가가 함께 하는 것이다. 노인에 대한 가족보호가 필요하고,

종교단체 등의 사회적 보호와 정부차원의 국가적 보호가 함께 강조되어야 하는 것이다. 현실적인 노인문제를 해결하기 위하여 노인복지정책은 정부가 주도적으로 추진하고 동시에 가족의 보호기능을 활용하도록 교육을 강화하는 것이다. 가령 중풍 치매로 고생하고 있는 노인과 그 가족이 가지고 있는 문제의 예를 들어 보면, 누워 있는 노인에 대한 전문적 요양서비스는 국가에 의한 사회적 보호시스템에서 담당하고, 그로 인하여 신체적 부양부담의 짐을 던 가족은 정서적 보호를 더 충실하게 수행하면 노인과 가족의 행복이 더 증진될 수 있는 것이다. 이와 같은 보완모델에 따라 노인문제에 대응할 때 효행장려지원법과 노인복지정책은 각기 해당하는 역할을 충실히 수행할 수 있을 것이다.

고령화 사회의 대응 정책이 다각적으로 마련되고, 각 분야에서 이에 대비하는 노력이 일어나고 있지만, 무엇보다도 부모와 자식이 함께 늙어가며 부모를 정성스럽게 모시고 그 마음을 흡족하게 해 드려야 하는 효의 덕목이 서로를 위해서도 발전시킬 필요가 있는 것이다. 그리고 이런 의식의 회복이 실현되려면 부단한 교육 이외에는 왕도가 따로 있을 수 없다.

복지 혜택이 넓어지면서 어지간한 기초생활 수단의 금전적 지원을 국가가 부담하는 폭이 점점 더 넓어지는 추세에서는 정(情)과 도리(道理)의 효 문화의 복원만이 노인들의 정신적 안정을 가져올 수 있다. 이렇게 자녀로 해서 편안한 노후를 보내는 본보기가 보여져야 젊은이들은 비로소 아이 낳기를 원하고 자신들의 노후를 위해서 아이를 낳고 싶어하게 될 것이므로 고령화문제의 실질적 대안을 효에서 찾아야 한다는 점에서 효는 고령사회문제 해결의 철학적 기초인 것이다.

3. 다문화가정 문제 해결에 철학적 기초 제공

다문화 가족이란 가족 안에 다른 문화가 같이 있는 상태를 의미하는데, 다문화 사회에서 나타나는 현상 중 하나가 다문화 가족이다. 우리나라의 경우는 다문화 가족

을 구성원 중 한 명 이상이 대한민국 국적을 가진 경우로 한정하고 있다. 대한민국 국적을 가진 남자나 여자가 국제결혼을 한 경우, 탈북하여 한국에서 새로 가정을 꾸린 경우, 외국인 근로자가 한국에 거주하면서 결혼하거나 본국에서 결혼하여 국내 이주를 한 경우 등이 해당된다. 한국인과 외국인이 결혼한 가정을 일컫는 말은 다음과 같이 세 가지의 경우로 표현한다. 하나는 서로 다른 인종 사이에서 태어난 자녀에 초점을 맞춘 '혼혈인 가족' 이고, 또 하나는 말 그대로 국경을 넘나드는 결혼의 형태를 의미하는 '국제결혼 가족', 마지막으로 한 부모가정·독신자 가정처럼 다양한 가족의 형태 중 하나로 정의하는 '다문화 가족' 이 그것이다. 행정안전부에 따르면[137] 다문화가정 자녀는 2011년 1월 현재 15만 1,154명으로 2007년 5월(4만 4,258명)에 비해 약 3.4배로 증가했다. 결혼 이주민 가정과 외국인 근로자가 증가하면서 다문화가정 자녀가 해마다 약 2만 5,000명씩 느는 것이다. 그러나 이들에 대한 차별과 배척은 관심사항으로 부각되고 있다. 다문화가정의 자녀 중 37% 학생이 왕따를 경험하고 '엄마, 제발 학교에는

137) 김연주, 양모듬 기자, 조선일보(2012. 1. 10)

오지 마세요.'라는 말을 할 정도로 심리적 부담을 안고 생활하고 있는 것으로 나타나고 있다.

한국의 다문화 사회로의 진입은 그동안 순수혈통, 가부장 단일 문화주의를 고수해 온 한국사회가 문화적 다양성에서 기인하는 '차이'를 어떤 시각에서 보고 대처할 것인가에 관해 고민하게 한다. 그동안 우리나라는 '세계 유일의 단일민족'이라는 자긍심을 가지고 있었지만 '세계 유일의 단일민족'이라는 말은 앞으로 본격적으로 도래하게 될 다인종, 다문화 사회에서는 부적합한 말이 되었다. 이제는 좀 더 열린 마음으로 우리와 다른 문화를 가지고, 다른 피부색을 가진 사람들과 어울려 살아가는 하모니 정신을 발휘해야 한다. 우리와 다르다고 해서 멸시하거나 냉대하는 편협함에서 벗어나야 하는 것이다. 이 것이 홍익인간 정신을 실천하는 길이며 효 사상에 근거하는 것이다.

우리의 국수적인 국가관과 혈통중심의 사고를 버리지 않는 이상 불가능한 것이 우리 사회에서 다문화가정의 안착이다. 요즘 가파르게 증가하는 우리나라의 다문화가정 2세들이 학교 적응에서 겪는 어려움은 이루 말할 수 없다. 이를 더 이상 방치하면 결국 사회문제로 확대될 수 있다. 공동조사 결과가 말해주듯이, '자녀교육 적응도'를 묻는 항목에 '잘 적응하고 있다'는 응답이 47.6%에 불과했다. 서두르지 말고 이들에 대한 장기적이고 실질적인 정책이 마련되어야 할 것인데, 이 또한 보편적·이타적 가치인 효 교육을 통해 근본적 해결이 가능하다고 본다.

현재 다문화가정과 관련해서 대두되는 문제점은 다음과 같은 것들이다. 첫째, 언어소통의 문제이다. 자녀 양육에서 오는 언어적인 차이, 예를 들면, 외국인인 엄마가 자녀에게 국어를 가르칠 수 없는 구조에서 오는 것이다. 어머니가 아직 한국어가 100% 습득 되지 않은 상황에서 애기를 가지고 출산할 경우 언어 습득과 발달 장애가 온다. 또한 성장하면서도 학교에서 외모나 언어적 발달 장애로 애로 사항을 겪는 경우가 많다. 둘째, 문화와 세대차이이다. 부부가 서로 다른 나라에서 성장을 했기 때문에 문화적 차이를 극복하는 것이 큰 문제이다. 보통 같은 한국에서 태어난 사람들도 서로 환경이 다르면 어려움을 겪게 되는데, 하물며 다른 나라에서 성장을 한 사람들로서는 문화적 갈등을 겪을 수밖에 없다. 셋째, 생각의 차이와 음식의 차이이다. 이제 우리 사회의 주변 환경은 급속하게 변화하고 있다. 외국인 노동자들이 없으면 산업현장의 기계들이 멈출 수밖에 없으며, 외국인 며느리들 없이는 출산율이 더욱 저하될 수밖에 없는 실정이다.

따라서 다음과 같은 점에 대해 관심을 가져야 한다고 본다. 첫째, 이제 우리 사회도 다문화 가족과 공존할 수밖에 없다는 사실을 공감하는 일이다. 이것은 홍익인간정신을 구현하는 차원에서 접근할 필요가 있다. 그리고 가정에서 자녀들에게 끊임없이 다문화 가족들과 함께 살아가야 한다는 것을 지도하고 가르쳐야 한다. 아직도 우리나라 부모들은 외국인 사이에서 태어난 자녀들과 함께 생활하는 것을 꺼리고, 아이들도 그들을 놀리고 왕따 시키는 사례가 있는 것으로 나타나고 있다. 둘째, 어린이집이나 유치원, 초 · 중 · 고 선생님들의 각별한 관심이 있어야 한다. "나의 집 어린이를 대하듯 남의 집 어린이를 대하라"는 맹자의 말처럼, 선생님들은 어린이와 학부모들에게 외국인 자녀들도 대한민국을 이끌어 갈 우리 사회의 한 가족이라는 점을 계속 교육해나가야 한다. 셋째, 지역별로 다문화 가족들이 모일 수 있는 공간을 만들어 주어야 한다.

　다문화가정에 대한 또 하나의 문제는 매매혼 방식의 국제결혼에 의해 가정이 만들어진다는 점인데, 이 또한 효 정신에 맞지 않는 것이다. 무분별한 국제결혼업체 성행과 수준 이하의 신랑들, 그리고 여성의 인권을 무시한 매매혼 방식 등은 고쳐져야 하고 법으로 다스려야 한다. 배우자를 선택하는데 돈의 액수의 많고 적음에 의해 결정된다면 결혼 후에도 인권이 무시될 수밖에 없다. 문제는 이것만이 아니다. 한국 남자를 원하는 여성들과 국제결혼을 원하는 남성들의 수가 증가하면서 사랑 없는 결혼은 물론, 물건 고르듯 배우자를 선택하는 비인간적인 방식이 거리낌 없이 행해지고 있다는 점이다. 그리고 무분별한 광고나 시행방식에 대해서도 정부당국이 나서서 관리 감독을 해야 한다. 다문화가정의 대부분이 한국에 신부들이 와서 정착을 하지만 그러나 한국엔 아직 외국인 신부들을 맞이할 준비가 되어있지 않다. 대부분 한국에서 결혼하지 못한 노총각들이 동남아 여성들과 결혼하고, 특히 시골지역이나 아직까지 발전되지 못한 지역에서부터 가정생활이 시작되다 보니 어려움이 더해지고 있는데, 나의 가족이 소중하면 남의 가족도 소중하다. 그리고 우리의 부족한 부분을 도와주는 다른 나라 사람들을 홍익인간 정신으로 보듬어야 하는 것이다. 이런 점에서 효는 다문화가정문제 해결의 철학적 기초가 되는 것이다.

4. 한국적 복지의 철학적 기초 제공

사회복지는 복되고 복된 세상을 추구하는데 목적이 있다. 우리가 추구하는 복지국가는 유토피아, 파라다이스를 연상케 한다. 그런데 한국사회에서 사회복지를 강조

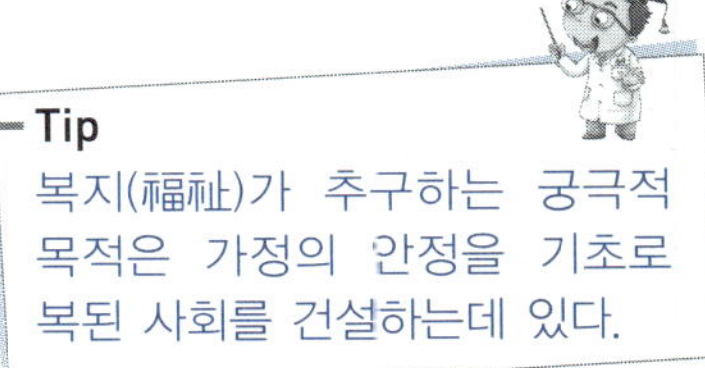

하면서 쇠퇴해가는 가정윤리나 가족사랑을 외면하는 것은 앞뒤가 맞지 않다. 따라서 「효행장려 및 지원에 관한 법률」 등을 활용해서 현재 안고 있는 저출산, 고령화, 다문화가정 문제 등을 복합적으로 해결하려는 노력이 있어야 한다.

다산(茶山) 정약용(丁若鏞)은 공직 리더들에게 "청렴은 큰 장사다(廉者大賣也)."라고 했다. 공직자가 높은 직위에 올라 큰일을 하기 위해서는 반드시 청렴해야 하는 것과 마찬가지로 사회복지를 구현함으로써 노후에 불행을 막으려면 가정을 살려야 한다는 점에서 효를 살리기 위한 근본대책이 요구된다. 여기서 청렴은 부정부패와 반대되는 의미만이 아니라 '바르고 근본에 충실함'의 뜻이 들어 있다. 이는 "리더는 근본을 세우는데 힘써야 하며 근본이 서면 길과 방법(道)이 저절로 생겨난다(君子務本 本立而道生)."는 『논어』의 내용과 맥을 같이 하는 것이다. 후세 사람들이 다산(茶山) 정약용(丁若鏞)을 실사구시(實事求是) 정신으로 "오직 백성과 나라를 위해 착하고 옳은 것은 스승으로 삼는 자세(唯善是師)"로 살았다고 평가하는데, 다산의 중심사상이 효제자(孝弟慈)이다. 효가 중심이 되어야 형이 동생을 사랑하고, 부모가 자식을 사랑하게 하는 마음을 가지게 되는 것이다. 따라서 공직자에게 청렴

이 앞날을 보장해준다면 가정의 부모에게는 '효 실천과 교육'이 노후
를 보장해 준다.

　지금 정치권과 사회 일각에서 '맞춤형 복지', '한국형 복지', '보편
적 복지'라는 용어가 등장하고 있다. 그러나 여기에서 중요한 것은
이런 주장들이 우리가 처해 있는 안보상황과 경제, 교육, 문화, 사회
적 정서 등을 제대로 반영하고 있는가 하는 점이다. 국가적으로 중대
한 전환점에 봉착해 있는 오늘날, 우리 사회가 원하는 리더는 무상급
식·무상진료·무상보육 등 대중적 인기에 영합하는 포퓰리즘
(Populism) 보다는, 실사구시(實事求是)적 리더십을 원한다. 국가적 붕괴
를 맞고 있는 그리스의 경우 대학원까지 무상교육을 했지만, 고학력
자의 실업문제를 증가시켰고, 오늘과 같은 파탄의 결과를 낳았음을
타산지석(他山之石)으로 삼을 필요가 있다. 한국사회에서 충분히 자식
들로부터 부양받을 수 있는 노인, 유복한 가정의 자녀들에게 노인수
당, 무상급식 등의 제도를 실시하게 되면 앞으로 부모에 대해 나 몰
라라 하는 자식이 점점 더 늘어나게 될 것은 뻔하다. 이런 점에서 홍
익인간 정신에 기초한 배려와 나눔문화가 확산되어지기 위해서는 효
가 한국사회 복지에 있어 철학적 기초가 되어야 하는 것이다.

　최근 노후난민(老後難民)이라는 용어와 함께 무연고사(無緣故死) 사례
가 증가하고 있다. 평생 동안 자식을 위해 살아오신 부모님을 '갈 곳
없는 노인 신세'로 만들고 돌아가신 부모님을 찾지도 않는 일이 벌어
지고 있는 것인데, 효 교육을 하지 않고는 '복지(福祉)'가 공염불(空念
佛)이 될 수 있음을 대변해주고 있다.

Ⅱ 효는 인성교육과 수신교육의 기초

1. 효는 인성(人性)과 수신(修身)의 기초

효경에 "효는 덕의 근본이요 모든 가르 침이 그로 말미암아 생겨난다(孝德之本也 敎 之所由生也)."고 했다. 결과적으로 부모가 원 하는 방향으로 하다보면 바른 몸가짐을 하 게 되어 교육이 저절로 된다는 것이다.

인성(人性)이란 글자 그대로 사람의 성품(性品)을 뜻하며 성품은 곧 사 람의 성질(性質)과 품격(品格)을 의미한다. 원래 사람을 상징하는 인(人) 자는 사람과 사람의 가슴이 맞닿은 모양의 글자이다. 또한 성질은 마 음의 바탕을 의미하고 품격은 사람됨의 바탕을 의미하는 것이니, 인 성은 곧 한 사람의 마음과 사람됨의 바탕을 가리키는 말이다. 인성(人 性)에 대해 중국의 사상사에는 "성(性)이란 인위(人爲)가 가해지지 않은 타고난 그대로의 상태를 말한다."[138]고 기록하고 있다. 공자(孔子)는 『논어』에서 "성은 상근(相近)하고 습(習)은 상원(相遠)하다"[139]고만 말할 뿐, 그 상세한 내용에 대해서는 언급하지 않았는데, 『중용(中庸)』에서 는 "하늘이 명(命)하는 것을 성이라고 한다."[140]며 처음으로 성을 정의

---

138) 『세계백과사전』(서울 : 동서문화, 2000, 12), 944쪽

139) 『논어』 「양화」 : "性相近也, 習相遠也."

140) 『중용』 : "天命之謂性"

하였다. 이 성을 가지고 맹자는 '성선(性善)'을 주장하고, 순자(荀子)는 '성악(性惡)'을 주장하여 성설(性說)에 사람들의 관심을 집중시켰다. 그 뒤 고자(告子) 등은 이것을 조화·절충하는 선악혼재설(善惡混在說)을 주장하면서 송(宋)·명(明) 시대의 성리학(性理學)으로 발전하였다. 마음은 지(知-앎), 정(情-느낌), 의(意-다짐)의 세 요소로 구성된다. 마음은 知·情·意의 작용에 의해 움직이고 이들의 움직임은 정신적 작용의 총체라 할 수 있는데, 이러한 정신적 작용은 태아시절부터 모친의 사랑을 자양분으로 한다는 점이다. 知는 사물을 인식하고 이해하고 판단하는 마음의 작용이고, 情은 사물에 느끼어 일어나는 마음의 작용이며, 意는 무엇을 하겠다고 속으로 다짐하는 마음의 작용이다. 또한 마음은 부모와 자식, 가족관계를 시작으로 선악(善惡)을 느끼게 되고 시비(是非)를 판단할 수 있으며 행동을 다짐하게 하는 정신이다.

　수신(修身)이란 자신의 마음을 착하게 하며 행실을 바르게 하는 것을 말한다. 나쁜 것을 물리치고 선을 북돋아서 마음과 행실을 바르게 닦아 수양한다는 의미이다. 다산(茶山) 정약용(丁若鏞)은 일찍이 "리더는 수신이 반(半)이고 목민(牧民)이 반이다"[141]라고 했다. 지도자가 되려면 수신을 그만큼 중시해야 한다는 뜻이다. 수신제가치국평천하(修身齊家治國平天下), 즉 심신을 닦고 집안을 정제(整齊)한 다음 나라를 다스리고 천하를 평정할 수 있다는 말과 같은 맥락이다. 그런데 여기서 자신의 마음을 착하게 하고 행실을 바르게 하도록 하는 마음은 효와 같은 보편적 가치의 작용에서 나온다. 이런 점에서 효와 수신은 연관이 깊다

141) 노태준 역, 정약용 저, 『목민심서』 (홍신문화사, 1988), 「서문」

고 하겠다.

　사람됨은 태어난 그대로의 인간을 가리키는 말은 아니다. 우리는 모두 사람이긴 하지만, 그러나 우리는 우리 모두가 다 '사람답다'고 또는 '인간답다'고 하지는 않는다. 사람다울 때 비로소 '사람답다'고 하고, 인간다울 때 비로소 '인간답다'고 말을 하게 되는 것이다. 그리고 인간다움은 가치(價値, Value)를 추구하고 실현하는 삶과 그 모습이다. 또한 가치의 추구와 실현은 사람으로부터만 찾아볼 수 있는 삶의 모습이기 때문에 인간 이외에 다른 동물은 인간처럼 가치를 추구하고 실현한다고 볼 수 없다. 어떤 식물 또는 어떤 동물도 인간처럼 효를 추구하고 실현하지 못하며, 오직 인간만이 효라는 보편적, 이타적 가치를 추구하고 실현하는 삶을 살아간다. 때문에 효의 추구와 실현은 인간만의 삶이라는 점에서, 효를 바탕으로 '인성함양(人性涵養)'과 '수신제가(修身齊家)'를 추구할 필요가 있는 것이다.

2. 효는 인성교육과 가치교육의 기초

인성의 개념을 인간의 마음과 인간됨이라고 풀이할 때, 마음은 그 자체로서는 가치 중립적이지만, 인간됨은 가치 지향적이다. 인간됨은 가치를 추구하고 실현하는 인간의 삶의 모습이기 때문이다. 그러나 인성이라는 말은 전체적으로 볼 때에 가치어(價値語), 특히 '인성'이 교육적 맥락에서 사용될 때 더욱 그러하다고 볼 수 있는데, 이는 마음과 인간됨과의 관계를 살펴보면 알 수 있다.

앞에서 마음은 '知·情·意'의 세 요소로 구성된다고 했고, 인간됨은 가치를 추구하고 실현하는 삶의 모습이라고 했는데, 이는 인간됨 또는 인간다움은 '가치의 추구와 실현'으로 구성된다는 풀이를 가능케 해준다. 한편 우리가 어떤 가치를 실현한다고 할 때 그 과정을 분석해보면 가치는 '知·情·意·行'이라는 네 가지 요소를 거치게 된다는 점을 알 수 있다.[142] 예를 들어, 효(孝)를 실현한다고 할 때 그것이 가능하기 위해서는 먼저 孝가 무엇인지를 알아야 하고(知), 孝를 실현하고 싶음을 느껴야(情)하며, 孝를 실현하겠다는 다짐(意)이 있은 연후에 孝를 행(行)하게 된다. 여기서 우리가 알 수 있는 것은 마음과 가치 사이에 밀접한 관계가 있으며, 가치의 구성요소는 마음의 구성요소인 '知·情·意'에 '行'이 더해진 것임을 볼 수 있다.

마음과 가치의 관련성은 마음의 연속된 현상으로 볼 수 있다. 다시 말하면, 가치란 마음에 행동이 가해진 것이다. 그러나 이 말은 마음

142) 남궁달화, 『인성교육론』(서울 : 문음사, 1999), 8쪽

이 행동으로 옮겨지기만 하면 모든 것이 다 가치가 된다는 뜻은 아니다. 그것에는 조건이 있는데, 즉 마음이 행동으로 옮겨지되 그 마음이 인간됨 또는 인간다움을 지향한 행동이어야 가치가 된다. 인간됨은 가치에 의해 구성되기 때문이다. 때문에 가치교육의 직접적인 대상은 가치 자체이기보다는 가치를 발견하고 지각할 수 있는 삶의 경험이어야 한다.[143]

따라서 인성교육의 의미는 사람의 마음과 됨됨이를 차차 나아지도록 길러나가는 과정이라 할 수 있으며, 이를 위해서는 사람이 가지는 마음이 인간다움을 지향하는 가운데 행동으로 옮겨지도록 해야 하며, 이런 점에서 인간의 보편적(普遍的) · 이타적(利他的) 가치인 효는 인성 및 가치교육의 기초가 되는 것이다.

III 효는 교육철학과 교육행정의 준거

1. 교육철학과 교육행정의 개념

철학(哲學, philosophy)은 사전적으로 '인간과 세계에 대한 근본 원리와 삶의 본질 따위를 연구하는 학문'이다. 영어인 philosophy는 '지혜에 대한 사랑'이라는 뜻의 그리스어 philosophia에서 유래된 말이다.

---

143) 남궁달화, 『인성교육론』(서울 : 문음사, 1999), 173쪽

교육철학(敎育哲學 philosophy of education)은 "교육은 무엇인가?", "교육은 왜 해야 하는가?", "어떤 조직으로 어느 과정을 통해 교육정책을 추진할 것인가?" 등 교육의 근본원리에 관한 문제해결을 철학적 방법으로 접근하는 학문이다. 따라서 교육철학은 철학적 방법에 의해 교육의 현상과 행위에 대한 탐구활동, 그리고 그것을 통하여 획득된 지식의 체계를 일컫는 말이다. 이러한 교육철학은 '규범적 교육철학'과 '분석적 교육철학'으로 구분하는데, 규범적 교육철학은 교육의 이상과 목적을 체계적으로 제시하면서 그것에 의해서 교육의 과정과 조직, 정책을 논하고 비판하는 학문이고, 분석적 교육철학은 교육에서 사용되는 언어와 이론적 체계의 논리적 성격을 분석하고 비판하는 학문으로 분류하고 있다.

다음 교육행정에서 행정(行政)이란 정치(政治)나 사무(事務)를 행하는 것을 말한다. 법률적 용어로는 법 아래에서 법의 규제를 받으면서 국가 목적 또는 공익을 실현하기 위하여 행하는 능동적이고 적극적인 국가적 작용이다. 따라서 교육행정의 개념은 일반적으로 수업과 학습을 지원하기 위한 봉사적 활동으로 규정하는데, 좀더 구체적으로는 교육활동의 목표를 설정하고, 그 목표달성에 필요한 인적·물적 조건을 정비하고 목표달성을 위한 활동을 지도 감독하는 것이며, 수업과 학습 및 생활지도를 위하여 지원하는 봉사적 기능을 말한다. 교육행정은 직접 학생들을 가르치는 교육활동과 그 활동을 가능케 하는 조성활동이 있다고 보아 그 기능을 지도행정기능과 관리행정기능으로

구분하기도 한다. 이를 좀더 구체적으로 설명[144]하면, 첫째, 교육정책 실현기능이다. 이는 헌법, 교육법, 사립학교법, 교육공무원법, 지방 교육 재정교부금법 등 교육에 관한 법규를 통하여 교육이념, 학교제 도, 교육내용, 교육행정조직, 교육재정, 교과서 등에 관한 기본방침 을 결정하고 수행한다. 둘째, 교육과정 편성기능이다. 이는 교육행정 기관이나 각급 학교에서 교육과정에 근거하여 학생들의 심신발달, 학 교의 특수성, 지역사회의 실정에 맞도록 교육과정의 운영계획을 수립 하게 되는데, 교사의 전문적 능력과 자율성이 보장되도록 함으로써 교육목표달성에 이바지하도록 하는 것이다. 셋째, 교육조건 정비기 능이다. 이는 교육과정에서 제시하는 교육활동이 가능하도록 필요한 인적·물적 조건이 정비되도록 지원하는 것이다. 넷째, 교육활동 추 진기능이다. 학교의 교육활동이 교육과정표에 명시된 대로 운영되고 추진되는 가를 지도, 감독하는 것이다. 다섯째, 교육성과 확인기능이 다. 교육평가를 통하여 그 달성도가 어느 정도인지, 교육활동의 결과 를 평가하고 확인하는 것이다.

2. 교육의 철학과 교육행정에서의 효

가. 문헌에 제시된 효와 교육철학과의 관계

교육철학(敎育哲學, philosophy of education)이란, 교육은 무엇인가, 왜 해 야 하는가? 어느 조직으로 어떤 과정을 통해 교육정책을 추진할 것인

---

144) 고벽진 외, 『교육학의 이해』 (서울 : 교육과학사, 2007), 352－354쪽

가 등 교육의 근본원리에 관한 문제를 철학적 방법으로 해결하려는 학문이다. 효가 교육철학과 관련되는 것은 '규범적 교육철학'과의 관련성이 깊다. 교육의 이상과 목적을 체계적으로 제시하면서 그것에 의해서 교육의 과정·조직·정책을 논의하고 비판하는 학문이라는 점에서다. 이런 점에서 교육철학과 효를 연계해보면 『효경』에 "효는 덕의 근본이요 모든 가르침이 그로 말미암아 생겨난다."[145], "가르침이 엄숙하지 않아도 이루어지고 그 정치가 엄하지 않아도 다스려지는데, 그 이유는 리더(선왕)가 그것(효)을 가르침으로써 백성을 교화시킬 수 있기 때문으로 보았다.[146] 『논어』에 "젊은이들은 들어와서는 효도를 하고 나가서는 우애(友愛)를 지키며, 근신하고 신의를 지키고, 널리 여러 사람들은 사랑하며 인(仁)을 친근히 하여야 한다. 이렇게 하고도 남는 힘이 있으면 공부하는 것이다."[147], "리더는 근본을 세우는데 힘써야 하며 근본이 서면 길과 방법이 저절로 생긴다. 효(孝)와 우애(悌)는 인(仁)을 이루는 근본이다."[148], 『예기』에 "리더(임금)가 세상 사람들이 사랑을 실천하게 하려면, 먼저 그 부모를 사랑하는 것에서 시작한다. 이것이 구성원(백성)들에게 사랑과 화목(慈睦)의 도를 가르치는 방도이다. 경(敬)의 도를 천하에 세우려면 먼저 스스로 그 형장(兄長)을 공경하는데서 시작한다. 이것이 구성원(백성)에게 유순(柔順)의 도를 가

145) 『효경』「개종명의」: "孝德之本也 敎之所由生也."
146) 『효경』「삼재장」: "其敎不肅而成 其政不嚴而治 先王見敎之可以化民也."
147) 『논어』「학이편」: "弟子 入則孝 出則悌 謹而信 汎愛衆 而親仁 行有餘力 則以學文."
148) 『논어』「학이편」: "君子務本 本立而道生 孝弟也者 其爲仁之本與."

르치는 방도이다. 자목(慈睦)의 도를 가르쳐서 그들이 어버이 계심을 귀히 여기게 되고, 유순(柔順)의 도를 가르쳐서 구성원(백성)이 위의 명령을 들음을 귀히 여기게 된다. 이리하여 백성이 모두 자목(慈睦)의 도로써 그 어버이를 섬기고, 유순의 도로써 위의 명령을 청종(聽從)하면, 천하는 반드시 치평(治平)된다. 그러므로 이 두 가지 도(道)로 천하를 다스리면 모든 일이 잘 행해진다.[149)]는 표현에서 효는 교육의 근본원리인 교육철학과 연계됨을 알 수 있다.

나. 문헌에 제시된 효와 교육행정과의 관계

교육행정은 일반적으로 수업과 학습을 지원하기 위한 봉사적 활동으로 규정한다. 즉 교육활동의 목표를 설정하고, 그 목표달성에 필요한 인적·물적 조건을 정비하고 목표달성을 위한 활동을 지도 감독하는 것이며, 수업과 학습 및 생활지도를 위하여 지원하는 봉사적 기능이다. 이러한 교육행정과 효를 연계해 보면『불경』에 "효는 스행자의 삶의 기준과 준거, 죄악을 범하지 못하게 하는 규정이다(범망경).",『효경』에 "(리더가) 백성들을 서로 친애하도록 하는 데에는 효보다 좋은 것이 없고, 백성들을 예에 순응하게 가르치는 데는 공경함보다 좋은 것이 없다."[150)],『부모은중경』에 "부모의 은혜를 잊고 부모에게 불손하고 업신여기며 형제끼리 다투고 스승의 가르침을 따르지 않아 영

---

149)『예기』「제의」: "立愛自親始敎民睦也 立敬自長始敎民順也 敎以慈睦 而民貴有親 敎以敬長 而民貴用命 孝 以事親 順以聽命 錯諸天下 無所不行."

150)『효경』「광요도장」: "敎民親愛 莫善於孝 敎民禮順 莫善於弟."

(孝)이 서지 않는 것은 부모가 자식을 귀엽게만 여기고 어른들이 감싸 주기만 하기 때문이다." 등의 표현에서 보듯이 효는 교육활동목표를 도달하도록 하는 과정의 준거가 되고, 서로 친애하도록 하며, 교육과 학습에 영(孝)이 서도록 하는 작용을 한다는 점에서, 효가 교육행정의 철학적 기초가 되어야 한다는 점을 알 수 있다.

Ⅳ 효행장려지원법의 촉진

1. 효행장려지원법 관련 사항

가. 효행장려지원법의 제정 취지

효는 우리의 오랜 전통적 가치이면서 한국의 정신문화를 대표하는 미래적 가치이다. 수천 년 한국 역사에서 힘의 원동력이 가족에 있었고, 가족의 관계에는 효 정신이 있었다. 그런 효 정신

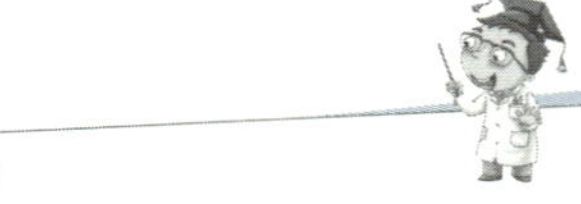

을 더욱 발양하기 위한 『효행장려지원법』은 2007년도 7월 2일 제정(국회의원 187명 참석, 찬성 183명, 기권 4명)되고, 8월 3일 공포(법률 제8610호)되었으며, 2008년 8월 4일부로 시행되고 있는 법이다.

이 법의 제정은 효 문화의 회복과 재건에 대한 국민적 열망의 발로

이다. 만시지탄(晩時之歎)이 있지만, 이 법의 제정으로 쇠잔해 가던 우리의 효 문화가 생기를 얻고 시대에 부응하는 효가 살아나기를 기대하게 되었고, 관련 단체 등 여러 관련 기관에 추진력을 불어 넣고 있다.

나. 효행장려지원법의 구성

이 법은 4장 15조로 구성되어 있다. 제1장은 총칙이고, 제2장은 효행장려, 제3장은 효행지원, 제4장은 보칙이다. 제1장(총칙)은 3개 조로 구성되어 있는데, 제1조는 「목적」, 제2조는 「용어의 정의」, 제3조는 「다른 법률과의 관계」이다. 여기서 제1조의 「목적」은 다음과 같다.

> 아름다운 전통문화유산인 효를 국가차원에서 장려함으로써 효행을 통하여 고령사회가 처하는 문제를 해결할 뿐만 아니라 국가가 발전할 수 있는 원동력을 얻는 외에 세계문화의 발전에 이바지함을 목적으로 한다.

제2장(효행장려)은 6개 조(4조~9조)로 구성되어 있는데, 제4조는 「효행장려기본계획의 수립」, 제5조는 「효행교육의 장려」, 제6조는 「부모 등 부양가정 실태조사」, 제7조는 「효문화진흥원 설치」, 제8조는 「효문화진흥원의 업무」, 제9조는 「효의 달」에 관하여 기술하고 있다.

제3장(효행지원)은 4개 조(10조~13조)로 구성되어 있는데, 제10조는 「효행 우수자에 대한 표창」, 제11조는 「부모 등의 부양에 대한 지원」, 제12조는 「부모 등을 위한 주거시설 공급」, 제13조는 「민간단체 등의 지원」이다. 효행 우수자에 대한 표창은 "보건복지부 장관은 부모 등에 대한 효행을 장려하기 위하여 효행 우수자를 선정하여 표창

을 할 수 있다. 부모 등의 부양에 대한 지원은, 국가 또는 지방자치단체는 부모 등을 부양하고 있는 자에게 부양 등에 필요한 비용의 일부를 지원할 수 있다. 부모 등을 위한 주거시설 공급은 ①국가 또는 지방자치단체는 자녀와 동일한 주택, 또는 주거 단지 안에 거주하는 부모 등을 위하여 이에 적합한 설비와 기능을 갖춘 주거시설의 공급을 장려하여야 한다. ②국가 또는 지방자치단체는 제1항에 따른 주거시설의 공급자에 대하여 지원을 할 수 있다. 민간단체 등의 지원은 국가 및 지방자치단체는 효행장려 사업을 수행하는 법인·단체 또는 개인에 대하여 필요한 비용의 전부 또는 일부를 보조하거나 그 업무 수행에 필요한 지원을 할 수 있다는 내용이다.

제4장(보칙)은 2개 조로 구성되어 있는데, 제14조는 「유사 명칭 사용 금지」, 제15조는 「과태료에 대한 내용」이 기술되어 있다.

2. 효행장려지원법의 촉진

한국 사회는 19세기 말까지 가정과 사회윤리의 핵심을 효(孝)에 두어 왔다고 할 수 있다. 효는 전통사회의 확고한 가정윤리로서, 모든 윤리의 출발이자 기본이었다. 조선시대에는 효와 충(忠)이 윤리의 근간이었는데, 그 가운데에도 효를 더 근본 윤리로 인식하였다. 효는 가정윤리 가운데에서도 부모와 자식간에 있어서 자식에게 요구되는 윤리였다. 그러나 전통사회의 가정윤리에 있어서 자식만 일방적으로 부모에게 효도하고, 부모는 자식에게 아무런 책임이 없었던 것은 아니다. 부모에게는 자식에 대한 "자(慈)"의 윤리가 요구되었다. 즉 부모는 자식에게 자애롭게 대하여야 하는 것이 부모의 윤리였다. 그런 의미에서 효 윤리는 일방적인 것이 아니라 상호적 관계였음을 알 수 있다.

가. 효 교육의 장려

효 교육의 장려에 관한 내용(제4, 5, 6조)은 다음과 같이 기록하고 있다. 먼저 효행장려 기본계획의 수립에 관한 내용이다. ①보건복지부 장관은 관계 중앙행정기관의장과 협의하여 5년마다 효행장려기본계획을 수립하여야 한다. ②기본계획은 효행장려를 위한 환경조성 등의 사항을 포함하여야 한다. ③보건복지부 장관은 저출산 · 고령사회기본법에 따른 저출산 · 고령사회 기본계획을 수립할 때 기본계획을 포함할 수 있다는 내용이다. 효행에 관한 교육의 장려(6조)는 ①국가 및 지방자치단체는 유치원 및 초등학교 · 중학교 · 고등학교에서 효행교육을 실시하도록 노력하여야 한다. ②국가 및 지방자치단체는 영유아 어린이집, 사회복지시설, 평생교육기관, 군 등에서 효행교육을 실시하도록 노력하여야 한다고 기술하고 있다. 부모 등 부양가정 실태조사는 ①국가 및 지방자치단체는 부모 등을 부양하는 가정에 관한 생활실태, 부양 수요 등을 파악하기 위하여 3년마다 실태조사를 실시하고 그 결과를 발표하여야 한다. ②제1항에 따른 실태조사는 「노인복지법」에 따른 노인실태조사에 포함하여 실시할 수 있다. ③제1항에 따른 실태조사의 실시 및 결과발표에 관하여 필요한 사항은 보건복지부령으로 정한다고 돼 있다. 효문화진흥원의 설치(7조)는 ①효문화진흥과 관련된 사업과 활동을 지원하고 장려하기 위하여 효문화진흥원을 설치할 수 있다. ②효문화진흥원은 법인으로 한다. ③효문화진흥원에 관하여 이 법에서 규정한 것을 제외하고 민법 중 재단법인에 관한 규정을 준용한다. ④효문화진흥원의 설치요건 및 운영 등에 관하여 필요한 사항은 보건복지부령으로 정한다고 기술하고 있고, 효문화진흥원의 업무(제8조)는 ①효문화진흥을 위한 연구조사 ②효문화진흥에 관한 통합정보 기반구축 및 정보제공 ③효문화 진흥을 위한 교육활동 ④효문화 프로그램에 관한 개발 및 평가와 지원 ⑤효문화진흥과 관련된 전문 인력의 양성 ⑥효문화진흥과 관련된 단체에 대한 지원 ⑦그 밖에 보건복지부령으로 정하는 효문화진흥과 관련된 업무 등이다.

나. 효행자 지원

효행자 지원 분야인 제3장(효행지원)은 4개 조로 구성되어 있는데, 제10조는 효행 우수자에 대한 표창, 제11조는 부모 등의 부양에 대한 지원, 제12조는 부모 등을 위한 주거시설 공급, 제13조는 민간단체 등의 지원이다. 효행 우수자에 대한 표창은 "보건복지부 장관은 부모 등에 대한 효행을 장려하기 위하여 효행 우수자를 선정하여 표창을 할 수 있다.", 부모 등의 부양에 대한 지원은 "국가 또는 지방자치단체는 부모 등을 부양하고 있는 자에게 부양 등에 필요한 비용의 일부를 지원할 수 있다.", 부모 등을 위한 주거시설 공급은 ①국가 또는 지방자치단체는 자녀와 동일한 주택 또는 주거 단지 안에 거주하는 부모 등을 위하여 이에 적합한 설비와 기능을 갖춘 주거시설의 공급을 장려하여야 한다. ②국가 또는 지방자치단체는 제1항에 따른 주거시설의 공급자에 대하여 지원을 할 수 있다. 민간단체 등의 지원은, 국가 및 지방자치단체는 효행장려사업을 수행하는 법인·단체 또는 는 개인에 대하여 필요한 비용의 전부 또는 일부를 보조하거나 그 업무수행에 필요한 지원을 할 수 있다는 내용이다.

다. 효 리더십의 적용

교육의 세 마당이라고 하는 가정 교육, 학교 교육, 사회 교육의 현장에서 일어나고 있는 각종 패륜 사건들을 접하면서 느끼는 것은 기본을 도외시한 교육, 즉 효가 배제된 교육현장의 리더십에 있지 않나 하는 생각을 하게 된다. 따라서 효가 바탕이 된 리더십을 필요로 하는데, 다음과 같은 이유 때문이다.

첫째, 가정 교육에서의 효 리더십이다. 가정의 효 리더십은 가정에서 효를 바탕으로 리더십을 발휘하는 것이다. 리더인 부모는 당연히 부모로서 자식을 사랑하는 가운데, 가정윤리와 가족 사랑을 기반으로 리더십을 발휘해야 한다. 그러나 요즈음 가정의 리더십 실태를 보면 많은 문제점이 드러나고 있다. 핵가족 맞벌이가 되면서 부모로서 자식에게 베풀어야 할 시간과 여건이 부족한 탓도 있지만 아이 키우기가 어렵다는 이유로 자식을 유기하고, 고층아파트에서 자식들과 함께 뛰어내리는 부모들이 늘어나고 있다. 뿐만 아니라, 부모를 모시기가 어렵다는 이유로 부모를 폭행하고 유기하는 자식들도 늘어나고 있다. 2010년도에 자식들로부터 제주도나 외국에 효도관광 갔다가 유기된 부모가 무려 800건에 달한다는 보도가 있었다. 재산을 자식에게 상속하고 나서 자식이 돌봐주지 않는다는 이유로 송사를 제기하는 사례도 늘어나고 있다. 내가 내 부모에게 효도를 하지 않으면 내 자식들이 나에게 효도할 것으로 기대해서는 안된다. '원각이의 지게이야기' 사례[151], 그리고 "내가 어버이에게 효도하면, 내 자식 역시 나에게 효도할 것이나, 이 몸이 효도하지 않는다면 어찌 자식이 나에게 효도하리오? 효도하고 섬기는 자는 효도하고 섬기는 자식을 낳을 것이며, 일그러져 거슬리는 자는 패역하고 불효하는 자식을 낳을 것이니, 믿지 못할 것 같으면 처마 끝 물방울을 보아라. 방울방울 떨어짐이 어긋남

---

151) 김종두, 『효의 패러다임과 현대적 개념』, 명문당, 2011, pp. 29

이 없느니라."[152)는 『명심보감』의 내용에서 보듯이 자식은 부모를 닮게 되는 것이다. 가정에서 효 리더십은 '부모, 자녀, 환경'이라는 리더십의 3요소에 비추어 볼 때, 부모와 자녀의 문제이기도 하지만 환경적 요인의 영향도 고려하지 않을 수 없다. 출산환경, 육아 및 보육환경, 사교육비, 집값 상승 등 가정에서 어찌할 수 없는 환경요인을 정부에서 관심을 가지고 관리해주어야 가정의 효 리더십이 살아날 수 있음에 유념해야 한다.

둘째, 학교에서의 효 리더십이다. 학교 교육에서 효 리더십은 리더십의 구성요소인 [교사, 학생, 환경]의 상호적 관계 속에서 효를 바탕으로 하는 교사의 리더십을 말한다. 학교에서의 효 리더십은 간단하다. 학생들로 하여금 부모님이 원하시는 방향으로 학교생활을 하도록 하는 것이다. 『효경』에 "효는 덕의 근본이요, 모든 가르침이 그로 말미암아 생겨난다."[153)고 했고, 『소학』에 "부모가 사랑하는 것을 자식이 사랑하고 부모가 공경하는 것을 자식이 공경하라."[154), 『예기』에 "가장 큰 효는 부모의 뜻을 존중하는 것이다."[155)에서 알 수 있듯이, 효심이 있는 사람은 부모님을 생각하게 되고, 부모님이 원하시는 방향으로 생활하게 되며 모든 가르침이 그로 말미암아 생겨나게 되는 것이다. 그런데 문제는 교사가 모범을 보이느냐가 문제이다. 율곡이

---

152) 『명심보감』「효행편」: "孝於親 子亦孝之 身旣不孝 子何孝焉 孝順 還生孝順子 悖逆 還生孝逆子 不 信 但看簷頭水 點點滴滴不差移."

153) 『효경』「개종명의」: "孝 德之本也 敎之所由生也."

154) 『소학』「명륜편」: "父母之所愛 亦愛之 父母之所敬 亦敬之."

155) 『예기』「제의편」: "大孝尊親 其次弗辱 其下能養."

"대체로 부모에게는 당연히 효도해야 한다는 것을 알면서도 효도하는 사람이 별로 많지 않은 것은, 부모의 은혜를 깊이 깨닫지 못하기 때문이다. 이 세상 어느 물건도 내 몸보다 귀한 것은 없다. 곧 부모께서 주신 것이기 때문이다. 지금 남에게 재물을 주었다면 그 물건의 많고 적음이나 가치의 경중에 따라서 그 은혜에 감사하는 마음도 깊거나 얕아 보이겠지만, 부모가 나에게 이 몸을 주셨으니 천하의 어떠한 물건과도 이를 바꿀 수는 없는 것이다."[156]라고 한 것처럼, 학생은 대부분 부모님의 은혜를 어느 정도 아는 상태에서 학교생활을 하고 있는 것이다. 여기에 교사가 부모님에 관한 이야기를 하고, 교사 자신이 부모님께 효도하는 모습을 보이면 학교에서 효 리더십은 어렵지 않게 적용할 수 있는 것이다.

셋째, 사회 교육에서의 효 리더십이다. 사회에서의 효 리더십은 리더십의 구성요소인 [어른세대, 청소년, 환경]의 상호적 관계 속에서 효를 바탕으로 하는 리더십을 말한다. 리더(임금)가 세상 사람들이 사랑을 실천하게 하려면, 먼저 그 부모를 사랑하는 것에서 시작한다. 이것이 구성원(백성)들에게 사랑과 자목(慈睦)의 도를 가르치는 방도이다. 경(敬)의 도를 천하에 세우려면 먼저 스스로 그 형장(兄長)을 공경하는데서 시작한다. 이것이 구성원(백성)에게 유순(柔順)의 도를 가르치는 방도이다. 자목(慈睦)의 도를 가르쳐서 그들이 어버이 계심을 귀히

---

156) 『격몽요결』「사친장」: "凡人莫不知親之當孝而孝者甚鮮由不深知父母之恩故也 天下之物莫貴於 吾身乃父母 之所遺也 今有遺人以財物者則隨其物之多小輕重而感恩之意 爲之深淺焉父母遺我以身以擧天下之物無以易此 身矣."

여기게 되고, 유순(柔順)의 도를 가르쳐서 구성원(백성)이 위의 명령을 들음을 귀히 여기게 된다. 이리하여 백성이 모두 자목(慈睦)의 도로써 그 어버이를 섬기고, 유순의 도로써 위의 명령을 청종(聽從)하련, 천하는 반드시 치평(治平)된다. 그러므로 이 두 가지 도(道)로 천하에 실시하면 모든 일이 잘 행해진다.[157] 사회에서의 효 리더십은 문화를 비롯한 정치, 경제, 사회의 제반 요소가 포함된다. 특히 인터넷 마체는 청소년에게 많은 영향을 준다. 중고생에게 오는 메일 50%가 음란성 메일이라는 언론보도가 있었다. 또한 아르바이트 학생의 임금을 착취하는 사례도 많은 것으로 나타났다. 기성세대가 청소년을 볼 때, 내 가족, 내 자식으로 생각한다면 이런 현상은 줄어들 것이다. 『불경』에 "효는 수행자의 삶의 기준과 준거, 죄악을 범하지 못하게 하는 규정이다(범망경)."라는 표현이 말해주듯이 사회의 어른세대들이 효를 행하고, 효에 걸맞는 심성으로 리더십을 발휘한다면 우리 사회가 한층 더 맑아질 것이다.

결과적으로 효 리더십이 제대로 적용되기 위해서는 국가차원의 효 리더십이 요구된다. 효행장려지원법 제1조(목적)에 명시하고 있듯이, 효가 국가발전의 원동력으로 작용할 수 있기 위해서는 조선의 세종대왕이나 정조 임금이 삼강행실도와 오륜행실도를 앞세워 정사를 다스렸던 점을 참고할 필요가 있다.

---

157) 『예기』 「제의」 : "立愛自親始教民睦也 立敬自長始教民順也 教以慈睦 而民貴有親 教以敬長 而民貴用命 孝 以事親 順以聽命 錯諸天下 無所不行."

3부 효를 어떻게 가르칠 것인가?

효를 어떻게 가르칠 것인가? 그 답은 부모와 자식이 서르를 위하는 마음이 이웃과 사회, 국가와 자연으로 확대되도록 하는 데서 찾아야 한다. 효 교육은 교육의 세 마당이라고 하는 가정 교육과 학교 교육, 사회 교육 모두에서 다뤄져야 하는데, 가정에서는 부모의 본보기를 바탕으로 기본에 충실해야 한다. 학교에서는 부모가 직접 교육하기 어려운 것들, 예컨대 부모님의 은혜를 알게 하고 부모님의 기대에 보답하는 마음으로 학교생활에 임하도록 하는데 초점을 두어야 한다. 사회 교육에서는 종교 시설·군대·직장·시민사회단체 등에서 해야 하는데, 종교시설에서는 효를 성숙시키고 군대는 효를 촉진시키며 직장에서는 확장된 영역의 효를 실천하도록 해야 하고, 사회단체는 효를 선도(先導)하고 수범적으로 실천해야 한다. 그리고 다음과 같은 점이 고려되어야 한다.

첫째, 효에 대한 올바른 패러다임을 가져야 한다. '효란 무엇인가?', '효를 왜 행해야 하고 어떻게 행할 것인가?', '효를 왜 가르쳐야 하고 어떻게 가르칠 것인가?', '리더는 효를 왜, 어떻게 리더십에 적용할 것인가?'에 대해서 알도록 가르쳐야 한다.

둘째, 교육의 본질과 목적에 부합하는 효 교육이어야 한다. 교육의 본질과 목적은 사람다운 사람, 즉 인간의 기본 도리를 아는 가운데 교육을 통해 계획적 변화를 이끌어내는 것이다.

셋째, 효는 시대성에 부합되어야 한다. 효의 원리는 옛날이나 지금이나 변함이 없지만 효행은 농경사회의 효가 아닌 21세기 효이어야 한다.

넷째, 효 교육의 대상에 대한 인식 전환이다. 효 교육은 청소년뿐 아니라 장년과 노년 계층도 필요한데, 그 이유는 '본보기'의 중요성 때문이다.

따라서 제3부에서는 「효 교육의 틀」을 제시하고, 그 틀에 의해 「가정에서의 효 교육」, 「학교에서의 효 교육」, 「사회에서의 효 교육」으로 구분하였으며, 사회 교육은 「종교시설」과 「군대」, 「직장」, 「사회단체」로 구분하였다.

제 7 장

효 교육의 '틀'

효 교육의 '틀'은 효를 교육함에 있어 짜임새나 구조, 범주(테두리)를 규정한 형식이다. 효는 가정 교육과 학교 교육, 사회 교육에서 다뤄져야 하는데, 사회 교육은 그 범주가 매우 넓어 한계를 짓기가 어렵지만 종교시설, 군대, 직장, 시민사회단체 등에서 해야 할 내용에 대해 다루었다. 그리고 ①효에 대한 개념적 의미 ②교육의 정의 ③효행의 방법 ④효의 구분과 영역 ⑤교화(敎化)의 과정 ⑥효행장려지원법의 적용 ⑦리더십의 구성요소 ⑧교육의 중점 등과 연계하였다.

효를 교육하기 위해서는 위에 제시한 8가지의 요소를 어떻게 연계시킬 것인가에 대하여 알아야 가정과 학교, 사회 교육에서 다룰 수 있다고 보았다. 이런 맥락에서 효 교육의 틀을 제시하면 〈표 18〉과 같이 정리할 수 있으며, 이를 통하여 효 교육의 성격과 고려사항 및 중점을 도출해낼 수 있다.

<표 18> 효 교육의 틀

성격＼적용	가정 교육	학교 교육	사회 교육			
			종교 교육	군대 교육	직장 교육	사회단체교육
	효 교육의 출발점	효 교육의 중심	효를 성숙케 함	효를 촉진시킴	확장된 효의 실천	효의 선도와 수범적 실천
효의 개념적 의미	① 가정윤리로서의 효 ② 보편적·이타적 가치로서의 효 ③ 행위적·실천적 관점에서의 효					
교육의 정의	• 규범적 정의	• 규범적 정의 • 조작적 정의	• 규범적 정의 • 조작적 정의	• 조작적 정의	• 수단적 정의	• 규범적 정의 • 조작적 정의
효행의 방법	① 정신적 효 　• 낮은 단계의 효 : 서로(부모↔자식)에게 걱정을 끼치지 않음 　• 높은 단계의 효 : 서로(부모↔자식)에게 기쁨을 줌 　• 더 높은 단계의 효 : 서로(부모↔자식)가 잘됨 ② 물질적 효 　• 부모 : 자식이 성장하는 과정에서 의·식·주와 학비 등을 헌신적으로 해결해 줌 　• 자식 : 고령으로 생활력이 약해진 부모님의 의·식·주와 생활비를 해결해 드림 ③ 조화로움의 효 　• 소외되지 않게 함　　• 서로가 원하는 것을 들어 줌					
효의 구분과 영역	① 자기적 효		② 가정적 효		③ 사회적 효	④ 국가적 효
교화의 과정	情·意·行	知·情·意·行	情·意·行	知·情·意·行	情·意·行	知·情·意·行
효행장려지원법	제6, 11, 12조	제5, 7, 8, 10조	제7, 8조	제5조	제5, 7, 8조	제5~8조, 10~12조
리더십 — 리더	부모	교육자	성직자	지휘관(자)	오너(상사)	단체장
리더십 — 성원	가족	학생	성도	부하	직원	회원
리더십 — 환경	제반요소	제반요소	제반요소	제반요소	제반요소	제반요소
중점	• 가훈제정과 부모의 본보기 • 모유수유를 통한 내리사랑 실천 • 밥상머리 교육과 소통 • 학교생활 적응 계도	• 부모님을 의식하는 학교생활 • 가족사랑에 기초한 이타적 교우관계 • 효를 바르게 알려주는 정과교육 • 학교별 효 교육 사례	• 가정윤리와 가족사랑을 성숙시킴 • 효를 통한 높은 가르침 • 실체와 인식의 차이 극복	• 생활화를 통한 효 교육 • 정과시간의 효 교육 • 집중정신교육시간의 효 교육 • 무형전력과 연계한 효 교육	• 자기적 효 실천을 계도 • 가정적 효 실천을 성원 • 사회적 효 실천을 선도 • 국가적 효의 실천적 참여	• 시대에 맞는 효 개념의 정립/확산 • 효행장려지원법 촉진 • 공공기관 효 업무 지원 • 효 리더십의 전개/확산

Ⅰ 교육의 세 마당과 연계해 본 '효 교육의 성격'

<표 18>에서 제시하고 있듯이, 가정은 효 교육의 출발점이다. 효는 부모와 자식의 관계에서부터 출발하기 때문인데, "세 살 버릇 여든 간다.", "될성부른 나무는 떡잎부터 알아본다."는 말처럼 태아교육에서부터 시작되는 가정은 효를 잉태하는 효 교육의 출발점이라 할 수 있다.

학교는 효 교육의 중심(中心)이다. 효 교육에 대해 맹자는 "효 교육은 부모가 할 수 있는 교육이 아니므로 다른 사람이 바꾸어서 가르쳐야 한다(易子敎之)."고 했는데, 부모는 가정에서 자녀들의 본보기 역할을 하는 것일 뿐 '나에게 효도해야 한다.' 라고 요구해선 안 되는 것이다. 그러므로 학교에서 교사가, 종교시설에서는 성직자가, 군대에서는 지휘관(자)이 부모를 대신해서 효를 가르쳐야 하는 것이다. 효를 교육하는 궁극적인 목적은 효를 실천케 하는데 있으므로 교육자에 의해 부모의 고생과 은혜를 알게 함으로써 효를 실천토록 해야 하는데, 가장 적합한 곳이 학교이다.

종교는 효를 성숙(成熟)케 하는 곳이다. 가정과 학교에서 보고 배운 효가 생장(生長) 발달되도록 하고, 이를 가치 지향적 삶으로 연결하는 곳이 교회·성당·법당 등 종교시설이다. 따라서 대한민국의 종교시설에서는 효를 성숙시키는 일에 대해 더욱 관심을 가져야 한다.

군대는 효를 촉진(促進)시키는 곳이다. 군대는 호의호식(好衣好食)하던 가정에서와 달리, 자신이 직접 해결해야 하는 것들이 대부분이다. 그러다 보니 군대는 자연스레 부모님의 은혜를 생각하게 되고 부모님께 감사하는 마음을 가지게 된다. 군 장병은 '어머니'란 단어와 '고향'이라는 단어는 생각만 해도 가슴이 뜨거워지게 되는데 그 이유는 부모님에 대한 그리움 때문이다.

직장은 확장(擴張)된 효를 실천하는 곳이다. 여기서 확장된 효란 기존의 '가정적 효' 영역에서 탈피하는 '자기적 효', '사회적 효', '국가적 효'까지 확대하는 것을 말한다. 직장은 경제의 주요 수단이다. 가장이 직장을 잃으면 말할 수 없는 고통이 따른다. 부모 입장에서도 자식이 직장을 얻지 못하면 걱정이 커진다. 직장은 곧 가정의 안정을 가져오게 한다는 점에서 중요하고, 효를 실천할 수 있는 기지(基地)가 바로 직장이다.

시민사회단체는 효에 관하여 사회적 주장이나 요구를 개진하기 위하여 모인 자발적인 단체이다. 따라서 효 관련 시민단체는 시대에 맞는 효 콘텐츠를 개발하고 수범적(垂範的) 실천에 앞장서야 한다.

II 효 교육시 적용할 내용과 중점

〈표 18〉에서 볼 수 있듯이, 가정 교육, 학교 교육, 사회 교육 등에서 효를 교육하기 위해서는 우선 이 시대에 맞는 효를 알아야(知) 하고, 공감(情)해야 하며, 다짐(意)하게 됨으로써 비로소 효를 실천(行)하게 되는 과정을 중시해야 한다. 따라서 다음과 같은 점을 고려해야 한다.

첫째, '개념적 의미의 효'를 어떻게 적용할 것인가 하는 점이다. 개념적 의미의 효는 가정윤리로서의 효, 보편적·이타적 가치로서의 효, 행위적·실천적 관점의 효로 구분한다. 이러한 개념적 의미의 효를 가정과 학교, 종교시설, 군대와 직장, 시민단체 등 사회 교육에 적용할 수 있어야 한다.

둘째, 교육의 정의를 적용한다면 어떤 정의를 적용할 것인가 하는 점이다. 교육의 정의는 규범적 정의, 수단적 정의, 조작적 정의로 구분[158]되는데, 이러한 교육의 정의를 가정 교육, 학교 교육, 사회 교육과 연계하면, 가정 교육은 규범적 정의에 가깝고, 학교 교육은 규범적·수단적·조작적 정의, 종교시설 교육은 규범적·조작적 정의, 군대 교육은 조작적 정의, 직장 교육은 수단적 정의, 시민단체는 규범적·조직적 정의에 가깝다고 할 수 있다.

---

158) 송경영, 『교육학의 이해』, 교육아카데미, 2009, pp. 14-18

셋째, 효행의 방법은 어떻게 적용해야 할 것인가 하는 점이다. 효행의 방법에는 정신적인 효와 물질적인 효, 조화로움의 효로 구분하는데 정신적인 효는 걱정시키지 않는 효(낮은 단계), 기쁨을 드리는 효(높은 단계), 자신을 잘되게 하는 효(더 높은 단계)로 구분할 수 있다. 물질적인 효는 자식이 어렸을 때 부모님으로부터 일거수일투족을 도움 받았던 것처럼, 부모가 늙어서 생활력이 떨어지게 되면 자식으로서 부모님을 봉양해야 하는 것이다.

조화로움의 효는 부모는 자식을 위하는 마음, 자식은 부모를 위하는 마음으로 서로가 하모니를 추구하는 것이다. 최근 노후난민(老後難民)이라는 용어와 함께 무연고사(無緣故死) 사례가 늘고 있다. '노후난민'이란 자식 키우는 일에 평생 동안 고생한 고령자들이 '갈 곳 없는 노인 신세'가 되어 난민으로 떠도는 것을 말한다. 난민이란 원래 정치적, 종교적 문제 등으로 조국을 떠나 있는 사람을 뜻하는 것인데, 자식에게 버림 받은 고령자들을 일컫는 말이 된 것이다. '무연고사'는 노인들이 연고가 없는 상태로 사망한 경우를 일컫는데, 예컨대 부모님께서 외롭게 사시다 돌아가셨다는 연락을 받고도, 찾지 않는 자식이 나타나고 있는 것인데, 이런 사례를 깊이 들여다보면 부모(고령자) 자신이 조화롭지 못한 삶, 즉 진정한 의미에서 자식사랑과 교육을 제대로 하지 못했기 때문으로 볼 수 있는 것이다.

넷째, 효의 구분과 영역의 적용이다. 이는 자기적 효와 가정적 효, 사회적 효, 국가적 효로 구분하는데 가정과 학교 교육, 사회 교육에서 효의 영역을 이해하고 적용할 수 있도록 해야 한다.

다섯째, 교화의 과정을 어떻게 적용할 것인가 하는 점이다. 교화의 과정은 지(知) · 정(情) · 의(意) · 행(行), 즉 알려주고(知), 느끼게 하며(情), 다짐하게(意) 됨으로써 실천(行)하게 되는 과정을 말한다. 이런 점에서 가정에서는 情意行, 즉 느끼고 다짐하며 행하게 하는 데에, 학교 교육에서는 知情意行, 즉 알려주고 느끼게 하며, 다짐하게 함으로써 실천하도록 해야 한다.

여섯째, 효행장려지원법은 어떤 조항을 적용할 것인가 하는 점이다. 이점은 가정 교육은 제6조(부모 등 부양가정 실태조사), 11조(부모 등의 부양에 대한 지원), 12조(부모 등을 위한 주거시설 공급)와 연계되고, 학교 교육은 5조(효 교육)와 7조 / 8조(효문화진흥), 10조(효행 우수자에 대한 표창)와 연계되며, 종교 교육은 7조 / 8조(효문화진흥)와, 군대 교육은 5조(효 교육), 직장 교육은 7조 / 8조(효문화진흥)와 연계할 수 있다.

일곱째, 리더십의 구성요소를 어떻게 적용할 것인가 하는 점이다. 리더십의 구성요소는 「리더 · 구성원 · 환경」의 3요소인데, 가정 교육은 「부모(리더) · 가족(구성원) · 제반 영향요소(환경)」, 학교 교육은 「교사(리더) · 학생(구성원) · 제반 영향요소(환경)」, 종교시설 교육은 「성직자(리더) · 성도(구성원) · 제반 영향요소(환경)」, 군대 교육은 「지휘자(리더) · 장병(구성원) · 제반 영향요소(환경)」, 직장 교육은 「상사(리더) · 직원(구성원) · 제반 영향요소(환경)」 등의 요소의 역동적 관계를 통해 성과를 나타낼 수 있도록 적용되어야 한다.

이상과 같은 요소들을 적용해서 중점적으로 교육할 내용은 가정 교육에서는 ①가훈 제정과 부모의 본보기 ②모유수유를 통한 내리사랑 실천 ③밥상머리교육과 소통 ④학교생활 적응 계도를, 학교 교육에서는 ①부모님을 의식하는 학교생활 ②가족사랑에 기초한 이

타적 교우관계 ③효를 바르게 알려주는 정규교과시간교육 ④학교
별 효 교육 사례를, 종교시설의 교육은 ①가정윤리와 가족사랑 숙성
②효가 바탕이 된 종교 교육 ③실체와 인식의 차이 극복을, 군대 교
육에서는 ①생활화 교육, 정과교육, 집중정신 교육 시간을 활용하는
교육과 ②부대 운영 및 활동과 연계한 효 교육을, 직장에서는 ①자
기적 효 실천 계도(啓導) ②가정적 효 실천을 성원(聲援) ③사회적 효
실천을 선도(先導) ④국가적 효의 실천적 참여를, 시민사회단체에서
는 ①시대에 맞는 효 개념의 정립 및 확산 ②효행장려지원법의 촉
진 ③공공기관의 효 업무 지원 ④효 리더십의 전개 및 확산 등을
중점적으로 교육에 적용해야 한다.

　이렇게 함으로써 효행장려지원법이 명시하고 있는 것처럼, 효가 국
가발전의 원동력이 되도록 철학적 기초로 작용할 수 있는 것이다.

제 8 장

가정에서의 **효 교육**

가정(家庭)은 가족이 함께 모여 생활하는 공간이다. 그래서 가정은 가정윤리와 가족사랑을 필요로 한다. 그리고 효는 바로 가정윤리와 가족사랑이라는 점에서, 가정은 효 교육의 출발점이다. 가정은 인간의 생명이 잉태하고 출산하는 곳이다. 태교를 시작으로 영·유아기, 아동 및 청소년기를 통해 인격을 형성하는 곳이 가정이다. "세 살 버릇 여든 간다"는 속담은 "세 살 때 받는 교육이 평생을 좌우한다"는 뜻이기도 하다. 인간은 세상에 태어나면서 부모의 사랑 속에서 성장한다. 『성경』에 "부모는 먼저 자녀들이 부모로부터 사랑받고 있는 존재임을 알리고 사랑을 표현해야 한다(데살로니가전서 2:8)."고 한 것도 이 때문이다. 그런데 시간이 지나면서 부모가 자식을 사랑하는 마음은 변치 않지만, 자식이 부모를 사랑하는 마음은 상대적으로 점점 약화되고 마침내는 소멸되기도 한다. 자식은 부모의 보살핌이 필요했던 어린 시절에는 부모에 대하여 뜨거운 애착을 전적으로 의지하려 들지만, 자라서 독립할 수 있는 단계에 이르면 부모에 대한 애착은 점점 작아지고 처자식 위주로 살아가게 되는 것이다. 이런 이유에서 성인이 되고 나서도 효 교육은 지속되어야 하며 제도적 뒷받침을 필요로 한다.

Ⅰ 가정은 효 교육의 출발점

사람은 태어날 때부터 부모의 사랑을 자양분으로 성장한다. 부모와 형제(자매)의 사랑이 없이는 사람은 존재할 힘 자체를 잃는다. 그래서 가정은 효 교육의 출발지이다.

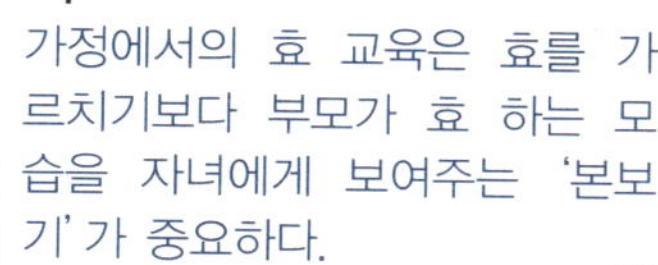

가정에서의 효 교육은 효에 대한 지식 전달에 의한 것이 아니라 부모의 사랑을 통하여 이루어진다. 그래서 가정은 자녀를 올바른 길로 이끌어가는 곳, 부모가 본보기 모습을 보여주는 교육장이어야 한다. 그랬을 때 자녀들도 바른 모습으로 성장해가게 된다. 그런데 오늘날의 가정 교육은 자식의 '올리효도'뿐 아니라 부모의 '내리사랑'에 대한 교육도 함께 이루어져야 할 시대가 되었다. 과거 전통사회의 대가족제도에서는 자식이 부모 모시는 방법뿐 아니라 부모의 역할까지도 자연스럽게 전수되었지만, 현대에 와서는 젊은 부모들이 자식 사랑하

는 방법, 모유수유, 밥상머리교육 등에 대한 노하우가 매우 부족한 상태이다. 그러므로 과거에는 자연스럽게 배울 수 있었던 부모의 역할과 자애(慈愛), 그리고 자식의 역할과 효를 가르치지 않으면 안된다.

얼마 전 경천동지(驚天動地)할 만한 패륜 사건이 있었다. 고3 수험생이 공부하라며 감시하는 어머니를 칼로 찔러 살해하고, 무려 8개월 동안이나 안방에 시신을 방치한 상태에서 태연히 수능고사 시험을 치른 사건이다. 이런 일이 세상에 알려지면서 놀라움을 준 바 있는데, 여기서도 부모의 역할에 문제가 있었음을 볼 수 있다. 이뿐이 아니라 최근 1~2년 새 일어난 사건만 봐도 어떤 젊은 부부는 PC방에서 게임을 즐기면서 자식을 굶어 죽게 했고, 또 어떤 엄마는 남매를 수면제로 살해해 놓고 본인의 범죄를 감추기 위해 까무러치며 울어대다가 마침내 범인으로 밝혀지기도 했으며, 또 어떤 엄마는 24층 아파트에서 세 자매를 내던지고 자신도 투신하기도 했다. 이와 유사한 사건이 너무 많은 지경이라 어지간한 패륜사건은 언론에 보도조차 되지 않는 실정이다. 필자의 어린 시절에 이런 패륜사건이 나면 세상이 들썩일 정도로 관심이 높았을 뿐 아니라 대응책을 강구하느라 야단이었지만, 지금은 상대적으로 관심이 약해졌다. 그만큼 천륜관계에 대해 무심해진 것인데, 이런 문제들은 가정의 효 교육과 무관치 않다. 최근 일어나고 있는 학교폭력 문제도 그 원인을 들여다보면 가정 교육의 기능저하, 학교 교육에서 효를 가르치지 않는 것이 가장 큰 원인이라고 본다.

가정에서 부모가 해야 할 가장 중요한 교육이 가치교육이다. 무엇을 어떻게 보고, 느끼고, 판단케 하느냐 하는 가치관은 대부분 어린 시절에 부모로부터 배우게 되고, 이는 일정기간에 이루어지는 것이 아니라 성장기간 내내 부모와의 대화나 부모의 행동을 통해 배우게 되므로, 부모보다 더 잘 가르칠 수 있는 교사는 없다. 모든 부모들은 기적을 바라는 마음으로 자녀들을 초등학교에 입학시킨다. 초등학교 입학과 함께 그동안 부모를 힘들게 했던 자녀의 각종 잘못된 습관들이 고쳐질 수 있을지도 모른다는 희망을 품게 된다. 그렇지만 읽고, 쓰고, 셈하는 학습 활동과 친구들과의 집단 활동으로 이뤄지는 학교생활에서 자녀들이 얼마간의 고통을 맛보기도 하고 좌절하는 모습을 보면서 부모들은 처음에 걸었던 희망을 포기하는 경우가 적지 않다. 더욱이 부모의 타이름을 잔소리로 생각하는 모습을 접하다 보면 더욱 난감하게 된다. 이런 점에서 가정 교육은 중요하고 모유수유, 밥상머리교육 등 기본에 충실한 교육을 통하여 기본을 바로 세우는 교육이 요구되고 있다.

Ⅱ 가정의 역할과 기능

가정을 일컬어 '인생의 안식처', '행복의 보금자리', '애정과 신뢰의 공동체', '사회의 기본 단위' 등으로 표현한다. 이러한 가정의 의미는 한자(漢字)에

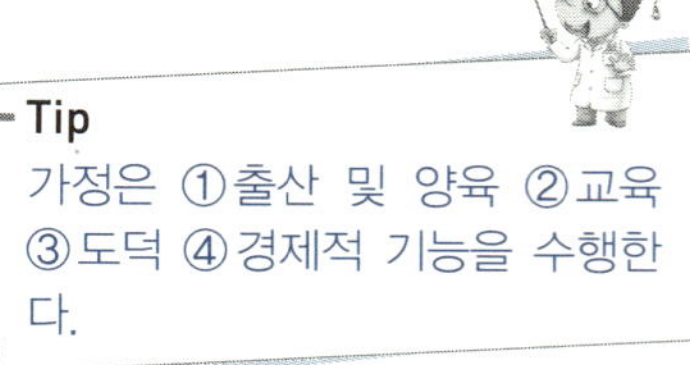

잘 나타나 있는데, 가정은 집 가(家)자와 뜰 정(庭)자가 합쳐진 글자이므로 뜰이 있는 집을 의미한다. 여기서 집 가(家)는 집(宀) 밑에 돼지 시

㊅자를 합친 글자이니, 본시 집에는 사람과 돼지가 함께 살았다는 의미를 담고 있다. 그러니 사람들도 '돼지 새끼들이 사이좋게 먹이를 먹고 살았듯이 사람도 함께 사이좋게 지내야 함'을 의미한다. 정㊉은 뜰을 의미하는데, 돌집 엄(广)에 조정 정(廷)이 합해진 글자이니, '비를 맞지 않도록 지붕을 이은 작은 뜰'을 의미하는 글자이다. 한마디로 가정(家庭)이란 가족이 함께 모여서 사이좋게 사는 곳이다. 페스탈로치는 가정에 대해서 "이 세상에는 여러 가지 기쁨이 있지만, 그 가운데서 가장 빛나는 기쁨은 가정의 웃음이다. 그 다음의 기쁨은 어린이를 보는 부모들의 즐거움인데, 이 두 가지의 기쁨은 사람의 가장 성스러운 즐거움이다."라고 했다.

이처럼 사람이라면 누구나 가정에서 부모와 자식, 형제자매의 관계 속에서 환경의 영향을 받으면서 생활하기 마련이고, 평생 동안 받게 되는 교육의 기반을 제공받게 된다. 또한 가정은 인간발달의 가소성(可塑性, plasticity)이 가장 큰 어린 시절을 보내는 장소로서 인간관계에서 필요한 기본윤리가 형성되는 곳이다. 가소성(可塑性)이란 고체가 외부에서 탄성 한계 이상의 힘을 받아 형태가 바뀐 뒤 그 힘이 없어져도 본래의 모양으로 돌아가지 않는 성질을 말하는데, 사람도 마찬가지로 가정에서 어린 시절의 교육이 잘못되면 성인이 되어 아무리 좋은 교육을 받는다 해도 고쳐지는 데는 한계가 있다. 특히 현대와 같은 가치전도(價値顚倒)의 시대에 있어 자녀의 인간교육에 확고한 신념체계를 갖는다는 것이 쉬운 일이 아니다. 무엇이 옳고 무엇이 그르냐는 문제에 대한 가르침이 바로 가정에서부터 시작되어야 한다.

가정의 역할 및 기능에서 '역할(役割, Role)'이란 본래 연극에서 배우와 그 배역간의 구분을 강조하는데서 비롯된 용어로, 자기가 마땅히 해야 할 맡은바 임무를 말한다. 한편 기능(機能, function)은 서로 의존하고 있는 전체적 구조 속에서 권한이나 직책, 능력 등에 따라 일정한 분야에서 하는 구실이나 작용을 뜻한다. 그러므로 가정의 역할은 가족이 생활하는 보금자리, 사회생활의 기초단위, 인간관계가 시작되는 신뢰의 공간이라 할 수 있고, 가정의 기능은 국가 및 사회의 세포조직으로서 구실과 작용을 하는 것인데, 가정의 대표적 기능으로서는 출산 및 양육, 교육 및 도덕, 경제 기능을 들 수 있다.

1. 출산 및 양육 기능

출산은 자식을 낳아 종족을 보존하는 기능이다. 인간의 종족보존의 본능은 가정을 이루는 근원적인 힘이다. 그것을 지혜롭게 충족시키는 수단으로서 인류는 결혼이란 제도를 창안해 냈고, 그로 인하여 자연스럽게 마련된 가정은 인간이 인간으로서의 삶을 꾸려 나가는 가장 작은 사회를 만들었다. 따지고 보면 가정은 남녀가 결합하여 삶을 실현해 가면서 자녀들을 낳아 양육하는 보금자리이다. 그러므로 가정은 그 보금자리가 어떠한 보금자리냐에 따라 그곳에서 양육되는 자녀들의 사람됨이 좌우된다. 즉 인격의 높낮이에 차이가 나타나는 것이다. 그런데 최근 들어 젊은이들의 출산기능에 대한 사명감이나 소명의식이 줄어들고 있고, 기업 오너들은 출산휴가를 줄이려고 할 뿐만 아니라, 당사자들은 출산휴가를 장기화하면 직장 보전이 어려울 것을 걱정한 나머지 출산휴가마저도 반납하는 사례가 나타나고 있다. 때문에 저출산 현상은 젊은이들만의 문제로 보아서는 안 되며, 정부당국자, 정치가, 이 분야의 전문가, 그리고 정책을 담당하는 공직자, 기업인 등 모두의 문제로 보고 접근해야 한다. 특히 출산에 있어 남아선호사상이 지속되다보니 성비의 불균형으로 자연스럽게 여성의 숫자가 줄어들고, 그 결과로 동남아 여성을 비롯한 타국여성과 결혼하는 가정이 늘고 있다. 그러면서 다문화가정의 문제가 등장하고 있는데, 예컨대 OECD국가 중 가장 낮은 출산율, 그리고 타국인과의 사이에 태어난 아이들이 학교에서 적응을 못하고 있는 문제가 발생하는가 하면, 일부 가진 자(부유층)의 횡포 또한 문제가 되고 있다. 이를테면 자가 주택을 보유한 사람들이 임대주택이나 전세로 살고 있는 사람들을 홀대하거나 자녀들이 그들과 함께 어울리지 않도록 하는 현상 등이 나타나고 있는 것이다.

양육(養育)은 부모가 자식을 낳아 사랑과 정성으로 보살펴 기르는 일이다. 그러나 오늘날 한국의 부모들은 자녀들을 먹이고 입히는 일에 있어서는 옛날의 부모들보다 크게 앞서지만, 자녀를 바르게 키우는 일에 있어서는 상대적으로 크게 뒤지고 있는 것으로 보인다. 옛날의 부모들은 사람으로서 올바르게 사는 길이 무엇이며 사람됨의 바람직한 모습이 무엇이냐에 대해서, 그들 나름의 신념을 가지고 있었다. 대개의 부모들이 유식해서가 아니라 옛날에는 사회의 변동 자체가 완만했고 일반에게 통용되는 윤리규범의 틀이 잡혀 있었던 까닭에, '사람의 도리'가 무엇이냐에 대해서 부모들은 공통된 상식을 가지고 있었지만 지금은 그렇지 못하다.

옛날의 부모들은 자녀를 어떻게 키워야 하는 일에 대해서 고민할 필요가 없었고, 자신들이 어렸을 때 부모들로부터 배운 대로 다시 키우면 되었다. 그러나 오늘의 부모들의 경우는 사정이 크게 달라졌다. 사회의 모습이 급격하게 변하는 가운데 서양의 이질적 문화가 밀려오면서 옛날부터 전해 오던 전통적 가치관이 전도된 지 오래고, '사람의 도리'가 무엇이며 '올바른 삶의 길'이 무엇이냐에 대해서 확고한 신념을 가진 부모가 그리 많지 않게 되었다. 설령 부모들 가운데 자기 나름의 윤리관을 가진 사람이 있어서 그것을 자녀들에게 물려주려고 해도, 자녀들 측에서 그것을 순순히 받아들이지 않을 가능성이 매우 높다. 그러다보니 부모는 자식의 인격 교육을 학교에 맡기려 하는 현상이 나타나고 있지만, 막상 학교에서도 교사의 능력 범위에서 벗어나고 있다. 결과적으로 아이들, 특히 중학생 또래의 인성교육이 사각지대에 놓이게 되었고, 여러 학교에서 '왕따', '학교폭력' 문제로 골머리를 앓고 있다.

따라서 효를 기초로 출산 및 양육기능을 회복해야 한다. 최근 한국 사회의 큰 고민은 가정의 출산율이 크게 줄어들고 있다는 점이다. 농어촌은 물론이고 도시에서도 아이 울음 소리를 듣기가 쉽지 않고, 지하철 등에서 산모나 유모를 보기가 쉽지 않으며, 혹여 보게 되면 그리 고맙게 느껴질 수가 없다. 출산율을 올리기 위해서는 아이 낳기 편리한 사회적 시스템과 함께 가치문제로 접근해야 한다. 이를테면, 기초단체마다 산부인과 의원이 있어야 하고, 산모가 육아와 직업을 동시에 병행할 수 있도록 사내 탁아시설 마련 방안 등이 강구되어야 야 한다. 그리고 천정부지의 사교육비와 대학 등록금, 집값 상승 등을 억제시켜야 한다. 그리고 무엇보다 기업주들이 출산 여성에 대해 '홀대'가 아닌 '우대'로 의식을 전환해야 한다. 지금 추세로 저출산 현상이 지속된다면 우리 모두에게 큰 재앙으로 다가오게 된다는 점에서, 가치 지향적 문제로의 접근과 함께 이를 극복해야 한다. 그리고 그 방법의 하나가 유치원에서 대학에 이르기까지 효 교육을 강화하는 것이다. 그리고 그중의 하나로 국민교육의 도장인 군대에서 출산장려에 관한 교육을 강화할 필요가 있다. 과거에도 산아제한(産兒制限) 정책 추진에 군이 앞장섰듯이, 이제 출산장려를 위해서도 군대(軍隊)가 앞장서야 하는 것이다. 또한 이 문제는 여성 당사자의 문제가 아닌 모든 젊은 세대(Young)와 노인세대(Old)가 조화(harmony)를 이루는 HYO(효)의 문제로 접근해야 한다. 『맹자』에도 "후사(後嗣)를 잇지 않는 것이 가장 큰 불효다"라고 한 것처럼, 불효를 면하기 위해서도 아이를 낳으려는 마음을 가지게 하는 가치 지향적 교육을 해야 하는 것이다.

2. 교육 기능

교육(敎育)은 교화(敎化)와 육성(育成)의 줄임 말이다. 가정에서 "무엇을 가르칠 것인가?", "어떻게 가르칠 것인가?" 하는 점은 교화와 육성으로 접근해야 한다. 앞서 말했듯이 현대의 부모들은 자녀들을 먹이고 입히는 일에 있어서는 옛날의 부모들보다 크게 앞서지만 자녀들을 가정에서 교육하는 일에 있어서는 조상들에게 멀리 뒤지고 있는 것이 현실이다.

교육기능에서 중요한 것 중의 하나는 자녀들이 성장한 뒤에 어려운 문제들을 극복해 가며 원만하게 살 수 있는 능력을 길러주는 일이다. 그리고 그 능력은 부모를 생각하고 부모님이 그랬던 것처럼 강한 의지력을 발휘하도록 해야 하는 것이다. 효심은 어린 시절만이 아니라 장성해서도, 또한 부모님이 생존해 계실 때만이 아니라 돌아가신 후에도 영향을 미친다. 그래서 '성공학'의 세계적 권위자인 브라이언 트레이시는 "부모는 살아서만 자식에게 영향을 미치는 것이 아니라 돌아가신 후에도 자식의 성공에 영향을 미친다."고 했다.

삶의 과정에서 우리들이 만나는 문제들 가운데서 가장 일반적이고 큰 비중을 차지하는 것은 사람과 사람의 만남에서 야기되는 사회적 갈등의 문제일 것이다. 따라서 누구나 경험하게 마련인 사회적 갈등에 슬기롭게 대처할 수 있는 능력을 어릴 때부터 길러주는 '세 살 버릇' 교육은, 부모가 자녀를 위해서 해야 할 일 가운데 매우 소중한 일이다. 어려서 버릇을 잘못 들이면, 장성한 뒤에 그것을 바로잡기는 대단히 어려운데, 이 또한 가소성(可塑性) 때문이다. 그러므로 어린이들을 '자유롭게 키운다' 는 취지 아래 방종을 조장하는 부모는 결과적으로 자녀의 장래를 어둡게 하는 잘못을 저지르게 된다. 가부장적 권위가 가족을 지배하던 과거에는 부모들의 자녀교육이 지나치게 엄격하고 억압적이었으며 지나치게 권위주의적이었다는 점을 반성해야 하지만, 이번에는 지나치게 방임하는 추세이다.

따라서 효에 기초한 교육기능의 회복이 요구된다. 『효경』에 "모든 가르침이 효로 말미암아 생겨난다."고 했듯이, 효는 모든 가르침의 기본이자 욕구를 생성시키는 근원이다. 우리나라는 교육열이나 대학 진학률이 세계 최고 수준이지만 가정 교육은 과거만 같지 못하다는 평가다. 옛말에 "세 살 버릇 여든까지 간다"고 한 것처럼, 가정은 최초의 학교요, 부모는 최초의 스승이다. 맹모의 '삼천지교(三遷之敎)' 나 '단기지훈(斷機之訓)', '수신제가치국평천하(修身齊家治國平天下)', "한 사람의 훌륭한 어머니는 백 사람의 선생과 맞먹는다." 등은 가정 교육의 중요성을 말해주고 있으며, 초등학교 과정도 이수하지 못한 아인슈타인이나 에디슨, 링컨 등이 그처럼 위대한 인물이 될 수 있었던 것은 가정 교육이 있었고 어머니의 역할이 있었다.

그러나 현대의 가정은 교육기능을 수행하기가 쉽지 않다. 과거처럼 대가족이 아닌 핵가족이고, 부부가 맞벌이를 해야 하며, 육아와 직장을 병행해야 하는 환경 때문이다. 때문에 가치 지향적 삶을 유도하는 차원에서 효 교육을 되살려야 하는데, 효는 부모가 원하는 방향으로 자식이 행하게 하는 가치(價値)작용을 한다. 어려서부터 부모가 바라는 방향으로 행동하는 자식이 효성스런 자식이고, 교육도 저절로 이루어지게 되는 것이다. 소크라테스도 "부모를 섬길 줄 모르는 사람과는 벗하지 말라, 인생의 첫 발을 잘못 들여놓은 사람이기 때문이다."

라고 했는데, 사람으로서 배워야 할 것 중에 가장 우선시해야 할 것이 효임을 강조하는 말이다. 따라서 가정에서 부모로서의 역할, 즉 모유(母乳)수유, 밥상머리교육, 인륜의 기본질서 교육 등 기초교육이 가정에서부터 이루어져야 한다.

3. 도덕 기능

인간은 가정에서 인간 도덕의 원형(元型)과 기본을 배운다. 우리는 가정에서 사랑과 협동, 복종과 권위, 희생과 봉사, 의무와 책임, 대화와 공동생활의 지혜를 배운다. 인간의 사랑은 가정에서 시작된다. 부모는 도덕의 스승이요, 윤리 교과서라 할 수 있다. 부모의 일거수일투족이 자라나는 자녀에게는 지혜가 되고, 교훈이 되고, 길잡이가 된다. 가정은 인간의 첫째의 학교요, 학교는 둘째의 학교요, 사회는 셋째의 학교인 셈이다. 자녀를 교육하는데 아버지의 영향도 크지만 어머니의 영향은 더욱 크다. 어머니의 무릎은 어린이의 학교요, 어머니의 품은 어린이의 교실이요, 어머니의 말씀은 어린이의 교과서이기 때문이다. "한 사람의 훌륭한 어머니는 백 사람의 선생과 맞먹는다."는 교육학자 헤르바르트의 말이나, "내가 성공을 했다면, 오직 천사와 같은 어머니의 덕이다."라는 링컨의 말은 가정에서의 교육이 얼마나 중요한가를 말해준다.

훌륭한 인간의 배후에는 위대한 어머니가 있었음을 위인들을 통해 알 수 있다. 율곡(栗谷)의 배후에 신사임당(申師任堂)이 있었고, 맹자(孟子)의 배후에 맹모(孟母)가 있었으며, 링컨의 배후에 낸시가 있었다.

나폴레옹의 배후에 루티치아가 있었고 성(聖) 어거스틴의 배후에 모니카가 있었으며, 한석봉(韓石峯)의 배후에 그의 어머니가 있었다. 미국에서 성공한 전혜성가의 자녀교육에는 어머니 전혜성이 있고, 강영우 박사 가정의 강진석·진영 형제의 성공에는 어머니 석은옥 여사가 있었다. 가정은 이처럼 따뜻하고 훈훈하며, 사랑과 신뢰, 협동과 이해의 온화한 공기가 흐르는 곳이다.

가정은 윤리회복의 출발점이자 가장 중요한 윤리교육의 장이지만, 그것만으로는 윤리회복에 성공하지 못한다. 학교와 사회가 함께해야 하기 때문인데, "효 교육은 가정에서 하는 데는 한계가 있으므로 가정 이외의 곳에서 교육이 효과적이다."라는 맹자의 말은 학교와 사회 교육이 함께 해야 한다는 점을 말해주고 있다. 따라서 효를 기초로 가정의 도덕기능을 회복해야 한다. 도덕(道德)은 사회의 구성원들이 양심 등에 비추어 스스로 마땅히 지켜야 할 행동 준칙이자 인간의 상호 관계에 대한 규정이다. 이러한 인간의 바람직한 상호관계는 부모의 기대에 부합하는 것과 일치한다. 그리고 이런 것들은 가정에서부터 시작되는 것인데, 그래서 페스탈로치는 '가정은 도덕의 학교'로 표현했다.

그러나 오늘날의 부모들은 자녀를 바르게 키우는 일에 있어서 전통사회의 부모들에 비해 상대적으로 뒤지고 있는 것으로 보인다. 그러므로 가족 사랑이자 가정윤리, 보편적·이타적 가치인 효를 통해 가정의 도덕기능을 회복해야 할 것인데, 이를 위해서는 학교 교육과 사회 교육의 뒷받침으로 가정의 도덕기능을 살려야 한다. 효는 부모님을 걱정 끼쳐 드리지 않고 기쁘게 해드리는 가치 지향적 작용을 하게 되므로 자녀들에게 효심을 키우면 자연스럽게 학교생활에 충실하게 될 것은 자명한 일인데도 학교에서 효를 가르치지 않고 있는 것이 문제이다. 이제 효행장려지원법에 명시된 것처럼 학교에서 효를 가르쳐야 한다. 그리고 이를 위해서는 학교 교사를 선발할 때 효를 교육할 수 있는 성품을 가진 사람을 교사로 선발하는 제도적 보완도 있어야 한다. 기본이 결여된 사람이 스승의 위치에 서면 학생 역시 기본이 결여될 수밖에 없기 때문이다.

4. 경제 기능

가정은 인간의 경제생활의 기본단위다. 옛날의 가정은 생산 기능과 소비 기능을 모두 수행했다. 한 가정에서 논밭에 곡식과 야채를 심고, 직물을 짜서 옷을 만들고, 소와 돼지와 닭을 키우며 의식주의 기본 수단을 생산했다. 그러나 농경 사회가 산업사회로 바뀌면서 오늘날 가정의 생산 기능을 회사와 공장에서 담당하게 되었고 가정은 주로 소비 생활의 기본 단위가 되었다. 회사와 공장에 나아가 일하고 거기서 받는 월급으로 의식주의 모든 생활 수단을 시장에서 사서 쓴다. 그만큼 가정생활이 편리해졌다. 그러나 가정을 구성하는 가족이 직업을 가져야 하고, 직장에서 받는 월급은 가정 경제의 기초가 된다는 점에서 가정의 경제기능은 중요하다.

그러므로 효를 기초로 경제기능을 회복하는 노력이 필요한데, 가정은 인간의 생명을 창조하고 가족이 함께 사랑을 나누는 원초적인 보금자리이자 정서적 생활의 공간이다. 가장이 실직을 해서 가족의 생계를 책임지지 못한다면 가정의 역할과 기능을 상실하고 만다. 따라서 가정의 경제적 기능은 중요하고, 이는 가족 모두가 효를 실천할 때, 경제적인 문제도 순조롭게 해결되어진다. 그래서 『명심보감』에 "자식이 효도하면 부모가 즐거워하고 가정이 화목하면 만사가 형통하게 된다(子孝雙親樂, 家和萬事成)."고 했다. 현대의 가정은 과거 전통사회의 가정과 비교할 때 역할 및 기능면에서 많이 달라졌다. 그 이유는 가정에 영향을 미치는 제반 요인들이 달라졌기 때문인데, 가정의 역할과 기능의 약화는 학교와 사회의 기능을 약화시킨다는 점에서 대단히 중요한 영역인 것이다.

Ⅲ 무엇을 어떻게 가르칠 것인가?

1. 가훈(家訓)의 제정과 부모의 본보기

가정에서의 효 교육은 사랑의 실천과 함께, 어떻게 살아가야 할 것인가에 대한 목적의식을 심어주는 것이 필요하다. 그리고 그 중의 하나가 가훈을 정하고, 가훈에

의해 부모가 본보기를 보이는 것이다. 예로부터 명가(名家)에는 좋은 가풍이 있었고, 훌륭한 가훈은 좋은 가풍을 만들었던 사례를 볼 수 있다. 가훈은 가정교훈(家庭敎訓)의 준말로 인간 생활의 삶의 지표로 정하고 행동의 준거로 삼는데, 그 존재 가치가 있다. 따라서 가훈은 조

상이나 부모가 후손이나 자식한테 일러주는 가르침이다. 이런 연유에서 어린 자녀를 둔 가정은 반드시 가훈을 정하고 가족회의 등이 있을 때마다 가훈에 따라 생활태도를 점검하고 지도해야 한다. 이것이 부모가 해야 할 진정한 의미의 사랑이다. 그러나 요즈음 초·중·고등학교에서 가훈에 대한 교육의 강도가 과거에 비해 많이 떨어지는 것 같다. 비근한 예로 대학에 들어온 신입생들에게 "부모님 함자를 한자로 쓰고, 집의 가훈과 자신의 가치관, 신조를 적어 내라"는 과제를 주면 대부분 적어내지를 못하는 것을 보게 된다.

성공한 가문들, 예컨대 케네디가(家), 루즈벨트가(家), 이율곡가(家), 전혜성가(家) 등은 '가훈'에 기초한 가정 교육을 함으로써 성공한 가문들이다. 실제로 조선시대에 가정 교육에 관한 책들, 예컨대 영조 임금이 지은 『여사서(女四書)』, 소혜왕후의 『내훈(內訓)』, 우암 송시열의 『계녀서(戒女書)』 등을 보더라도 좋은 가풍을 위해 가훈교육이 있었음을 볼 수 있다.

『성경』에 "부모는 먼저 자녀들이 부모로부터 사랑받고 있는 존재임을 알리고 사랑을 표현해야 한다(데살로니가전서 2:8).", 『예기』에 "리더가 구성원들로 하여금 사랑을 실천하게 하려면, 먼저 그 부모를 사랑하는 것에서 시작한다. 이것이 구성원들에게 사랑과 자목(慈睦)의 도를 가르치는 방도이다."[159]라고 했듯이, 부모의 사랑이 전제되어야 하는 것이다. 앞서 제시했던 패륜 사례(어머니를 살해하고 8개월간 방치)를 분석해보면 이혼한 부모, 오직 1등을 위해 공부를 강요하며 감시하는

---

159) 『예기』 「제의」 : "立愛自親始敎民睦也"

어머니의 역할에 문제가 있었음을 볼 수 있다. 가정 교육은 부모의 사랑이 전제되지 않으면 안 된다. 그리고 어린 자녀에 대한 부모의 사랑은 '원초적' 그 자체이어야지 조건이나 전제가 있어서는 안 된다. 비근한 예로 2009년도 한국을 방문한 버락 오바마 미 대통령이 부인을 대동하지 않고 혼자 방한한 일이 있는데, 영부인(미셸 오바마)이 함께 방한하지 않은 이유는 뜻밖에도 1주일에 이틀은 외부활동을 하지 않고 자녀들과 시간을 보내기로 약속했던 것을 지키기 위해서였다는 것이다. 부모의 사랑은 자녀에게 관심을 가져주는 것이고 약속을 지키는 것에서 출발한다. 따라서 리더의 위치에 있는 부모가 보편적·이타적 가치인 효를 먼저 실천함으로써 가족 전체가 실천하도록 해야 하는 것이다.

다음은 상호성의 원칙에 따라 부모의 본보기에 의한 교육이 이루어져야 한다. 윗물이 맑아야 아랫물이 맑을 수 있듯이 부모가 부모다워야 자식이 자식다울 수 있다는 것은 하나의 원칙이다. 효는 '부자자효(父慈子孝)', '부자유친(父子有親)', '부위자강(父爲子綱)'에서 알 수 있듯이 상호적 성격을 가지고 있고, 부모의 사랑을 받은 자식이 효를 행하게 되는 것이다. 그리고 효는 본보기에 의한 교육을 필요로 한다. "자식들이 너에게 해주기 바라는 것과 똑같이 네 부모에게 행하라."는 소크라테스의 말처럼, 부모가 먼저 본보기를 보여야 한다. 부모가 자식들에게 존중과 배려 등을 통해 사이좋게 지내라는 말을 하기 앞서 부부가 그런 모습을 보이고, 할머니·할아버지께 그렇게 하는 모습을 보이는 것이 우선이다.

『명심보감』에도 "내가 부모에게 효도하면 내 자식도 역시 나에게 효도를 할 것이나, 내가 부모에게 효도를 하지 않는다면, 어찌 내 자식이 나에게 효도를 하겠는가, 효도하고 섬기는 자는 다시 효도하고 섬기는 자식을 낳게 되지만, 어그러지고 거슬리는 자는 다시 패역하고 불효하는 자식을 낳게 되나니, 믿지 못할 것 같으면 처마 끝의 물방울을 보라. 방울방울 떨어짐이 어긋남이 없느니라."[160]라고 이르고 있다.

2. 모유수유로 내리사랑을 실천

가. 모유는 사랑의 실천이자 인간 지능의 출발

부모가 자식에게 줄 수 있는 사랑이 여러 가지가 있는데, 그중에서 하나가 모유(母乳)를 아기에게 수유(授乳)하는 일이다. 태아는 자궁 속에서 어머니의 대동맥을 타고 양수에 전도되는 심장의 맥박 소리를 듣고 자란다. 그래서 세상에 갓 태어난 아기에게는 어머니의 심장 소리 이외의 것은 불협화음으로 들릴 수 있다. 본능적으로 왼쪽 가슴에 유아를 안고 또 아기를 낳은 직후 본능적으로 왼쪽 젖을 먹이게 되는 것은 바로 왼쪽 가슴에 심장이 자리 잡고 있어 태반 속

---

160) 『명심보감』 「효행편」 : "孝於親 子亦孝之 身旣不孝 子何孝焉 孝順 還生孝順 子 悖逆 還生孝逆子 不信 但 看簷頭水 點點適適不差移."

에서 듣던 리듬을 지속시켜 줌으로써 안정감을 주기 위해서이다. 동물원의 원숭이가 갓 낳은 새끼를 안을 때 반드시 왼쪽 가슴에 머리가 닿도록 안는다고 하는데, 뉴욕 센트럴 파크 동물원에서 코넬대학의 소크 박사가 관찰한 바에 의하면, 42회를 관찰한 결과 40번이나 왼쪽 가슴으로 안는다는 것을 확인했고, 산부인과 병원의 분만실에서 산모를 몰래 관찰한 결과 83%가 갓난아이를 왼쪽으로 안고 있었다는 연구결과[161]가 있었다. 소크 박사는 또 미술관에 전시된 모자(母子)를 테마로 한 역대 회화나 조각 466점을 조사해 본 결과 373점인 80%가 왼쪽으로 안고 있음을 알아냈다는 기록도 있다. '운낭자상(雲娘子像)'을 비롯한 우리나라 모자상(母子像)들도 대체로 왼쪽으로 아이를 안고 있음을 볼 수 있는데, 이는 우리 어머니들의 왼쪽 젖이 오른쪽 젖보다 대체로 커져 있어, 짝젖이 상식이 돼 있었던 것과도 맥을 같이 한다.

스웨덴의 샤토 박사는 생후 24시간 이내의 아기와 어머니의 접촉 유무가 그 후 아기의 성장과 발달에 커다란 영향을 미친다고 발표했다. 출산 후 한 시간 이내에 어머니가 아기를 껴안고 눈과 눈을 맞추면 굉장히 친밀한 친자 관계가 생긴다는 것이다. 한편 어머니가 아기에게 젖꼭지를 물리는 것도 대단히 중요한 의미를 가지는데, 아기가 어머니의 젖을 먹으면 젖꼭지에서 젖이 분출하도록 어머니 뇌에서 옥시토신(Oxytocin)이란 호르몬과 프롤락틴(Prolactin)이란 호르몬도 분비되는데 젖꼭지를 빨고 있는 아기가 예뻐서 견딜 수 없는 모정은 이때에 생기는 것이다. 출생하자마자 아기를 품에 안고 잠을 자면 아기가 더

---

161) 이규태, 『엄마 어머니 어머님』, 유방은행(삼일, 1991), p. 228

사랑스러워지리라는 것은 상식적으로도 알 수 있다. 태어나자마자 어머니의 가슴에 묻혀 뱃속에서 듣던 어머니의 심장 고동 소리를 듣고, 목소리를 들으면 아기는 그만큼 안정감을 가질 수 있는 것이다.

피부는 대뇌변연형(大腦邊緣形)이나 자율신경과 밀접하게 연관되어 있어서 아기에게 피부 접촉이 충분히 주어지면 아기의 마음이 충족되어 건강하게 성장해간다는 연구 결과도 있다. 피부 접촉이 주어지지 않으면 아기의 마음속에는 불안, 불만, 노함, 슬픔 등이 가득 차서 삶의 활기, 삶의 맛을 잃어버리기 쉽기 때문에 인생의 첫 출발이 불안감으로 시작될 수 있다. 어머니는 아기의 안정감과 삶에 대한 의욕과 건전한 성장에 밀접하게 관련된 근원적인 존재이다. 어머니의 피부에 접촉되어야 아기는 세상을 부드럽고 따뜻하게 느끼고, 어머니의 음성을 들어야 아기는 세상이 즐겁고 살기 좋은 곳으로 보이고, 어머니의 얼굴을 쳐다보며 그 인자한 눈과 마주쳐야 세상이 한없이 밝고 다정하고 유쾌한 곳으로 인식되는 것이다. 그래서 어머니의 젖이 아닌 우유, 어머니의 음성이 아닌 TV 소리, 어머니의 얼굴이 아닌 다른 사람의 얼굴을 보고 자라면 그만큼 어린이는 불안정된 환경에서 자라게 된다. 사랑이 없는 곳에 행복이나 삶의 보람이나 희망이나 용기가 있을 수 없는 것이다.

나. 모유의 특성과 효능

모유와 아동교육은 대단히 중요한 관계가 있는 것으로 연구 결과에 나타나 있다. 첫째, 아기가 젖을 물고 있는

동안은 엄마와 대화하는 시간이라는 점이다. 엄마의 심장과 아기의 심장이 마주치는 가운데, 엄마의 체온을 느끼면서 평온한 상태에서 마음속의 대화를 하게 되기 때문인데, 갓난아기 시절부터 엄마의 젖으로 키워야 하는 이유도 이 때문이다. 엄마의 젖꼭지는 사랑뿐 아니라 어머니의 모든 정성이 들어있는 샘물과도 같다. 자연의 섭리, 모성의 도리를 외면한 채 사람이 사람의 젖을 먹지 않고 소의 젖(牛乳)을 먹고 사람처럼 되기를 바라는 것은 윤리·도덕적으로 잘못된 것이다.

둘째, 아기가 세상에 태어나서부터 성년이 되기까지의 성격 발달의 결정적 요소가 엄마의 젖꼭지라는 점이다. 심리학자 프로이트에 의하면 아동기에 있어서 성적 쾌감을 얻는 구순기(口脣期, 생후~1년)로부터 항문기(肛門期, 1~3세), 남근기(男根期, 3~5세), 잠재기(潛在期, 6~12세), 성기기(性器期, 사춘기~성년)의 단계 중 성격발달에 영향을 주는 가장 중요한 시기는 생후 최초로 맞이하는 구순기라고 한다. 엄마의 젖을 통하여 엄마와 대화를 하고 성적 쾌감을 얻게 되게 되지만, 반대로 플라스틱 우유병에 의지해서 자라는 아이는 상대적으로 엄마의 따뜻한 체온을 느끼지 못할 뿐 아니라 구순기(口脣期)의 쾌감을 느끼지 못하기 때문에 성격 형성이 바르게 되기 어렵고, 이때부터 욕구 불만이 싹트게 되며 부모에게 반항하는 잠재의식이 자리 잡게 되는 것이다.

셋째, 모유를 먹여야 산모와 아이 모두가 건강하고, 두뇌 발달이 빠르다는 점이다. 연구 결과에 의하면 항암(신장암, 방광암, 장암 등) 물질인 MAL(락트말부민:암 퇴치 인자)은 모유에만 포함되어 있으며, 모유 먹는 아기가 우유 먹는 아기에 비해 설사병에 걸리는 비율이 5배나 적은

데, 그 이유는 모유에 설사병을 일으키는 살모넬라균을 막는 성분이 들어 있기 때문으로 밝혀졌다. 또한 DHA(두뇌발달 필수 지방효소)가 우유보다 모유에 월등히 많을 뿐 아니라 세계 여성들 중에서도 한국 여성의 모유가 가장 많은 DHA를 함유하고 있는 것으로 밝혀졌다.[162] 이렇듯 엄마가 아기에게 줄 수 있는 당연한 정성인 모유를 기피하는 엄마로부터 자라난 아이는 성격 형성이 상대적으로 비정상적일 수밖에 없는 것이다. 수유기 때 고무젖꼭지를 빤 아기는 지능지수(IQ)가 다소 낮아지는 경향이 있다는 연구 보고서를 홍콩의 사우스 차이나 모닝 포스트지가 인용하여 보도[163]했는데, 영국의 의학 전문지 랜싯에서 발표된 이 연구 보고서는 1920~1930년 사이에 태어난 남녀 1천 명을 대상으로 한 조사한 결과, 아기 때 고무젖꼭지를 빤 사람은 그렇지 않은 사람에 비해 IQ가 4점 가량 낮은 것으로 나타났다고 밝혔다. 보고서는 '아기의 지능 발달과 관계가 있을 것으로 생각되는 모든 요인 중 특히 고무젖꼭지를 빨았는지의 여부가 강한 연관이 있는 것으로 나타났다' 며 '이는 고무젖꼭지가 아기에게 너무나 만족감을 주기 때문에 자극에 대한 반응력이 떨어지고 부모와의 교감이 충분히 이루어지지 못하기 때문으로 보인다.' 고 지적했다.

모유에 대한 중요성은 동서고금을 통하여 중요하게 인식되어 왔다. 유럽 최대의 왕족인 합스부르크 가문은 모유수유를 반드시 해야 한다는 가문 규율을 정하기까지 했으며, 조선시대 왕실에서는 유모를 선

---

162) 조선일보(1995. 6. 7) 보도 내용 발췌
163) 조선일보(1996. 4. 23) 보도 내용

택할 때 그 유모의 가문까지 살펴서 그 집안에서 행실이 나쁜 사람이 있으면 제외시키기까지 했다. 그만큼 모유의 영양소뿐만 아니라 인간의 심성도 전달된다고 본 것이다. 실제로 영국에서 연구한 바로는 우유는 인간의 근육을 발달시키고 모유는 뇌 조직을 발달시키기 때문에 모유로 자란 아이들의 학습 능력이 더 낫다는 연구결과도 있고, 모유를 먹이면 신생아의 체중 증가를 억제하는 효과가 있다.[164]는 연구결과가 덴마크 연구진에 의해 밝혀진 바 있다.

다. 모유수유의 현실과 과제

조사 결과에 의하면, 우리나라는 모유 수유율은 21.4%밖에 되지 않지만, 외국의 경우 낙농 국가로 알려진 덴마크는 98%, 노르웨이는 99%이며 심지어 '성(性)의 해방국'으로 알려진 스웨덴 조차도 97%에 달한다고 한다.[165] 이들 나라의 수유 기간은 2년(24개월)을 기준한 것이지만, 우리나라는 수유 기간을 1.5년(18개월)을 기준으로 한 것이니 우리나라가 훨씬 못 미치는 비율이다. 분유를 판매하기 위해 고대 선전하는 기업도 문제지만, 이를 묵인해 온 정부 당국도 문제라고 생각된다. 우리나라에 다녀간 적이 있는 세계적인 모유수유 전문가인 가브리엘 파머 씨는 서구와는 달리 한국에서는 대가족 제도 하에서 어머니 세대로부터 수유방법을 배우고 있는 것이 상당히 감명 깊다고 얘기한 바 있지만, 지금은 이미 핵가족화 되어 대부분의 어머니 세대

---

164) YTN 뉴스(2011. 12. 22, 11 : 00) 보도 내용
165) 영남일보(1995. 8. 18) 보도 내용

조차도 수유 방법을 모르고 있는 것이 현실이다. 통계를 보면 모유를 먹이지 않는 이유 중 먹이는 방법을 몰라서라는 대답이 절반 이상이 된다. 그래서 출산 후 옳지 않은 방법으로 몇 번 빨리다가 젖이 제대로 나오지 않으면 포기하는 경우가 대부분인데, 사실 모유의 우수성에 대해서는 많은 이야기가 있었고, 모유를 먹이지 않으면 유방암에 걸릴 수 있는 확률도 높다는 연구 결과도 있었다. 모유수유가 증가하지 않는 것은 수유의 방법을 알지 못하고 있는 것이 주원인이라는 점을 감안할 때, 친정어머니와 학교 교육의 책임도 크다고 할 것이다.

인간 최초의 학교는 어머니의 태요, 어머니의 무릎이다. 이 학교에는 교실 하나, 교사 한 사람이 있으며, 이 교사는 24시간 무보수로 봉사한다. 이 교실에서 어린 생명은 인생을 살아가는 데 필요한 기본적인 인격과 인생관과 가치관을 배우는 것이다. 이 위대한 교사는 젖을 먹이고, 사랑을 먹이고, 지혜와 믿음을 먹이는 중대한 일을 하고 있다. 인간은 대단히 존귀하기 때문에 한 사람 한 사람을 양육하고 교육하는 데 그만큼 큰 대가를 지불해야 한다. 어머니는 열 달 동안 아기를 뱃속에 두고 고생하며 살을 찢는 산통을 겪으며 해산을 해야 하고, 기르는 데 무려 20여 년간 고생해야 한다. 오랫동안 고생하면서 키울수록 자식이 더 사랑스럽고 귀하게 여겨지며, 더 위대하고 인간다운 인간을 만들 수 있는 것이다.

어머니에게 주어진 소명은 사랑이며, 어머니는 사랑하기 위해서 만들어진 신의 가장 위대하고 아름다운 작품이다. 이러한 작품이라야 신(神)을 대신해서 인간을 만들고 사랑하는 역할을 할 수 있는 것이다.

어머니는 마치 태양과 같은 존재로, 우리에게 태양과 같이 밝음과 따뜻함을 주고 생명을 길러 주는 역할을 하고 있다. 엘렌 케이는 "우리들이 몇백 년에 걸쳐서 태양의 열에 의존한 것같이 인류는 어머니의 따뜻함으로 인해서 존속한다."고 했다. 그러나 이 땅에는 어머니의 사랑을 받지 못하고 자란 사람들이 너무나 많다. 소년원에 있는 청소년들, 교도소의 죄수들, 정신병원의 환자들은 대부분 어머니의 사랑에 배고파하는 사람들이라고 할 수 있다. 소년 심리원의 보고에 의하면 "그곳 소년들의 약 80%는 어머니의 사랑을 받지 못한 불행한 청소년들이었다"고 한다. 그러므로 어머니들은 신이 창조한 그 본래의 선한 모습과 순수하고 진실 된 사랑으로 자녀를 양육해야 한다.

한국의 현실은 이런 면에서 염려되는 부분이 많다. 모유수유의 비율이 턱없이 낮다는 조사결과가 있었지만, 현재 한국의 육아휴직 기간이 3개월에서 1년이라는 것은 모유수유를 권장하는 것이 아니라 억제하는 것이나 마찬가지다. 1년의 육아휴직을 받은 사람이라 해도 직장의 보전이 어려워 6개월 만에 복직하는 산모도 있다고 하니 참으로 문제인 것이다. 정부와 기업주들이 적극 나서서 모유수유 환경을 개선하지 않고는 저출산극복·인성교육을 외쳐봤자 무용지물이 될 수밖에 없다. 오늘날 학교의 왕따·학교폭력 문제 등의 근본적 원인이 바로 가정에서, 모유수유에서 시작되는 것임을 알아야 한다.

3. 밥상머리교육을 통한 소통

밥상머리교육은 가족이 식탁에 함께 앉아 식사하며 대화하는 가운데 자연스럽게 이루어지는 교육이다. 자녀들이 어렸을 때부터 가족이 대화하는 규칙과

습관을 가지는, 기본을 중요시 하는 교육이다. 그러나 현대와 같이 바쁜 시간에 가족이 한자리에 모이기가 쉽지 않고 우선순위에서 밀려나는 것으로 보인다. 그러나 아무리 바빠도 하루 한 끼니는 밥상머리에서 대화할 수 있는 시간을 만들어야 한다. 이때만이라도 소통의 시간이 되고 가족 사랑을 실천하는 시간이 되어야 하기 때문이다.

밥상머리교육의 성공사례는 전혜성 박사를 통해 세계적으로 알려져 있다. 자녀 6남매를 모두 하버드 대학과 예일대학에서 박사학위를 취득케 한 전혜성 박사 부부의 자녀교육의 비법 중에는 어떤 일이 있더라도 가족이 아침식사는 함께 했고, 가족회의를 했다는 것이다. 이런 사례가 알려지면서 미국의 중산층 이상의 가정에서는 1일 한 끼니 식사 함께 하기가 유행하고 있다고 한다.

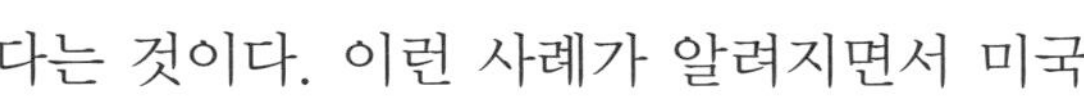
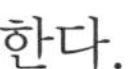

밥상머리교육은 자녀들의 품성 뿐 아니라 두뇌발달도 효과가 큰 것으로 나타나고 있다. "미국의 35대 대통령 J·F 케네디의 어머니 로즈 여사는 자녀 교육에 매우 열성적이었는데, 특히 밥상머리교육을 중요시했던 것으로 알려져 있다. 식사시간을 반드시 지키도록 해 약속과 시간의 중요함도 깨닫도록 했다. 사회 지도층으로 자리 잡는데 필수적 자질이 어릴 적부터 식탁에서 길러졌다고 해도 과언이 아니다."[166] 또 이런 보도내용[167]도 있다.

166) 강현정, "영어보다 밥상머리교육이 중요", 조선일보(09. 11. 27)
167) 장세희, "밥상머리교육 정말 효과 있네", 조선일보(09. 12. 7)

2,000여 개의 단어 중 독서로 얻을 수 있는 단어가 140여 개인 반면, 가족과의 식사에서 얻는 단어는 1,000여 개에 달한다고 한다. 컬럼비아 대학 연구진이 청소년 1,200명을 대상으로 조사한 결과 가족과 자주 식사를 하는 아이들이 그렇지 않은 아이들보다 A학점을 받을 확률이 두 배나 높았다. 탈선 확률이 낮아진다는 연구 결과도 있다. 얼마 전 '심야 식당'이라는 일본 드라마를 봤다. 그 드라마 속에서 엄마가 해주는 반찬은 아주 단순하지만, 가족끼리 오순도순 먹는 밥은 지친 어른들의 유일한 보양식이다. 눈물이 날 정도로 효과적인 치유의 음식이다. 반찬을 놓아주는 엄마의 손, 밥 먹다 말고 갑자기 터지는 아이의 노래, 엄마의 잔소리, 따뜻한 밥에서 풍겨 나오는 기분 좋은 냄새. 엄마의 밥은 우리가 이 거친 삶을 살아가는 동안 쓰러지지 않도록 가슴속에서 따뜻한 등불이 되어줄 작은 추억이자 가장 효과적인 영양제이다.

『내가 정말 배워야 할 모든 것은 유치원에서 배웠다』는 베스트셀러가 된 책이 있다. 사람들이 대학, 대학원, 박사 과정까지 계속 배우지만, 결국 인생에서 가장 필요한 것은 이미 유치원에서 다 배웠다는 것이다. 그럼에도 불구하고, 가장 기본이 되는 것을 지키지 못해 세상이 어지럽다. 이 제목을 보면서 생각해 보아야 할 것은, 우리가 인간으로서 배워야 할 것은 굳이 유치원에 가지 않더라도, 유치원에 가기 전에 집에서 다 배운다는 것이다. 다른 어떤 교육에서보다도 기본적으로 이루어져야 할 것은 기본적인 습관의 훈련과 버릇 가르치는 일이다. 아침에 깨우지 않아도 일찍 일어나고, 자신의 이부자리는 자기가 정리하며, 부모님께 아침 인사하고, 세수하고 이 닦고, 음식은 골고루 먹고, 학교에 다녀오면 숙제는 스스로 하며, 친구들과 사이좋게 지내고, 외출할 때는 부모님께 자신의 행선지를 꼭 알리고, 이웃 어른이나 선생님께 인사 잘하고, 공공장소에서 지나치게 떠들지 않고, 자기 물건은 스스로 챙기고… 등등 기본에 충실 하는 것은 가정에서 배우는 것이다. 하지만 오늘날 우리의 어린이들에게는 유치원 가기 전에 배웠어야 할 이러한 기본적인 사항들이 가정에서 제대로 가르치지 않고 있다는 것이 문제다. 바쁜 부모들은 유치원에, 학교에, 학원에 미뤄 놓고서도 막상 아이가 말대꾸를 하거나 버릇없이 행동할 때 "너 어디서 그런 것 배웠니?", "선생님이 그렇게 하라고 하시던?", "유치원에서 그렇게 하래?"라고 자녀에게 말하는 것은 아닌지, 또 유치원 등 교육기관에 대해 "돈 냈는데 그 정도도 안 가르치고 뭐해?" 이렇게 생각하고 있는 것은 아닌지, 냉철하게 되돌아보아야 할 일이다.

착한 사람, 예절바른 사람이 되는 것보다는 유능한 사람, 일류 학교 가는 것을 지상의 목표로 삼는 가정이 많을수록, 그리고 기본적인 습관이 몸에 배어 있지 않은 어른이 늘어날수록 사회생활은 각박해지고, 개인적으로 환영받을 수 없는 사람도 늘어나게 된다. 그런 사람은 사회에 적응하기도 힘들고, 다른 사람과 원만한 관계를 맺기도 어렵다. 자신의 아이를 어떻게 키워야 할지를 고민해야 한다. 가정은 최초의 학교이며, 부모는 아이들에게 최초의 교사이다.

아이를 잘되게 한다는 명목으로 '오냐 오냐'는 식으로 자녀를 대하는 것도 잘못이다. 이것이 한국의 가정이 안고 있는 교육의 근본적인 문제일 수도 있는데, 『부모은중경』에 "부모의 은혜를 잊고 부모에게 불손하고 업신여기며 형제끼리 다투고 스승의 가르침도 따르지 않아

영(令)이 서지 않는 것은 부모가 자식을 귀엽게만 여기고 어른들이 감싸주기만 하기 때문이다."라고 했고 『성경』에도 "채찍과 꾸지람이 지혜를 주거늘 임의로 하게 내버려두면 그 자식은 어미를 욕되게 한다(잠언 29:15)."고 하여 정(情)과 엄(嚴)이 밸런스를 유지한 상태에서 자녀를 가르쳐야 한다는 점을 강조하고 있다.

4. 학교생활 적응을 계도(啓導)

가정 교육과 학교 교육은 같이 가는 것이지 따로 가는 것이 아니다. 군사부일체(君師父一體)라는 말이 있는데, 이는 "나라를 이끄는 임금이나 제자를 이끄는 스승이나 자녀를 이끄는 부모의 마음은 하나다."라는 뜻인데, 좋은 교육이 되기 위해서는 스승의 노력과 부모의 역할, 그리고 정부당국의 교육정책이 함께 가야 한다는 의미로 해석할 수 있다. 따라서 자녀가 학교생활에 충실하도록 하기 위해서는 무엇보다도 부모의 역할을 필요로 한다. 부모가 교사를 무시하는 발언을 자녀 앞에서 한다든지, 교사의 권위에 손상을 주는 언행을 하게 되면 그 자녀도 부모를 따라하게 되어 교사를 무시하는 등의 행동을 하게 된다. 실제로 어떤 부모가 자녀에게 "너희 선생님의 봉급은 아빠 봉급의 절반도 안 된다.", "너희 선생님은 아빠보다 훨씬 안 좋은 학교를 다녔다더라."는 등의 말을 해서, 그 학생이 같은 반 친구들에게 자랑삼아 그 말을 옮긴 일이 있었는데, 그 아이가 교육을 제대로 받게 될 리가 없다. 현

명한 부모라면 자녀로 하여금 스승을 부모님보다 더 훌륭하게, 감사하게, 어렵게 생각하도록 해야 하는 것이다.

자녀가 학교생활에 충실하게 하기 위한 방안 중의 하나는 부모와 담임선생님이 소통을 잘하는 것이다. 교사가 자녀를 지도하는데 어떤 어려움이 있는지, 학교생활은 잘하고 있는지, 교우관계는 어떤지 등에 대해서 커뮤니케이션이 있어야 한다. 그래야 부모로서 자녀가 처한 상황에 맞게 계도할 수 있고, 학교 교육에 긍정적인 영향력을 행사할 수 있게 된다.

실제로 학교 교육에서 교사가 차지하는 영향력은 그리 높지 않은 것으로 나타나 있다. 필자가 교육 관련 토의장에서 교육전문가로부터 들은 얘기인즉, "학교 교육에 차지하는 영향력은 교사가 20%, 학부모가 40%, 사회 환경이 40%를 차지한다."는 것이다. 학교 교육에서 영향력이 교사보다 부모의 역할이 더 크다는 것인데, 특히 요즈음 청소년들은 인터넷에 의존하는 시간이 많고 인터넷에 나오는 내용을 그대로 받아들이게 되는 경우가 많다고 한다. 그러다보니 어떤 경우는 부모나 선생님의 말씀보다도 인터넷의 내용을 더 믿고 따르기도 한다. 그러므로 자녀로 하여금 학교생활에 잘 적응하도록 하기 위해서는 부모가 자녀로 하여금 학교생활에 집중하도록 하게 하는 역할이 필요한 것이다. 그런데, 여기서도 자녀에게 "너 학교 가면 선생님 말씀 잘 들어야 한다."는 식의 훈계 형태의 계도방법은 좋지 않다. 가정에서 자녀가 부모에게 효도하는 분위기를 만들면, 그 자녀는 학교생활에 저절로 충실하게 되기 때문이다. 『효경』에 "효는 덕의 근본이요, 모든 가르침이 그로 말미암아 생겨난다." 『성경』에 "만일 어떤 과부에게 자녀나 손자들이 있거든 먼저 자기 집에서 효를 행하여 부모에게 보답하기를 배우게 하라. 이것이 하나님 앞에 받으실만한 것이니라(디모데전서 5:4)."라는 내용은 이를 뒷받침하고 있다. "집에서 새지 않는 바가지가 밖에 나가서도 새지 않게 된다."는 말도 가정에서 부모의 역할과 효 교육의 필요성을 말해주고 있다.

따라서 자녀가 학교에서 성실하게 학교생활에 임하도록 하기 위해서는 가정에서 부모의 역할과 계도교육이 필요한 것이다.

제 9 장

학교에서의 효 교육

맹자(孟子)는 이른바 '군자삼락(君子三樂)'에서 교육을 세 가지 즐거움 중의 하나라고 했다. "군자에게는 세 가지 즐거움이 있다. 양친이 다 살아 계시고 형제가 무고한 것이 첫 번째 즐거움이요, 우러러 하늘에 부끄럽지 않고 굽어보아도 사람들에게 부끄럽지 않은 것이 두 번째 즐거움이요, 천하의 영재를 얻어서 교육하는 것이 세 번째 즐거움이다."[168]라는 내용이다. 즉 부모를 섬기고, 세상을 떳떳하게 살며 제자를 훌륭히 키우는 보람에서 즐거움을 찾는다는 것이다. 따라서 교육자는 지식을 주입하는 교육보다는, 사람다운 사람으로 변화시키는데서 교육자로서의 역할을 찾아야 하는 것이다. 또한 맹자는 "자식 교

---

168) 『맹자』 「진심편」 : "君子有三樂 父母俱存 兄弟無故 一樂也 仰不愧於天 俯不
作於人 二樂也 得天下英才 而敎育之 三樂也."

육은 가정에서 부모가 직접 하는 데는 한계가 있으므로 바꾸어서 가르쳐야 한다(易子敎之).”고 했는데, 효 교육이야말로 부모는 가정에서 본보기적 역할을 하고 교육은 학교에서 교사가 해야 하는 것이 적절하다. 『소학』에 “사람은 가르치지 아니하면 알지 못하게 되고, 알지 못하면 행할 수도 없게 된다. 부모님께 효도하고 웃어른을 공경할 수 있는 것은 스승의 은혜가 아닌 것이 없다.[169]고 이르고 있다. 그런데 오늘날 학교에서 효를 가르치지 않는 것이 문제다. 그리고 학교에서 교육이 바로 서려면 교사의 영(令)을 서게 하는 일이 중요한데, 그 이유는 교사가 교육의 주체이기 때문이다. 최근 학내 폭력, 왕따 문제의 원인도 ‘문제학생’에 대한 교사의 영(令)이 서지 않는 것도 하나의 원인이라고 본다. 그리고 영(令)이 서지 않는 이유는 가치지향의 교육이 아닌 입시 중심, 출세 지향의 교육에서 비롯된 것이라고 본다. 사람의 됨됨이나 기본 역량보다 “대졸(大卒)이냐, 고졸(高卒)이냐?”, “서울에서 대학을 나왔느냐, 지방에서 나왔느냐?”로 평가하는 학력지상주의 문화가 문제의 중심에 있는 것이다. 그러다 보니 “학원 가서 공부하고 학교 가서 잠잔다.”, “군대 가면 사람 된다고 하는데, 학교 가면 사람 된다고 말은 듣기 어렵다.”는 말이 나온다. 이렇게 되기까지의 과정에는 여러 이유가 있겠지만, 근본을 도외시한 채 교육을 추진해온 교육정책·행정 당국의 철학적 깊이가 부족한 것도 원인 중의 하나라고 생각된다. 따라서 교육의 근본인 효를 가르쳐야 한다.

169) 『소학』「사제편」: “非敎不知 非知何行 能孝能弟 莫非師恩.”

학교는 효 교육의 중심

효 교육의 중심지는 학교이다. 효 교육 이라는 것이 부모가 직접 하기보다는 교사가 하는 것이 효과적이기 때문이다. 부모가 하는 자녀 교육은 사랑을 베풀고 본보기를 보여야지, 효를 요구해서는 안되는 것이다. 이점에 대해 맹자는 "자식에 대한 교육은 부모가 직접 하는 것보다 누군가와 바꾸어 가르치는 것이 낫다(易子敎之)."고 했고, "위대한 인격을 가진 인물은 어린아이 때의 본심을 잃지 않는 사람이다."[170]라고 했다. 어린아이의 천진난만(天眞爛漫)한 모습 그대로를 유지하면서 삶에 필요한 교육을 통해 성숙되어지도록 해야 한다는 뜻이다. 사람이 되는 교육은 가정 교육과 학교 교육, 사회 교육에 의해 이뤄지지만, 이 중에서도 학교 교육이 중요하다. 4~5세부터 부모의 품을 떠나 유아원, 유치원을 시작으로 초·중·고·대학에서 교육을 받게 되기 때문이다. 맹자가 말하는 역자교지(易子敎之)론은 부모의 결점을 보완할 수 있는 방안이기도 한데, 다음의 대화내용에 잘 나타나 있다.

맹자에게 제자가 "군자가 자기 자식을 직접 가르치지 않는 것은 무엇 때문입니까?"라고 묻자 "뜻대로 다뤄지지 않는 까닭이다. 가르치

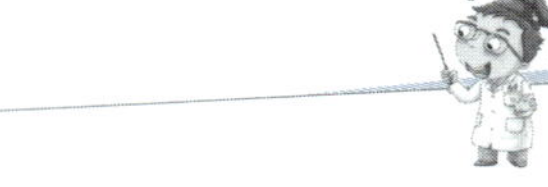

170) 『맹자』「이루 하」: "日 大人者 不失其赤子之心者也."

는 사람은 반드시 올바른 것을 가지고 하는데 올바른 것을 행하지 않으면, 거기에 연계되어 노여워하기 마련이고, 노여워하면 도리어 가르침을 해치게 된다. '아버지는 내게 올바를 것을 가르치면서도 아버지의 행동은 올바른 데서 나오는 것 같지가 않다.'고 여기게 되면, 이것이 부자간에 서로를 해치는 것이요, 부자간에 서로를 해치는 건 나쁜 것이고, 그래서 옛날에는 아들을 바꿔 가르쳤으며, 아버지와 아들 사이에는 잘 되라고 질책하지 않았었다. 잘 되라고 질책하면 사이가 벌어지는데 사이가 벌어지게 되면 상서(祥瑞)롭지 못함이 그보다 더 큰 것이 없어서이다(이루 상)."[171]라는 내용이다. 자식이 부모에게 향하도록 하는 효 교육도 마찬가지다. 가정에서 부모가 "너, 나에게 효도해야 한다."는 식으로 직접 하기보다는 학교에서 교사가 가르치는 것이 효과적이라는 점을 알 수 있다. 옛날에는 부모끼리 서로 자식을 바꾸어 가르칠 수 있었지만(易子

171) 『맹자』「이루 상」: "君子之不敎子 何也 孟子曰 勢不行也 敎者 必以正 以正不行 繼之以怒 繼之以怒 則反 夷矣 夫子敎我以正 夫子 未出於正也 則是 父子相夷也 父子相夷 則惡矣 古者 易子而敎之 父子之間 不責善 責善則離 離則不祥 莫大焉."

敎之) 현대사회에서는 교사에게 자식교육을 맡겨야 할 형편이다. 이런 의미에서 학교는 효 교육의 중심(中心)이다. 효심은 가정에서 태동하지만 그러한 효심을 키우고 다듬는 것은 학교의 몫인 것이다.

최근 학교폭력, 왕따 문제가 사회적 이슈가 되고 있다. 부모와 교사도 모르는 가운데 학교 내 폭력은 더욱 가혹하고 진인한 쪽으로 진화하고 있으며, 보복이 두려워 신고조차도 못한 채 극단적인 자살을 택하는 학생도 있다. 그런데도 당국의 해결책이라는 것이 '학교폭력 실태조사', '경찰배치' '순찰강화', '상담사 배치' 등을 내놓고 있는 실정이다. 그러나 학내 폭력은 감시나 순찰, 설득 등으로 해결할 수 있는 문제가 아니라 가치교육으로 접근해야 한다. 인간은 본디 가치 지향적 존재인 까닭에 피교육자로 하여금 올바른 가치를 지향하는 삶을 살아가도록 하는 것이 중요하다. 그리고 그 중의 하나가 '효'라는 보편적·이타적 가치를 가르치는 것이다. 이를 위해서는 교사 선발에 적용되는 가치기준도 달라져야 한다고 본다. 지금처럼 이른바 일류대학, 수도권 대학 졸업자, 또는 일류대학에 많이 보낸 고교의 교사를 우수교사로 보는 학부모의 인식도 문제지만, 교육의 정책과 행정 전문가들이 교육자를 평가하는 '틀'도 보완되어야 한다. 예컨대, 현재 대학 교수의 우수성을 평가하는 잣대가 '연구실적'에 맞춰져 있는 관계로 교수가 교수 본연의 '봉사'보다는 연구논문에 매달리게 하는 우(愚)를 범하고 있다. 값비싼 등록금을 내고 학교에 보낸 학부모의 기대에 부합하고 전인(全人) 육성을 위해서는 학생과의 상담시간을 늘리는 등 학생을 관리하는 '봉사영역'을 중요시하는 쪽으로 바뀌어야 하는 것이다. "학교 가면 사람 된다"는 말보다 "군대 가면 사람 된다"는 말에 공감하는 이유는, 학교에서 교사(수)가 학생을 지도하는 것과 군대에서 리더가 병사를 지도하는 것에 질(質)의 차이가 있기 때문으로 볼 수 있는데, '봉사' 적 자세 유무(有無)에서 오는 것이라고 본다. 따라서 학내폭력과 왕따 문제는 분명코 학교에서 리더의 역할을 하는 교사들에게서 해법이 나와야 한다. 피해 학생이 자살을 택할 정도로 고통을 받고 있는데, 담임교사가 몰랐다는 것은 말이 안된다. 학교교육에서의 주체는 학생이 아니라 교사이다. 어떤 교장선생님이 훈화에서 "학생 여러분, 여러분은 이 학교의 주인이자 주체입니다"라는 말을 하곤 하는데, 이는 잘못된 표현이다. 학교에서의 리더는 교사이고, 학생은 리더가 제시하는 방향으로 따라가는 구성원이다. 교사가 학생을 이끌어 가는데, 교장 선생님이 그 같은 발언을 하게 되면 교사 입장에서는 '리더십의 환경요인' 으로 작용하기 때문에, 교사의 리더십을 약화시키는 요인이 된다. 교육의 주체를 학생으로 보는 것은 교육자의 책임을 회피하고 방관하자는 것이나 다름없다. 이를 효 교육의 관점에서 보면 효 교육의 중심이 학교이면, 학교 교육의 중심에 교사가 있어야 하고, 교사는 마땅히 효를 알고 가르칠 수 있는 역량을 갖춰야 한다.

　교육은 어디까지나 스승과 제자의 관계에 있어서 기본을 바로 세우는 것이 중요하다. 이를 위해 교육자는 교육자다움을 유지함으로써 사람됨의 본이 되려는 노력을 해야 한다. 때문에 교육자의 기본 됨됨이가 중요한 것이다. 학교에서 행해지는 교육의 질은 교육자에 의해 좌우될 수밖에 없다는 점에서 더욱 그렇다. 일류대학 나온 교육자보다 2 · 3류 대학을 나왔을지라도 인격자로서 존경받을 수 있는 교육자이어야 하는 이유도 그 때문이다. 그러나 여기에는 학부모들의 인식도 변해야 한다. 학부모들이 교사(수)에게 교사(수)로서의 본원적인 역할보다 학원 강사로서의 역할에 무게를 두고 있다는 것도 문제이다. 효 교육이나 도덕교육, 체육이나 음악교육보다는 영어나 수학 등 입시에 필요한 교육을 요구하는 학부모들과 교육정책당국이 인식을 바꾸지 않고는 안된다. 교사(수)는 아무나 할 수 있는 것이 아니다. 정치나 사업은 아무나 할 수 있지만 교육자만큼은 그럴 수 있는 직분이 아니기 때문이다. 이는 교육이 바로 서야 나라가 바로 설 수 있음을 각성하는 데서부터 시작해야 한다. 이런 점에서 교육현장에서는 무엇보다 교사의 역할이 중요한데, 교사가 본보기를 보임으로써 학생들로부터 존경을 받을 때 교육이 제대로 이루어질 수 있다는 점에서 교육자를 선발할 때는 지식이나 학력보다도 교육자다운 성품과 자질을 중시할 필요가 있다.

Ⅱ 학교의 역할 및 기능

학교(學校)는 배울 학(學)자와 집 교(校)
자가 합해진 글자로, '배우는 집'을 의
미한다. 때문에 누구로부터 무엇을 어
떻게 배우도록 하느냐가 중요하다. 대체

로 학교 교육은 교실과 칠판 등 교육에 필요한 시설을 갖추고, 여러
학생들이 교사의 지도에 따라 지식을 얻는 등 의도된 계획적 변화를
추구하는 형태로 진행된다. 학교(學校)는 일정한 목적·교육 과정·설
비·제도 및 법규에 의하여 교사가 계속적으로 학생에게 가르침을 주
는 기관이다. 이는 학원(學院)과 구별 되는데, 학원은 학교 설치 기준의
여러 조건을 갖추지 아니한 사립 교육 기관으로 교육 과정에 따라 지
식·기술·예체능 교육을 행하는 곳이라는 점에서 학교와 구별된다.

학교는 사람이 세상을 살아가는데 있어 필요한 지식과 기술 그리고
문화를 전달하고 새로운 지식을 개발하는 역할을 한다. 그러므로 지
식의 체계가 곧 학생들이 배우고 경험하게 될 교육내용이 되는 셈이
다. 또한 학교는 사회의 필요에 의해 만들어진 기관이므로 학교에서
가르치는 내용에는 사회의 요구가 반영되어야 한다.

역사적으로 볼 때 신분사회에서의 학교 교육은 귀족들을 위한 것이
었지만, 국민교육제도가 성립되면서 일반 국민도 교육을 받게 되었
다. 국민교육제도의 실시로 서민층의 자녀까지도 일정한 학교 교육을
받아야 하는 의무교육이 시행된 것이다. 그러면서 학교는 보편화되면

서 교육의 비중이 높아졌고, 학력사회를 형성하는 주된 역할을 담당하게 되었다. 특히 청소년은 인간의 지적, 정서적, 기능적, 사회적, 신체적 발달이 가장 활발하게 이루어지는 시기에 대부분의 시간을 학교에서 보낸다는 점에서 어떤 교육자에게 어떤 내용의 교육을 받게 하느냐는 매우 중요하다.

학교의 역할과 기능은 교육기능, 문화유산 전달 기능, 자아실현 기능, 사회개혁 기능 등을 들 수 있는데, 이 중에서 문화유산 전달 기능과 효의 관계가 밀접하다고 하겠다. 한국 전통문화의 핵심 중의 하나가 효이기 때문이다. 본디 문화(文化)라고 하는 것이 인간의 삶을 밝게 해주는 정신적, 예술적 영역의 총체라는 점에서, 사람이 사는 세상을 밝게 해주는 덕목이자 가치인 효와 문화유산 전달과는 밀접한 관계가 있는 것이다.

Ⅲ 무엇을 어떻게 가르칠 것인가?

1. 부모님을 의식하는 학교생활을 유도

『효경』에 "효는 덕의 근본이요 모든 가르침이 그로 말미암아 나온다.[172]"고 했다. 이렇듯이 학교에서 학생이 부모님이 무엇

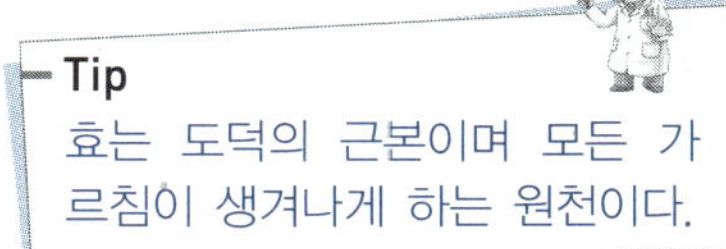

172) 『효경』「개종명의장」: "孝德之本也 敎之所由生也"

을 원하시는지를 생각하면서 교육을 받게 되면, 그 학생은 성실한 학습태도를 유지하게 된다. 그리고 저절로 수신(修身)이 이루어지게 되는 것이다. 교육의 근본은 무엇보다 사람이 되도록 함으로써 인륜질서를 바로 세우고 홍익인간정신을 구현하는데 있으므로, 먼저 수신(修身)하는 것부터 가르쳐야 한다. 그리고 수신의 근본은 나를 낳아주시고 키워주신 부모님 은혜에 보답해야 한다는 것을 알고 바르게 행하는데 있다. 그런데 이러한 교육은 가정에서 부모가 직접 하기는 어렵다. 맹자가 지적한 것처럼 학교에서 교사가 부모의 은혜와 고생을 잘 알 수 있도록 학생에게 가르치는 것이 효과적이다. 그렇게 되면 학생들은 부모가 원하는 것을 하게 되기 마련이고, 자연스레 바람직한 방향으로 향하게 된다. 우리나라 학교 교육의 이념은 홍익인간 정신을 구현하는데 있다. 홍익인간의 윤리정신은 타인의 지시에 의해서 마지못해 남을 이롭게 하는 것이 아니라, 다른 사람을 이롭게 하지 않고는 견디지 못하는 순수한 인간애의 표현으로 나타나야 한다. 효사상에 있어서도 부모와 자식이 서로를 위하는 일이라면 하나뿐인 생명도 아끼지 않는 희생정신을 발휘하게 되는데, 이는 바로 홍익인간정신에서 비롯된 것이다. 따라서 마음과 행실을 바르게 하도록 심신을 닦는 것은 부모를 의식하게 하면 효과적일 수 있다는 것이다.

학교 교육의 기본이 서도록 하기 위해서는, 학생들로 하여금 부모님의 마음을 헤아리면서 교육에 임하도록 해야 한다. 그러나 현대의 학교 교육은 기본이 서 있지 않다는 지적이 많다. 비록 일부의 학교가 해당되긴 하지만, "학교에서 잠자고 학원 가서 공부한다.", "군대 가면 사람 된다고 하는데, 학교 가면 사람 된다는 말은 듣기 어렵다."

는 표현에도 나타나 있다. 이는 주요 언론의 사설이나 칼럼의 제목에서도 공교육이 얼마나 신뢰를 잃고 있는지를 알 수 있다. 예컨대 '중고생 절반 선생을 존경하지 않는다(한국일보, 2003. 5. 1)', '교육의 주체들 어디 갔나?(조선일보, 2003. 5. 7)', '선생들이 왜, 거리로 나갑니까?(중앙일보, 2003. 5. 7)', '교사가 학생을 버릴 때는… (동아일보, 2003. 5. 8)', '인성교육 급하다(조선일보, 2007. 5. 9)', '교사 10명 중 8명 소신 못 펼친다(중앙일보, 2003. 5. 18)', '왕따 해결책은 입시보다 도덕교육이다(조선일보, 2004. 3. 2)', '선생 뺨 때리며 자식 잘 되길 바라나(중앙일보, 2004. 6. 14)', '잘못을 잘못이라 가르치지 못하는 학교(조선일보, 2004. 11. 24)', '본질 벗어난 학교 수련회 방치(조선일보, 2004. 12. 4)', '걱정되는 아이들 학교교육(조선일보, 2006. 3. 10)', '사람 만드는 교육이 없다(조선일보, 2007. 4. 23)', '동방불효지국(경향신문, 2007. 12. 14)', '대학생들의 환경미화원 패륜사건(조선일보, 2010, 6. 5)', '제도만 바꾼다고 되나?(서울신문, 2011. 9. 28)' 등이다.

오늘날의 학교 교육은 산업화의 영향으로 지식과 기능 중심의 교육에 치중하고 있다는 비판이 일고 있는데, 그 단적인 예가 학교에서 교사들이 학생들의 인성함양보다는 성적 향상에 관심을 두고 있다는 지적이다. 물론 가정의 부모들도 두말할 필요 없이, 성적 올라가기만 바라고 있다 보니, 학교 교육 또한 그런 방향으로 가고 있는 것으로 볼 수 있지만, 이런 현상이 반윤리적, 반사회적인 범죄행위가 일어나게 하는 원인으로 작용하는 것이다. 따라서 학생들로 하여금 부모님이 간절히 원하시는 것이 무엇인지를 알게 하는 효 교육이 병행되어야 한다.

2. 가족사랑에 기초한 이타적 교우관계

학생 상호간에 이타적 대인관계를
유도하는 것은 중요하다. 『논어』에도
"배우고 때때로 익히면 이 또한 기쁜 일
이 아닌가, 벗이 먼 곳에서 찾아오면 또
한 즐겁지 아니한가, 남이 나를 알아주
지 않는다 해도 원망하지 않는다면 어찌

군자라 하지 않겠는가?"[173]라고 하여 학우간 이타적 관계의 중요성을
밝히고 있다. 그러나 최근 학내 폭력 및 왕따 등으로 피해를 입는 학
생이 자살까지 하는 사례가 늘면서 학부모들을 불안하게 하고 있다.
잔인한 폭력과 왕따 현상이 해를 거듭할수록 증가하는 이유는 사회적
분위기 탓도 있지만 학교 당국, 교사들의 역할과도 관련된다고 생각
한다. 학교에서 효를 교육하도록 하면 분명히 학생들의 성품은 온후
해진다는 점에서다.

『효경』에 "효는 덕의 근본이요 모든 가르침이 그로 말미암아 생겨
난다.", "부모를 사랑하는 사람은 다른 사람을 미워하지 않고, 부모를
공경하는 사람은 다른 사람을 업신여기지 않는다."[174], "부모를 섬기
는 사람은 윗자리에 있어도 거만하지 않고 아랫자리에 있어도 질서를

---

173) 『논어』 「학이편」 : "學而時習之不亦說乎, 有朋 自遠方來 不亦樂乎, 人不知
　　 而不慍 不亦君子乎."
174) 『효경』 「천자장」 : "愛親者 不敢惡於人 敬親者 不敢慢於人."

어지럽히지 않으며 같은 무리와 함께 있어도 서로 다투지 않는다.”[175]
고 했고, 『논어』에도 “효도와 우애를 다하는 사람이 윗사람 범하기를
좋아하는 사람은 드물다.”[176]고 한 것처럼, 학생에게 효심을 가지게
하고, 교사에 의해 효심을 불러일으키면 학내 폭력은 자연스럽게 줄
어들게 될 것이다.

다음과 같은 사례가 있다. 교육과학기술부 학교 교육 지원분부장을
역임한 안순일 씨가 초등학교 교장으로 봉직할 때의 일이다. 급식시
간을 활용해서 식사시간 전후 10분간 밥상머리교육(예:음식이 되어 나
오기까지 수고한 사람들에게 감사하기, 부모님 생각하기, 잔반 안남기기,
식당예절 지키기, 인성함양 음악 들려주기 등)을 1년 동안 시행해보니,
교실 유리창 파손이 1/10로 줄어들었다는 내용이다. 학교에서 선생님
의 말씀을 잘 듣는 학생은 대부분 효심이 깊은 아이임을 볼 수 있는
데, 역으로 생각하면 학생에게 효심을 생성시키면 선생님 말씀을 잘
듣게 되는 것이다.

필자가 대학에서 학생을 가르치고 있지만, 성인이 다 된 대학생들
도 마찬가지이다. 학생이 잘못했을 때 “너의 이 모습을 부도님이 어
떻게 생각하시겠느냐, 너의 모습이 부모님이 원하시는 학교생활이
냐?!”는 식으로 불효와 연관시켜 야단을 치면 빨리 뉘우치는 자세로
돌아가고, 잘했을 때도 효도와 연관시켜 칭찬하면 그 효과가 훨씬 크
다는 점을 확인하고 있다. 때문에 교사들이 효를 가르침으로써 학생

175) 『효경』「기효행장」:“事親者 居上不驕 爲下不亂 在醜不爭.”
176) 『논어』「학이편」:“其爲人也孝弟 而好犯上者 鮮矣.”

들의 마음을 순화시킨다면 왕따 현상을 줄이고 좋은 학습 분위기를 만들어갈 수 있을 것이다. 최근 일어난 학교폭력 및 왕따 현상에 대해 언론 보도(잔인한 아이들)내용[177]을 보면 문제의 심각성을 알 수 있다.

지난 11월 전남 목포의 한 초등학교에서는 6학년생 여학생들이 같은 반 친구 A양을 1년 동안 괴롭히며 폭행하다 학교 측에 적발됐다. A양은 학교 측 조사에서 "가해 학생들이 나를 화장실로 끌고 가 커터 칼을 꺼내 목에 대고 욕을 하고 떨고 있는 내 모습을 보며 실실 웃었다. 배와 등을 주먹으로 때렸다"며 "솔직히 더는 이렇게 살고 싶지 않다"고 말했다.

지난 2일에는 대전의 여고 1학년 B양이 '왕따'를 당하는 처지를 비관해 아파트 14층에서 투신자살했다. B양은 지난 9월 반 친구와 사소한 말다툼을 벌인 후 3개월째 그 친구와 동료들로부터 왕따를 당한 것으로 알려졌다. 금품을 빼앗거나 사적 심부름을 시키는 경우도 많았다.

지난 5월 광주광역시의 한 중학교에서는 C군을 1년 넘게 폭행하고 금품을 빼앗은 혐의로 중3 학생 3명이 붙잡혔다. 이들은 장난삼아 C군의 옷에 라이터로 불을 붙이기도 한 것으로 조사됐다.

지난 20일 같은 반 친구들의 괴롭힘에 시달려 온 대구의 중학생 김 모(14)군이 자살한 사건은 학교 내에서 벌어지는 왕따와 폭력이 갈수록 잔인해지고 있다는 점을 단적으로 보여줬다. 교과부 자료에 따르면, 학교폭력 대책 자치위원회의 학교폭력 심의 건수는 2005년 2,518건에서 2009년 5,605건, 작년 7,823건으로 크게 늘어났다. 피해 학생 수는 2005년 4,567명이었으나 작년에는 3배가 넘는 1만 3,748명으로 증가했다. 청소년폭력예방재단이 벌인 '2010 학교폭력 전국 실태조사'에 따르면 학교 폭력으로 자살 충동을 느낀 학생이 전체의 30.8%, 죽을 만큼의 고통스러움을 호소

177) 이은정 기자. 조선일보(2011. 12. 24)

한 학생은 13.9%에 달했다.

일본에서 '이지메'라는 이름으로 불리며 확산된 왕따 문화는 한국으로 전염된 뒤 세계에 유례가 없고 일본보다 더 잔인하고 악독한 형태로 진화했다. 빵을 사오라고 강요당하는 피해자를 일컫는 '빵 셔틀'이라는 은어도 몇 년 전에 생겼다. 빵 셔틀은 컴퓨터 게임에 등장하는 수송비행선의 이름과 빵을 조합한 신조어다. 심지어 돈을 가져오라고 강요하는 '돈 셔틀', 가방을 들어주는 '가방 셔틀', 숙제를 해주는 '숙제 셔틀', 안마를 해주는 '안마 셔틀'도 있다.

전문가들은 폭력물에 대한 노출, 가정과 학교 교육의 붕괴 등 복합적 요인이 작용해 학교 폭력이 점차 잔인해지고 있다고 분석했다. 최희영 청소년폭력예방재단 위기 지원 팀장은 "학교 폭력은 피해 학생의 자아존중감을 낮추고, 내면의 분노와 우울증으로 인한 자살을 야기할 수 있는 사회적 문제"라 했다.

가해 학생이나 교사, 부모들이 '왕따'를 폭력이라고 제대로 인식하지 못하는 구조적 문제도 있다. 한 상담사는 "일반적으로 가해 학생의 경우 통제와 훈육을 적게 받는 편부·편모 가정이거나 가정폭력이 학습된 경우"라며 "이들은 소극적이고 의사표현을 못하는 만만한 아이들을 대상으로 폭력을 행사한다"고 말했다. 김건찬 학교폭력 예방센터 사무총장은 "학교 교사들이 '직업인'으로 전락하면서 학업 지도 외의 인성 교육에 관심이 없는 경우가 많다"고 지적했다.

플라톤은 "남에게 어떠한 행동을 하였느냐에 따라 그 사람의 행복도 결정된다. 남에게 행복을 주려고 했다면 그만큼 자신에게도 행복이 온다. 자녀가 맛있는 것을 먹는 것을 보고 어머니는 행복감을 느낀다. 자기 자식이 좋아하는 모습은 어머니의 기쁨이다. 그리고 그 이치는 부모나 자식 사이에만 적용되는 것이 아니다.”라고 했다. 마찬가지로 학교 교육에서도 스승과 제자의 관계가 부모와 자식의 관계가 되도록 효를 교육한다면 이타적인 모습으로 바뀌게 될 것이고, 생활 속에서 교육이 이루어질 수 있게 될 것이다. 여기서 생활화 교육은 생활을 통해서 자연스럽게 터득하는 교육을 말한다. 교사와 학생이 등교할 때, 하교할 때, 그리고 수업을 시작할 때와 끝날 때 등 부모님과의 관계를 연상시키면서 부모님을 걱정하지 않게, 부모님을 기쁘게 해드리는 학교생활이 ‘효’임을 알도록 가르쳐야 한다.

그렇다면 학교폭력 근절을 어떻게 효와 연계할 수 있을까? 그것은 학교에서 학생에 대한 정확한 진단이 전제되어야 한다. 예컨대 명의(名醫)의 판단 기준이, 환자를 얼마나 정확히 진단하고 그에 맞는 처방을 하느냐에 달려있듯이, 학교폭력을 막으려면 학교 당국이 진단을 정확히 할 수 있는 여건 마련과 노력이 필요하다. 여기에는 그에 상응하는 교권이 확립되어야 하고, 교사가 리더십을 발휘할 수 있는 제도적 뒷받침이 있어야 한다. 현재 각 학교의 경우 담임이 맡고 있는 학생 수가 대략 35명 내외인 점을 감안할 때, 그들 중에 왕따로 고통받는 제자가 있는지를 알지 못한다면, 담임교사로서의 역할과 책임을 버린 것이나 마찬가지이다. 이런 자세로는 학교폭력을 해결할 방도가 없다. 학생의 인권을 빌미로 그들의 일탈된 행동을 방치한다면 학교교육의 정상화를 기대한다는 것 자체가 무리인 것이다. 그러나 여건이 다소 불비(不備)하더라도 사건사고를 막는 것은 교육자의 책임이자 사명이다. 이런 모범적 사례도 있다. 최근 언론보도에 의하면 담임교사가 휴대전화 메시지를 활용하여 ‘1004지킴이’를 운영한 결과 “학교 내 폭행·협박과 금품갈취가 사라졌다."[178]는 내용이다. 이처럼 학교의 리더인 교사가 어떤 마음과 자세로 학생들을 진단하고, 그에 따른 처방과 치료를 하느냐에 따라 학내 폭력을 줄일 수 있는 것이다. 그리고 이런 노력이 효과를 거두려면 학생들의 마음을 온순하게 하는 노력이 필요한데, 그 방법이 효를 가르쳐서 부모님의 모습을 가슴에 담고 학교생활에 임하도록 하는 것이다.

필자에게도 비슷한 경험이 있다. 필자가 군에서 대대장 직책을 34개월 수행했는데, 400명 내외의 대대원을 지휘·관리하면서 장병의 뒷모습을 보고서도 그 장병 부모의 직업, 가정환경, 가족관계, 이성관계, 교우관계 등을 알 수 있을 정도로 신상을 파악하고 있었다. 어떤 병사의 뒷모습이 힘이 없어 보이는 등 이상 징후가 발견되면 그 병사를 지휘관실로 불러 심층면담을 하곤 했다. 물론 여기에는 중대장, 소대장, 분대장이 나름대로 신상파악을 하기 때문에 조직적 관리가 가능한 군의 특수성이 있지만, 그러나 군대의 조직이 이렇다 해서 모든 군대 지휘관이 사고 없는 병영으로 육성하는 것은 아니다. 조직을 어떻게 활용하고, 가치 지향적 삶을 유도하느냐가 중요하다. 필자

178) 강인범 기자, 조선일보(2012. 1. 9) : 경남 통영시 충무중학교 인성부장인 박정환(47) 교사는 학생들이 익명의 휴대전화 문자 메시지로 교내 외 폭행과 흡연 등을 교사에게 알려 바로잡는 시스템인 '1004지킴이'를 통해 효과를 거둔 사례임. 2005년 충북 충주시 대원고등학교의 시스템을 벤치마킹한 것으로, 당시 대원고가 휴대전화 문자 메시지 시스템을 도입해 학교폭력, 담배꽁초, 쓰레기가 없는 학교로 거듭났다는 언론 보도 등을 기억해내고 2010년 충무중학교에 도입했는데, 아이들이 가장 친근한 휴대전화를 통해 고민을 털어놓을 수 있도록 해 줌으로써, 한 해 동안 1,500여 건을 제보받아 해결함으로써 학내 폭력과 금연을 추방한 성공사례 내용임.

가 중대장 28개월, 대대장 34개월, 연대장 18개월을 하는 동안 사고
가 한 건도 없었던 것은 효를 교육한 덕분이라 생각된다.

3. 효를 바르게 알려주는 정규교과교육

맹자가 말했듯이 자식에 대한 효 교
육은 부모가 직접 하는 데는 한계가 있
으므로 누군가가 대신 해주어야 하는
데, 학교에서 교사가 부모님의 은혜를

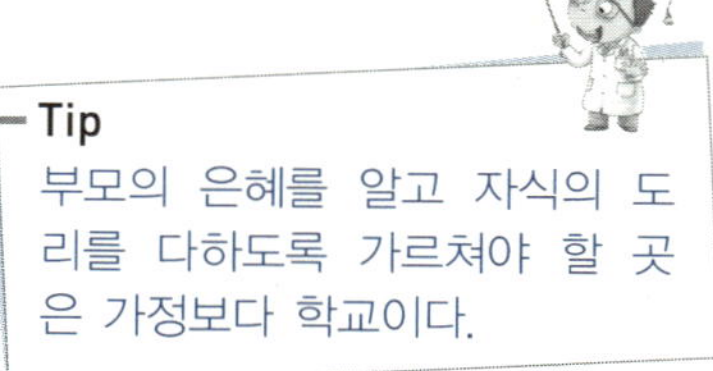

알도록 가르쳐 주는 형태가 좋다고 본다. 부모님의 거룩하신 은혜를
학교에서 선생님이 알려줄 때 학생들은 수긍하게 되고 그 선생님을
선망적 동일시의 대상으로 삼는 것이다. 『불경』에 "어머니가 우리를
낳으실 때 서 말 서 되의 피를 흘리시고 여덟 섬 너 말의 젖으로 키우
셨으니, 부모님의 은혜를 잊어선 안된다.", "부모는 자기 목숨이 있는
동안은 자식의 몸을 대신하기 바라고, 죽은 뒤에는 자식의 몸을 지키
기 바란다."는 말이 있는데, 이런 내용을 학생들에게 가르쳐야 한다.

학교에서 정규교과 시간에 하는 교육은 시간표에 반영된 교육을 말
한다. 『논어』에 "젊은이들이 집에서는 효도를 하고 나가서는 우애(友
愛)를 지키며 근신하고 신의를 지키고 널리 여러 사람들을 사랑하며
인(仁)을 친근히 하여야 한다. 이렇게 하고도 남는 힘이 있으면 공부하
는 것이다."[179], "효도와 우애를 다하는 사람이 윗사람 범하기를 좋아

---

179) 『논어』「학이편」: "弟子 入則孝 出則悌 謹而信 汎愛衆 而親仁 行有餘力 則
    以學文."

하는 사람은 드물다."[180], "리더는 근본을 세우는데 힘써야 하며 근본이 서면 길과 방법이 저절로 생긴다. 효(孝)와 우애(弟)는 인(仁)을 이루는 근본이다."[181]라고 한 것은 교육의 근본이 '사람다운 사람'을 만드는데 있음을 뜻하는 것이다. 그리고 사람다운 사람을 만드는 것은 부모를 공경하고, 부모의 은혜를 아는 사람이다. 유태인 격언에 "사람이 바꾸려 해도 바꿀 수 없는 것이 한 가지 있다. 그것은 자기의 부모이다."라는 말이 있는데, 정규교과 시간에는 영상매체를 활용하거나 신문과 책에 나타난 사례 등을 보여주거나 들려주고 나서 토의를 진행함으로써 참석자가 공감하도록 해야 한다. 그럼으로써 자신을 낳아주신 부모님께 감사하고 부모를 원망하거나 소외시키지 않는 자식으로서 살아가도록 할 수 있는 것이다.

4. 효 교육 사례

학교 교육 및 사회 교육 차원에서 효를 체계적으로 교육하고 있다고 여겨지는 학교들 중에서, 지자체 교육청으로부터 '효 교육중심학교', '인성교육(효행)시범학교'로 지정됐거나, 설립자나 교장이 효 교육에 대해 지대한 의지를 가지고 추진하고 있는 유치원에서부터 대학에 이르기까지 알려진 학교의 효 교육 사례를 제시하였다. 최근 사회적 이슈가 되고 있는 학내 폭력이나 왕따 문제 등이 사례로 제시된

---

180) 『논어』 「학이편」 : "其爲人也孝弟 而好犯上者 鮮矣."
181) 『논어』 「학이편」 : "君子務本 本立而道生 孝弟也者 其爲仁之本與."

학교에서는 상대적으로 적은 것으로 파악됐다.

<표 19> 교육사례 총괄

구분	유치원	초등학교	중학교	고등학교	대학교
대상 기관	•경민유치원 (경기도)	•귤현초등학 교(인천)	•경민여자중 학교(경기도) •부원중학교 (인천)	•경민고등학 교(경기도) •유한공업고 등학교(서울)	•경민대학교 (경기도) •성산효대학원 대학교(인천)

가. 유치원 효 교육 사례

(1) 경민유치원

개요

경민유치원(원장 박은주)은 경기도 의정부시 경민학원 내에 위치한 경민대학교의 부설유치원이다. 경민학원 인성교육의 핵심가치인 효를 유치원 교과 과정뿐 아니라 가정 및 지역사회와 연계하여 교육하고 있다. 현대의 핵가족 속에서 맞벌이 부부의 증가는 조부모님들이 육아에 개입하지 않을 수 없게 만들고 있다. 이에 유아기 아동들에게 가족의 뿌리를 인식시키고 조부모님을 공경하는 것에서부터 삼 세대 하모니 효를 통해 인성교육의 출발점으로 삼고 있다. 유치원에서는 경민학원의 "효도하겠습니다" 인사법을 가르치는 것에서부터 시작한다. 조부모님 초청 효도잔치를 비롯하여 "우리는 효자·효녀입니다"라는 주제로 예절교육, 국제효 만화 공모전 참여 및 다양한 그림책을 통한 효 인성교육을 실시한다. 더불어 가정과 연계하여 주말 과제를 주어 조부모님 초청 효도잔치를 위한 초청장 만들기, 주말 동안 조부모님 문안하기, 가족나무 만들기, 효도

쿠폰 및 효도 저금통 만들기 등을 실시한다. 더 나아가 지역사회의 양로원을 방문하여 소외된 할아버지, 할머니를 기쁘게 해드리는 효의 확장 활동을 진행하고 있다.

<표 20> 경민유치원 효 교육 체계

유치원 효 교과 과정 및 활동	가정연계 효 실천	지역사회 확장 효 실천
효도 인사법 습관화	효도잔치 초청장 만들기	양로원 방문 공연, 레크리에이션, 안마해 드리기 및 사랑의 편지 전달
조부모님 초청 효도잔치	조부모님 문안인사	
국제 효 만화 공모전 참가	가족나무 만들기	
예절교육	효도 쿠폰 만들기	
그림책을 통한 효 교육 활동	효도 저금통 만들기	

① "효도하겠습니다" 인사법 생활화 지도

극존칭 효도 인사법을 가르치고 습관화될 수 있도록 지도한다.

② 어버이날 조부모님 초청 효도잔치(삼 세대 하모니 효 교육)

유아들이 입학하고 유치원 적응기를 지나고 나서 첫 번째 행사로 어버이날에 조부모님을 초청하여 유아들에게 가정의 최고 어른이 누구인지, 가족의 뿌리가 어디에서 시작되었는지를 체험하게 하는 것에서 효 인성교육을 시작한다. 조부모님을 초청하고 잔치를 준비하는 과정에서, 중간 세대인 부모들이 자녀들을 돕는 과정에서 스스로 효의 가치를 발견하고 좋은 모델이 되고자 하는 동기유발을 일으킴으로써, 효를 통한 삼 세대 간의 하모니를 이루는 결실을 경험하고 있다.

③ 가족나무 만들기(조부모님께 문안인사 드리기)

주말 과제로 가정에서 부모와 함께 조부모님께 인사드리고 확대 가족의 이름 및 생년월일을 알아보고 가족나무를 그려보도록 한다.

④ 국제 '효' 만화 공모전 참여

경민대학교 주최로 실시되고 있는 '국제효만화 공모전'에 유아들을 참가하게 하여 효에 대한 생각을 표현하는 기회를 가져보도록 한다.

⑤ "우리는 효자 · 효녀입니다" 예절교육

부모님께 지켜야 할 바른 예절(존댓말 쓰기/말씀 잘 듣기/인사하기/투정하지 않기 등)에 대해 알아보고 실천하도록 한다.

⑥ 그림책을 통한 효 교육 활동

효와 관련된 다양한 그림책들을 통하여 생각을 나누고 생각을 표현(가족그림 그리기, 조부모님이 쓰시는 물건 알아보기, 조부모님 생신축하

동시 만들기, 부모님이 기뻐하시는 일 생각하기, 가족관계 호칭 바로 알기 등)하는 교과 과정을 실시하고 있다.

⑦ 부모님 기쁘게 해 드리기

효도쿠폰으로 부모님을 기쁘게 해 드리고 생신을 기억하고 효도저금통을 만들어 저축하여 선물을 준비하여 부모님(조부모님)을 기쁘게 해 드린다.

⑧ 양로원 방문하기

유아들의 조부모님이나 부모님뿐 아니라 양로원에 계시는 할아버지 할머니들께 기쁨을 드리는 '효'교육의 확장 활동을 실시한다. 유아들이 준비한 공연을 보여드리고 안마도 해드리고 함께 레크리에이션 및 할아버지 할머니께 사랑의 편지를 써서 전달하도록 한다.

나. 초등학교 교육 사례

(1) 귤현초등학교

개요

인천광역시 계양구 귤현길 15에 위치한 귤현초등학교(교장 김정제)는 2005년도 계양초등학교에서 분리 이양된 이래 가정과 학교가 함께 하는 교육, 효 예절 생활에 대한 인식을 제고(提高)하고 생활 습관을 정착시키는데 있어서 형식적인 행사보다는 실질적인 체험 위주의 행사가 되도록 추진하고 있다.

① 효행교육의 효과를 높일 수 있는 환경조성

활동 내용	활동 방법	활동 시기	비고
훈화 교육	학교장 훈화−가정의 달 애국 조회 시	5월 월요일	학교장
효행 사례 교육	가정 인성 행동 숙제를 통한 사례 −효 실천 내용의 내면화 자료 소개	연중	담임 교사
효행 게시 자료를 통한 교육	부착물 이용 (학급게시판, 학교게시판)	연중	화보, 사진 등
한자교육을 통한 효 지도	재량활동시간 한자 효 관련 요소 추출을 통한 내면화 교육	연중	
인성교육 체험관 활용	예절실 마련 및 학급별 예절교육 실시 예절교육관을 통한 단계적 교육	6월, 10월	본교 교육관 이용

② 교과 · 특별활동을 이용한 효행 체험 학습 프로그램 개발 · 활용

학년	교과	단원	차시	지도 내용
1학년	창의적 체험활동	자율 활동	1	친구들의 효 실천 이야기
	창의적 체험활동	자율 활동	1	가족 사랑하기
	창의적 체험활동	자율 활동	1	엄마, 아빠 사랑해요
2학년	즐거운 생활	1.소리 축제	11/12	내가 가정에서 할 수 있는 일 찾아보기
	즐거운 생활	3.토끼와 거북	3/12	효 실천 내면화 동영상 보기
			12/12	가족행사 알아보기
	즐거운 생활	4.꽃으로 꾸미는 세상	2/12	효도권을 사용한 효 실천하기
	즐거운 생활	1.노래하는 아이들	5/6	화목한 가정에 대하여 알아보기
	즐거운 생활	3.아름다운 우리나라	2/12	효행 일기 쓰기

3학년	도덕	3. 사랑이 가득한 우리 집	1-2/3	가족의 소중함 알기, 웃어른께 효도하는 방법 알기
4학년	국어 (듣·말·쓰)	4. 이 말이 어울려요	4-6/12	알맞은 내용을 넣어 웃어른께 마음을 전하는 편지 쓰기
5학년	도덕	심화보충	1차시	심화보충 진정한 효
	실과	1. 나의 생활과 옷 차림 부모님께서 주신 소중한 몸	1~2 차시	바른 몸가짐 하기
6학년	특활 적응활동	감사하는 마음	1	부모님께 감사의 편지쓰기
	듣·말·쓰	7. 문학의 향기	1/16	아버지의 사랑을 주제로 시 바꾸어 쓰기
	국어	심화보충	1	효 체험 활동 후 소감문 쓰기

③ 창의적 체험활동에서 효 체험교육

영역	실천 내용	대상
자치활동	효행 학급회 월 1회	4~6학년
적응활동	효 실천 사례 발표 (1회), 주 2회 효행 일기 쓰기	전교생
계발활동	우리 가족 자랑하기, 효행 글쓰기 및 그리기, 효행 편지쓰기, 가정의 달 부모님 자랑하기, 효행 자녀 선발 대회, 효행카드 만들기, 부모님과 여행하기, 효행 문집 만들기, 부모님 전기문 쓰기	전교생
봉사활동	가족과 함께 경로당, 사회 복지 시설 방문하기	전교생
행사활동	효행 체육회, 우리 고장의 선비 정신과 효 실천 사례 답사, 효행 학예회	전교생

④ 효행의 달 및 효행의 날 운영

실천 과제	실천 계획	대상	목표	시기
효 예절 환경구성	• 효 예절 관련 고사성어 등으로 환경구성	1~6	1회	4월
예절지킴이 활동	• 예절지킴이 선발 조직, 발대식 • 예절지킴이 소양 교육 • 예절지킴이 인사운동	4~6 4~6 4~6	1회 1회 월 2회	4월 4월 연중
효 예절실 운영 (명예교사 활용)	• 기본생활 예절 지도 및 전통 예절 지도 • 한복 입는 방법 • 바른 인사법(공수법) • 다도 예절 익히기 • 친족 존칭 알기	1~6	학급별 2회	5, 6, 10, 11월
효행의 달 운영 (10월)	• 웃어른께 감사편지 쓰기 • 효행 일기 쓰기 • 효행 그림그리기 • 효행 글짓기 • 부모님 자랑 발표 • 가족사랑 이웃사랑 효행 실천 사례 발표 대회 • 어르신 잔치	1~6 2 3 4 5 6 어르신 100	1회 1회 1회 1회 1회 1회 1회	10월 10월 10월 10월 10월 10월 11월
효행의 날 운영 (매월 2주, 4주 금요일)	• 효 예절 교육 자료 배부 • 효 예절 관련 자료 읽기	1~6 1~6	월 2회 연중	연중 3~2월
효행 일기 쓰기	• 효 실천하고 일기쓰기	1~6	연중	3~2월
효 예절상 시상	• 효행 모범 사례 발굴 시상	4~6	4회	5, 7, 10, 12월
가족동반 효 체험 학습 운영	• 학생 개인별 가족동반체험 및 학습 운영	1~6	연중	3~2월

⑤ 부모님과 함께 하는 가족 테마체험 활동실시

• 가족 테마 활동의 주요 프로그램 안내

• 효행의 날(매월 8일), 효행의 달(10월)을 통한 실천적 효 체험 프로그램 운영

• 가족 테마체험 활동 실천사례 발표회 및 전시회 개최

• 가족 테마체험 활동 보고서 포토폴리오 우수아 표창

⑥ 효행일기 쓰기를 통한 가족사랑 실천의지 다지기

• 효행교육과 관련된 덕목을 생활 범주에 따라 설정

생활 범주	효행 실천 항목
가정생활	인사, 가정 학습, 가사일 돕기, 형제간 우애 있는 생활하기
학교생활	학력 신장, 선생님께 인사 바르게 하기, 건강하기, 착한 일 하기, 교칙 잘 지키기
사회생활	어른 공경하기, 질서 지키기

• 효행 일기 내용 구안

2011년   월   일   요일   날씨

오늘의 중요한 일

• 부모님께서 기뻐하신 일 :

• 부모님께서 걱정하신 일 :

• 부모님을 화나게 한 일 :

• 오늘 가정의 행사 :

• 내가 도운 집안 일 :

오늘의 효행 일기 주제 :

• 교사나 학생, 교사나 학부모, 학생과 학부모 상호간에도 전할 말이 있으면 효행 일기장을 활용.

• 효행 일기장을 통하여 수시로 가족 상황이나 학생의 어려움, 부모의 자녀 지도의 애로점 등을 상담하도록 함.

⑦ 지역사회기관과 자매결연을 활용한 효 교육

내용	세부 내용	비고
기관 방문 봉사 활동	경로당 방문 청소하기, 위문 잔치하기 • 팔다리 주물러 드리기 • 음식을 장만하여 간단한 대접해 드리기 • 장기 자랑을 통해 위문하기	4~6학년
효행 문화 유적 탐방	유물, 유적, 고전 조사하기 효자, 효부, 효녀 조사하기 효행 관련 이야기 조사하기	4~6학년

⑧ 학부모 효행교육 실시

• 효행 모범인사, 저명인사 초청 강연회

다. 중학교 효 교육 사례

⑴ 경민여자중학교

개요

경기도 의정부시에 위치하고 있는 경민여자중학교(교장 : 이긍연)는 1967년도 개교한 이래 효에 바탕을 둔 인성교육을 실시하고 있다. 이 학교의 효 교육은 학교장 주관 하에 연간 효행활동지도계획을 수립하고 월별 지도 및 활동 계획을 작성함으로써 체계적으로 시행한다. 교육의 주요 내용은 『신 명심보감』을 3학년 선택 과목으로 주 1회 실시하는 것을 비롯하여 ①효도 인사 시행 ②교과목 교육시 효 지도(주 1회) ③생신축하카드발송 ④효도 일기 쓰기 ⑤효도 클럽 운영 ⑥1일 1선 활동 ⑦효행 실천 활동 ⑧기회 및 수시교육 등이다.

교육 내용

① 효도 인사제도 시행

교사에게 인사할 때 학생은 "효도하겠습니다", 교사는 "효도합시다"라고 답례하며 칭찬과 덕담을 건넴으로써 대화 분위기를 유도한다.

② 교과목 교육에 효 지도 포함

학습 지도 안에 효 교육 내용을 포함하여 주 1회씩 교육한다.

③ 부모님 생신축하카드 발송

담임교사는 학년 초에 부모님의 월별 생신 현황을 파악하여 작성하고, 교감은 생신 전날 담임교사로 하여금 생신카드를 작성케 하여 해당 학생이 부모님께 드리도록 한다. 그럼으로써 자식으로서 부모님의 생신일을 기억하게 하고 축하드리도록 유도한다.

④ 효도 일기 쓰기

담임교사 지도하에 주 2회 효도일기를 쓰도록 지도한다.

⑤ 효도 클럽의 조직운영

입학 초(4월초)에 학급당 5~6명씩 친한 학생끼리 조를 편성(학급당 5~6개 조)하여 체계적으로 진행한다. 방법은 조별로 이름을 짓고 조장을 임명하여 자율적 분위기 속에서 부모님께 효를 실천하도록 한다.

⑥ 1일 1선 교육

생활습관 바르게 하기, 친절하기 등 착한 일을 하도록 유도한다.

⑦ 효행 실천 활동

연간 계획에 의거 양로원과 노인정을 방문하고 복지관에서 봉사활동을 실시한다. 방학 중이나 명절 때 부모님과 조상님, 이웃 어른께 효 실천 내용을 발표케 하고 우수자를 선발하여 표창한다.

⑧ 기회 및 수시교육

학생들로 하여금 부모님께 감사하는 내용을 정리하기, 어버이날 행사, 가족과 함께 하는 효 체험 참가 및 발표 기회 등을 부여한다.

⑨ 세안식 · 세족식

도덕, 종교 교과 시간에 급우들 간에 세안식 · 세족식을 진행하며 방학 과제로 '부모님 발 씻겨 드리기' 체험보고서를 제출케 한다.

⑩ 효 만화, 애니메이션, 캐릭터 대회를 실시하고 시상하며, 경민대학교에서 실시하는 '효 만화 애니메이션 대회' 에 참가한다.

⑪ 효도 클럽 훈화 및 특강

연중 효와 관련하여 명사 초청 특강을 실시한다.

⑫ 장한 어버이, 효행학생 표창

5월 가정의 달에 전교생을 대상으로 장한 어버이와 효행 학생을 조사하여 표창한다.

⑬ 가훈 및 가계도 알기

4월 중에 급우간에 교제가 이뤄지고 학급 분위기가 안정되면 담임선생님의 지도로 가훈 및 가계도를 알아보도록 한다.

⑭ 선생님께 편지쓰기

5월 스승의 날 즈음하여 국어 교과 시간을 활용하여 선생님께 편지쓰기를 실시한다.

(2) 부원중학교

인천광역시 부평구 부평동에 위치하고 있는 부원중학교(교장 : 김종현)는 1991년도 개교한 이래 "효 교육을 실천하는 으뜸 부원인"이란 슬로건과 함께 인성교육을 실시하고 있다. 이 학교의 효 교육은 학교장 주관 하에 다음과 같은 '효 특색사업'을 하고 있다.

① 효 실천 교육을 위한 인프라 구축 : 체계적인 효 교육 실천을 위한 도서 확충 및 방송실 운영, 사이버 효 마당 운영을 통해 학생들이 효 실천을 서로 공유함으로써 효 실천이 생활화되도록 한다.
② 교육과정과 연계한 효 교육 프로그램 구안·적용 : 학년별, 단계별 교수·학습모형을 정립하고 교수·학습·활동을 통해 효 실천력을 높인다. 효 실천 기록장 "저는 효자입니다"를 구안·제작·활용하여 체계적인 효 교육 활동이 되도록 한다.
③ 교육공동체와 함께 효자 기르기 : 다양한 실천 중심의 효 프로그램을 통해 우리 조상들의 효 의식을 올바로 이해함으로써 생활 속의 효 실천에 스스로 앞장서는 으뜸 부원인 '효자'가 되도록 한다.

① 홈페이지 효도 방 운영

학교 홈페이지에 '효자 방', '사랑의 우체통', '효 자료방' 등으로 구성된 '효도 방' 코너를 운영한다. 효자 방의 탑재 내용은 효 문화제 글짓기, 가족사랑 실천사례 글쓰기대회, 월별 효자 반 선정 공시, 요양원 방문 봉사활동 등을 게시한다. 사랑의 우체통에는 효 관련 자료를 공유하고, 세안식·세족식, 부모님께 드리는 편지 등을 게시한다. 효 자료방에는 학생 효행사례, 월별 효 교육자료 등을 게시한다.

② 효자 인증제 시행

매달 100명에서 150명 정도의 효자를 선발하는데, 이는 학생들의 '효 실천 기록장'을 중심으로 담임교사의 추천과 학교 효자 인증 심사위원회의 엄정한 심사 및 면담을 통해 「이달의 효자」를 선정한다. 효자로 선정된 학생들에게는 효자 배지를 상용할 수 있는 권한을 부여하며, 효 순례, 효 장학생, 생활기록부 등록 등의 특혜가 주어진다.

③ 세안식·세족식

희망하는 학부모님과 학생들, 그리고 담임선생님이 함께 참여하는 세안식과 세족식을 연 7회 교내에서 실시한다. 훈화, 효 동영상 시청, 어버이 은혜 합창, 부모님께 드리는 효도 편지 낭독, 부모님 답장, 세안식, 세족식, 부모님 포옹하기 순으로 진행한다.

④ 효행 노트 작성하기

효 교육의 연계를 위해서 1·2·3학년용 효행 기록장을 별책으로 만들어서 효 교육을 하는데 중복을 피하도록 하고, 학년별로 심층적인 효 교육이 되도록 제작한다. 전교생에게 효행 노트를 학년 초에 나누어 주고 매달 담임교사의 검사를 통해 '이달의 효자'로 추천하는 귀중한 자료가 되도록 하는데, 학년별 효행 실천 단계에 따라 다음과 같이 42가지의 효 실천 내용이 들어 있다.

영역	효자 인증 프로그램
정의적 영역 (내면화의 원칙) 15	효도 상품권 만들기, 역할극으로 입장 바꿔 생각하기, 가족신문 만들기, 태몽이야기 듣기, 대안학급, 명사초청 효 교육 강연, 부모님과 나의 닮은 점 찾기, 전통문화 체험, 경로당 위문, 독거노인 방문하기, 10원짜리 동전 햇빛 보이기, 효 명상의 시간 운영, 환경봉사단 운영, 학부모 상담의 날 운영, 독서교육.
인지적 영역 (복합성의 원칙) 14	나의 뿌리 찾기, 효행 기록장 쓰기, 학교장·담임 훈화 교육, 효행교육, 효자 인증제, 부모님의 전기문 쓰기, 민주시민교육, 3대 예절 교실 운영, 경제일기 쓰기, 우리 누리 상담실 운영, 미인대칭비비불 운동, 할아버지·할머니 방문하기, 다사랑 동아리 활동, 고운 말 쓰기.
행동적 영역 (외형적 행위 원칙) 13	30초간 부모님 껴안아 드리기, 등·하교 시 큰절하기, 효행의 달·효행의 날 운영, 효행 체험활동, 효행 봉사단 운영, 효도 휴가 실시, 부모님 직장 방문하기, 효자 인사하기, 세안·세족식, 향사단 운영, 효 체육대회 및 효행잔치, 부모님과 목욕 함께하기, 부모님 어깨 주물러 드리기.

⑤ 효 문화 글짓기 대회

10월은 효행의 달이다. 10월 한 달 동안의 다양한 효 행사 중의 하나로 '효 문화 글짓기 대회'를 전교생을 대상으로 개최한다. 우수자에게는 시상과 함께 부원 축제행사 때 전시하여 명예를 드높인다. 그리고 각종 행사에 출품한다.

⑥ 가족사랑 효 실천 글쓰기 대회

매월 8일은 효행의 날이다. 전 달에 전교생에게 가족사랑 효 실천 글짓기 과제를 부여하여 우수한 효 실천 글을 쓴 학생에게는 표창장을 수여하고, 전교생을 대상으로 그 글을 낭독하게 하여 효 실천의지를 북돋운다.

⑦ 월 단위 효자 반 선정

매월 실시하는 효자인증제에서 효자를 가장 많이 배출한 2개 학급을 선정하여 한 달 동안 '효자 반'이라는 명패를 학급 출입문에 부착하여 칭찬해 주며, 그 반 전체 학생들에게는 소정의 부상(학용품이나 음식)을 주어 그 뜻을 기린다. 33개 학급끼리 선의의 경쟁심을 유발시킨다.

⑧ 요양원 방문 봉사활동

학교 이웃에 있는 신명 요양원과 자매결연을 맺고 계속적으로 방문하여 다양한 봉사활동을 전개하고 있다. 양로원을 방문할 때에는 학생들이 모금한 돈으로 각종 상품들을 정성스럽게 장만하여 가지고 가서 전달하고 청소 및 심부름하기, 목욕 봉사와 대화 상대해 드리기 등 봉사 활동으로 경로효친의 사상을 체험한다.

⑨ 월별 효 교육자료 공시

월별 효 교육은 법정기념일과 관련되거나 부모님 생신, 결혼 기념일 등을 기억하게 해서 교육하도록 관련 자료를 공시한다. 법정기념일은 국가 및 정부부처의 업무와 관련하여 국민들이 기억하고 기념하도록 하기 위해 정해 놓은 날이다. 국민으로서 기념일의 의미를 알고 기념해야 한다는 취지로 정부에서는 '73년 3월 30일 [각종 기념일 등에 관한 규정(대통령령 제6615호)]을 제정하였다. 이 규정에 의해 정해진 기념일은 2010년 현재 41종이고, 개별 법령에 의해 지정된 기념일이 추가로 11일이 있으며, 모든 기념일의 의식과 행사는 엄숙하고 검소하게 치르도록 규정하고 있다. 따라서 기념일 중에서 효와 관련된 날들, 예컨대 어버이날, 어린이날, 노인의 날, 장애인의 날, 성년의 날 등 인륜과 관련된 기념일의 선정

배경과 의미를 알 수 있도록 하는 교육 자료이다.

라. 고등학교 효 교육 사례

(1) 경민고등학교

개요

경기도 의정부시에 위치하고 있는 경민고등학교(교장 : 권연택)는 1971년도 개교한 이래 효에 바탕을 둔 인성교육을 실시하고 있다. 이 학교의 효교육은 학교장 주관 하에 연간 효행활동 지도계획을 수립하고 월별 지도 및 활동 계획을 작성함으로써 계획서에 의거 시행한다. 교육의 주요 내용은 신입생을 대상으로 하는 애국교육, 효도교육, 1일 1선교육, 신앙교육, 독서교육 등을 경민인성교육원에 입소(1박 2일)하여 실시하고, 학교 생활에서는 ①효도클럽의 조직 운영 ②생신 축하카드 발송 ③학부모님께 담임교사 편지 보내기 ④부모님께 편지쓰기 ⑤효행인사 시행 ⑥'효' 구호와 함께 전화 받기 ⑦효행사례 발표 및 시상 ⑧효 만화 애니메이션 대회 작품 출품 ⑨수능시험 후 특별인성교육 등을 통해 효 실천을 유도하고 있다.

교육 내용

① 효도 클럽의 조직운영

입학 초(3월 초)에 학급당 6~7명씩 서로 왕래할 수 있는 친한 학생끼리 조를 편성(학급당 5~6개조)하여 체계적으로 진행한다. 방법은 조별로 이름을 짓고 조장을 임명하여 자율적 분위기 속에서 추진되도록 한다.

② 생신 축하카드 발송

담임교사는 학년 초에 부모님의 생신현황을 파악하여 작성하고, 교감은 생신 전날 담임 교사로 하여금 생신카드를 작성케 하여 해당 학생이 부모님께 드리도록 한다. 그럼으로써 자식으로서 부모님의 생신일을 기억하게 하고 축하드리도록 한다.

③ 담임교사가 학부모님께 편지 발송하기

매월 마지막 주 학생들이 부모님께 올리는 편지에 담임교사들로 하여금 학생들의 생활과 특기사항 등을 적어 학부모에게 편지를 보내드린다.

④ 부모님께 편지쓰기

학생들은 학교생활 중에 느끼는 부모님에 대한 은혜와 감사한 마음을 담아 매월 부모님께 편지를 쓰도록 하는 것으로 다음과 같이 시행한다.

월	주	주제	세부계획
4	1	• 학교 소감 • 나의 각오 • 장래와 포부	• 새 학년, 새 생활 계획 쓰기 • 나의 좌우명을 갖고 생각해 보기 • 나의 학교 선생님, 친구 자랑 쓰기 • 장래의 진학, 직업에 대한 희망 쓰기
5	1	• 부모님께 감사하며, 나의 장단점 알기	• 나의 자랑, 나의 장점 및 단점 쓰기 • 자랑스러운 부모님에 대하여 쓰기 • 나의 조상을 알고 자랑하기 • 부모님께 평소 내가 잘못한 내용을 쓰고 반성하기 • 자신을 위하여 고생하시는 부모님에 대한 나의 느낌 쓰기
6	5	• 국가와 사회에 대한 봉사 및 여름방학 계획 세우기	• 나라사랑에 대한 자신의 각오 쓰기 • 순국선열 및 전몰장병에 대하여 감사의 마음 쓰기 • 부모님과 약속한 내용 다시 한 번 생각하고 실천하기 • 보람 있게 보낼 방학 계획서 쓰기

9	2	• 새로운 각오로 2학기 계획 세우기	• 1학기에 대한 반성과 새 학기의 각오 쓰기 • 감명 깊은 책을 읽고 감상문 쓰기 • 1학기 간 급우관계 생각하며 나의 위치 쓰기
10	2	• 감사하는 마음	• 풍성한 곡식의 결실모습을 보며 하나님께 감사하기 • 가족사랑에 대하여 쓰기 • 더위 속에서 수고한 농민들의 고마운 마음 쓰기
11	4	• 절약하는 생활 및 한해의 반성	• 불우 이웃을 생각하며 절약하고 아껴 쓰기 • 용돈을 절약하며 저축하는 생활하기 • 더불어 사는 세상과 이웃을 보며 나의 각오 쓰기 • 한해를 보내며 자신의 반성과 다짐 써보기

⑤ 효행 인사제도 시행

교사에게 인사할 때 학생은 "효도하겠습니다"라고 인사하고, 교사는 "효도합시다"라고 답례하며 칭찬과 덕담을 건넨다.

⑥ '효' 구호와 함께 전화 받기

학교 내 종사하는 모든 교직원은 전화를 받을 때 "효도를 가르치는 경민고등학교 ○○○입니다"라는 말을 하고 나서 전화통화를 시작한다.

⑦ 효행 실천사례 발표 및 시상

방학 중, 또는 명절 때 부모님과 조상님, 이웃 어른께 실천한 효도 내용을 발표하게 하고 우수자를 표창한다.

⑧ 효 만화 애니메이션 대회 출품 계도

효 만화 애니멘이션 대회에 효 관련 작품을 출품토록 함으로써 효를 현대적으로 표현할 수 있는 지혜를 함양하며 실천을 계도한다.

⑨ 수학능력 시험 후 특별 인성교육

수능고사를 마친 후 등교하는 학생들에게 고전에서 배우는 효, 글로벌 리더가 되는 효와 독서, 효의 패러다임과 셀프리더십, 현대적 효의 실천, 자녀의 역할과 효 등에 대한 특별 강연을 실시한다.

⑩ 효도클럽 일지 작성

모든 학생들은 정해진 효도클럽 조별로 매주 효도클럽 일지를 작성한다. 일지는 효도클럽운영에 대한 교장선생님의 통신문, 설립자님 인사말, 경민효교육헌장 및 효 실천 항목이 수록되어 있고, 뒷면부터 학생들의 매주 중점과제, 금주의 세부실천계획을 작성하게 함으로써 효를 실천하게 하고 있다. 클럽일지 작성의 모범적인 조, 모범적인 학급은 정기적으로 포상하여 격려한다.

(2) 유한공업고등학교

개요

서울시 구로구 항동 10−8에 위치하고 있는 유한공업고등학교(교장 : 서성원)는 지난 1985년부터 효에 바탕을 둔 예절교육을 하고 있다. 교육의 내용은 '매일 집안에서 부모님께 큰절하기, "저는 효자입니다." 인사하기' 등으로, 전통적인 효(孝)사상과 설립자인 고 유일한 박사님의 가르침인 '성실'과 '양심'에 중점을 두고 교육하고 있다.

교육 내용

① 부모님께 큰절하기 운동

'매일 집안에서 큰절하기'는 매일 아침에 일어나자마자 옷매무새를 단정히 한 뒤 어른들께 문안 인사를 여쭙고 등하교 때는 큰절을 하는 것이다. 처음에는 잘 시행되지 않아 선생님들이 아침, 저녁으로 확인전화를 하고, 담임선생님들이 집을 방문하여 학생들의 참여를 유도하였는데, 점차 시일이 지나면서 학생들 스스로 문안 인사를 올리게 되었다.

② "저는 효자입니다" 인사하기 운동

유한공고 학생들은 '저는 효자입니다.' 라는 독특한 인사를 한다. 수업시간에 선생님이 들어와 교단에 서면, 반장의 경례구호에 맞춰 전체 학생들이 일제히 "저는 효자입니다." 하고 큰 소리로 외치며 머리를 깊이 숙여 인사를 하는 것이다. 매 수업시간 선생님께 인사할 때마다 효자이기를 다짐하는 이 인사법은, 학생들의 인성교육을 위한 한 방도로 실시하게 되었다. 하루에도 여러 차례 반복되는 이 인사를 통해 자기 암시를 함으로써, 학교는 물론 가정생활에서도 변화를 꾀하자는 것이다. "형식적인 인사가 뭐 그리 중요하냐"며 대수롭잖게 여길지 모르나, "형식은 내용을 담는 그릇이다. 말은 생각의 알맹이요, 의지의 표명이다." 때문에, 이런 인사를 할 때마다 스스로 다짐하게 되는 것이다.

③ 효행 일기쓰기 운동

효행 일기장을 만들어 학생들에게 나눠주고, 매일매일 효행 일기를 쓰도록 한다. 효행 일기를 제작한 동기는 끊임없는 자기 성찰을 통해 그릇된 길로 빠지는 것을 미연에 방지하고, 부모님의 은혜에 조금이라도 보답하는 계기를 만들려는 데 있다. 먼 훗날 어느 불행했던 시인처럼 '부끄러운 참회록'을 쓰지 않기 위해 '효행 일기'를 자신의 거울로 삼아 차분히 하루를 반성하며 부끄럽지 않은 삶을 살아가자는 것이다.

1. 집안일을 도와드리는 것
2. 마음을 편안하게 해드리는 것
3. 말씀을 잘 듣는 것
4. 공부를 열심히 하는 것
5. 자기 일에 충실하는 것
6. 부모님의 건강을 생각하는 것
7. 거짓말하지 않는 것
8. 경어 쓰는 것
9. 형제간에 우애 있는 것
10. 존경하는 마음을 가지는 것
11. 사고 치지 않는 것
12. 가출하지 않는 것
13. 용돈 아껴쓰는 것
14. 자주 부모님을 생각하는 것
15. 좋은 친구를 사귀는 것
16. 함께하는 시간을 자주 갖는 것
17. 걱정 끼쳐 드리지 않는 것
18. 방 청소하는 것
19. 반찬 투정 안 하는 것
20. 모든 일에 정직하고 성실한 것
21. 심부름 잘하는 것
22. 조상의 생애에 대해 공부하는 것
23. 집안 어른들을 자주 찾아뵙는 것
24. 일찍 집에 들어오는 것
25. 기쁘게 해드리는 것
26. 입신양명(立身揚名)하는 것
27. 제일 좋은 방에 모시는 것
28. 맛있는 것 사다드리는 것
29. 불우이웃을 돕는 것
30. 창의적인 생활을 하는 것

1. 부모님께 순종하지 않고 반항하는 것
2. 형제와 싸우는 것
3. 부모님을 속이는 것
4. 부모님께 걱정 끼쳐드리는 것
5. 부모님을 미워하는 것
6. 부모님을 도와드리지 않는 것
7. 일찍 집에 돌아가지 않는 것
8. 공손한 말과 행동을 보이지 않는 것
9. 부모님과 약속을 지키지 않는 것
10. 부모님의 눈에서 눈물 흘리게 하는 것
11. 부모님께 말대꾸하는 것
12. 부모님께 짜증내는 것

13. 부모님보다 먼저 죽는 것	22. 공부를 열심히 하지 않는 것
14. 학교생활을 성실하게 하지 않는 것	23. 부모님 기대에 어긋나는 것
15. 집이 싫다고 하여 가출하는 것	24. 내 몸을 손상시키는 것
16. 음식을 가려먹는 것	25. 용돈을 헤프게 마구 쓰는 것
17. 잘못을 뉘우칠 줄 모르는 것	26. 죄 짓고 교도소 가는 것
18. 외박하는 것	27. 부모님께 인사하지 않는 것
19. 부모님 생신을 기억하지 못하는 것	28. 유해업소 출입하는 것
20. 부모님 은혜를 모르는 것	29. 음주, 흡연하는 것
21. 한꺼번에 너무 많은 요구를 하는 것	30. 잡기에 빠지는 것

마. 대학교 효 교육 사례

(1) 경민대학교

개요

경기도 의정부시에 위치하고 있는 경민대학교(총장 : 홍문종)는 1997년도 개교한 이래 효에 바탕을 둔 인성교육을 실시하고 있다. 대학의 효 교육은 "사람이 된 후 학문이요, 명예요, 재물이다"라는 설립이념과 '신앙·효도·애국'의 설립정신, '실력·봉사·실천'의 교훈에 입각하여 인성을 갖춘 리더 육성에 목표를 두고, 이를 위해 대학에 '효충사관과'와 '효충교육원'을 개설하였다. 대학 교육과정의 교양필수 과목으로 '효충인성교육', '인간과 윤리', '생활한자', '사회봉사', '독서와 표현' 등을 편성하여 인성함양에 역점을 두고, 특히 국내 유일하게 효충사관과를 개설하였다. 효충사관과는 수도권(한수 이북)에 유일하게 위치한 직업군인을 양성하는 학과로서, 군복무 후 효 운동분야에서 종사할 수 있도록 하기 위해 개설한 학과이다. 이를 위해 육·해·공군과 협약을 체결하여 '효충에 기초한 군대리더를 양성한다.'는 목표로 교육하고 있다. 특히 인성을 갖춘 직업군인(장교·부사관)을 양성함으로써 국민교육의 도장이면서 '군대 가면 효자 된다'는 국민의 기대에 부응하기 위해 효충지도자 육성에 역점을 두고 있으며, '효도하겠습니다(학생)'와 '효도합시다(교수)' 등 효행 인사제도를 시행하고 있다. 특이한 점은 대학교 부근에 술집이나 모텔, PC방 등 유흥업소가 하나도 없는데, 이는 인성교육의 결과로 학생들이 찾지 않기 때문으로 생각된다.

교육 내용

① 효충 인성교육

신입생이 입학한 직후에, 인성교육계획에 의거 학과별로 1박 2일 동안 효충 인성교육원에 입소하여 교육을 받는다. 이때는 특히 부모님 초청행사를 통해 효 특강과 '세안·세족식' 등을 실시한다.

② 「인간과 윤리」 필수과목

명심보감을 교재로 효에 바탕을 둔 인간과 윤리에 대해 배운다.

③ 효친회 활동

교수와 학생이 효친회를 조직하여 각종 행사에서 효 관련 행사 및 봉사활동을 실시한다.

④ 효 만화 애니메이션 공모전 개최

효를 청소년들이 공감할 수 있는 주제를 선정하여 만화와 애니메이션으로 표현함으로써 시대에 부합하는 효를 통해 청소년의 관심을 불러 일으킨다.

⑤ 효행 인사제도 시행

교수에게 인사할 때 학생은 "효도하겠습니다.", 교수는 "효도합시다."라고 답례하며 칭찬과 덕담을 건넨다.

⑥ '효' 구호와 함께 전화 받기

학교 내 종사하는 모든 교직원은 전화를 받을 때 "효도를 가르치는 경민대학 ○○○입니다"라는 말을 하고 나서 전화통화를 시작한다.

⑦ 효충사관과 개설 및 운영

대학의 설립이념(사람이 된 후 학문이요, 명예요, 재물이다)과 설립정신(신앙, 효도, 애국)을 선도(先導)할 목적으로 개설된 효충사관과는 효에 대한 이론과 실제를 배운다. 효충사관과는 효충에 기반을 둔 직업군인 간부인력과 효문화운동가를 양성하는 학과이다. 국내에서 유일하게 효충을 기반으로 하여 리더를 양성하는 학과를 설립하게 된 동기는, 역사적으로 나라가 어려움에 처했을 때 나라를 구한 정신은 효충 정신이었다는 점을 중시한다. 특히 육군이 충효교육을 강화함에 따라 연간 600여 명의 교관을 양성하고 있으며, 건전한 민주시민을 육성하는 국민교육도장에서 임무를 수행할 간부를 육성한다는 사명감과 함께 군의 간부는 무엇보다도 국가관과 효충정신이 충실해야 한다는 점에 큰 의미를 두고 있다.

또한 2008년에 효행장려지원법이 제정됨으로 인해 우리 사회에 효 문화를 확산할 인재를 육성할 필요성이 제기되었다. 현대사회의 급속한 변화로 인해 가족의 형태가 전통적 대가족 형태에서 핵가족화로 되어 가고 있는 시점에서, 이 시대가 요구하는 효를 교육함으로써 효 문화의 확산에 필요한 인재를 육성하고 있는 것이다.

효충을 기반으로 하여 대한민국 최고의 직업군인을 육성하는 명품학과를 육성한다는 목표로 교육하는 효충사관과는 다음 사항에 교육의 중점을 둔다. 첫째, 인성을 갖춘 군의 간부를 육성한다. 군의 간부는 평상시 군대조직을 관리하고 위기상황에서는 병사들을 지휘 및 관리 함으로써 국민의 생명과 재산을 보호해야 할 책임을 갖고 있는 신분이다. 특히 대한민국의 국력신장으로 인해 경제적으로 풍요로워졌으며 민주주의의 안정적 정착 및 교육수준의 향상으로 개인의 인권과 가치가 그 어느 때보다도 중요시되고 있다. 이러한 사회적 분위기 속에 병영에서도 전문성과 인격적 수준을 동시에 구비한 리더를 요구하고 있으며, 이런 현상은 점차 증대될 것으로 예상된다. 따라서 효충사관과는 이러한 시대적 요구에 부응하고자 인성을 갖춘 군 간부를 육성함을 일차적 목표로 삼고 있다.

둘째, 효행장려지원법 시행에 소요되는 사회적 인재를 육성한다. 효행장려지원법의 출범에 따라 사회적으로 효행문화를 촉진할 전문 인재를 필요로 하고 있다. 향후 학교를 포함하여 각종 교육기관에서 효 교육을 담당할 수 있는 전문 인력이 필요할 것으로 예상되는데 비해, 효 교육 전문가를 육성하는 기관은 극히 부족한 실정이다. 효충사관과는 군뿐만 아니라 일반 사회에서도 요구되는 효행 전문 인력을 육성하는 것을 목표로 한다.

셋째, 수요자의 교육요구를 충족할 수 있는 현장중심의 교육을 시행하고자 한다. 이를 위해 경기북부 지역에 위치한 다수의 군부대와 학군협약을 체결하였다. 이러한 부대와의 긴밀한 협조관계를 통해 이론과 실제를 겸비하고 군에서 필요로 하는 인재를 육성하는 수요자 중심의 교육을 실시하고 있다. 또한 인접부대의 군 전문 강사초빙 및 현지 워크숍을 진행하는 등 상호 긴밀한 협조관계를 유지하고 있다.

<표 21> 경민대학교와 효충사관과의 교육목표

경민대학교 교육목표	효충사관과 교육목표
• 설립이념 : "사람이 된 후 학문이요, 명예요, 재물이다." • 설립정신 : 신앙, 효도, 애국교육 • 교훈 : 실력, 봉사, 실천	• 군 리더에게 적합한 인격, 지식, 행동력 겸비 • 효행 실천을 기반으로 한 '효' 전문가 육성 • 투철한 국가관 및 애국정신 함양 • 효충에 바탕을 둔 직업군인상 정립

<표 22> 경민대학교 효충사관과의 교육과정표

구분	1학기	2학기
1학년	자세훈육(1), 효학개론(3), 효실천론(2), 제식훈련(3), 지적능력(2), 의사소통(2), 전쟁사(3), 군사영어(2), 무도(2)	실무훈육(1), 효교육론(3), 생활한자(2), 무기체계(2), 인명구조/응급처치(2), 조직행동론(3), 생활한자(2), 생활컴퓨터(2), 태권도 품새(2), 병영견학/체험(2)
2학년	생활훈육(1), 효리더십론(2), 조직관리론(2), 군대윤리(2), 효법제/행정론(2), 태권도 겨루기(2), 군사학개론(2), 국가안보론(2), 병영체험(2)	임관훈육(1), 효경(2), 충효예교육/병영문화(3), 국방체육(3), 효상담(2), 군리더십(3), 북한학(2), 직업군인론(2)

(2) 성산효대학원대학교

개요

인천광역시에 위치하고 있는 성산효대학원대학교(설립자 겸 총장 : 최성규)는 1996년 세계에서 최초로 효학 전문 대학원대학교로 설립되었다. 설립정신인 성경적 효를 바탕으로 현대적 개념의 새로운 효(HYO=Harmony of Young & Old) 패러다임을 정립하였다. 또한 인간의 아름다운 가치이며 인류의 소중한 정신문화 유산인 효를 가르치고 지도할 효 학자, 효 지도자, 효 교육자, 효 실천운동가 등 효 전문 인력을 양성하고 있다. 대학원은 현대 사회에 맞는 광의의 효 개념인 「효 7대 실천 강령」을 교육목표를 삼고 있다.

<표 23> 효 7대 실천 강령

① 하나님을 아버지로 섬김(경천애인의 실천)
② 부모 · 어른 · 스승 공경　　③ 어린이 · 청소년 · 제자사랑
④ 가족사랑　　　　　　　　　⑤ 나라사랑
⑥ 자연사랑 · 환경보호　　　　⑦ 이웃사랑 · 인류봉사

교육 및 사업 내용

효행장려 및 지원에 관한 법령이 2007년 8월 3일 제정 공포되어 앞으로 효 전문 인력의 수요가 증가할 것으로 예상된다. 이 법은 "아름다운 전통문화인 효를 국가차원에서 장려함으로써 효행을 통하여 고령사회가 처하는 문제를 해결할 뿐만 아니라 국가가 발전할 수 있는 원동력을 얻는 외에 세계문화의 발전에 이바지함을 목적"으로 하고 있다. 이에 각급 학교에서는 효를 유아로부터 어린이, 청소년들에게 교육하여야 한다. 이에 따라 효 전문 인력을 충당하기 위하여 효학 석 · 박사 과정을 통하여 많은 효 학자, 효 교육자, 효 지도자, 효 실천가 등을 배출하고 있다.

① 효학 석사과정 운영

신입생 모집 정원 90명으로 효학 석사, 효 교육학 석사, 효 문화학 석

사, 교육학 석사 학위를 취득 각급 학교 혹은 효문화진흥기관에서 활동
한다.

② 효학 박사과정 운영

박사과정 모집 정원 16명으로 효학 박사학위 취득자들은 전국의 효 관
련대학에서 효학 관련 교수 및 효 지도자로 활동한다.

③ 효 지도사 양성

전국적으로 효 지도사를 양성한다.

④ 효학 특강 및 강연회 실시

전국의 학교, 군부대, 기관, 기업체 등에 효 전문 교수들을 파견 효 관
련 특강을 실시하고 있다.

⑤ 청소년 효 수련관 운영

수천 명을 수용할 수 있는 청소년 효 수련관 시설을 운영하고 있다.

⑥ 청소년 효행봉사단 교육

각급 학교 효행봉사단의 학생과 교사를 대상으로 효 교육을 실시하고
있다.

⑦ 성인 및 청소년 대상 효행상 시상 운영

전 국민을 대상으로 효를 실천한 인물을 추천받아 선발하여 효행상을
시상하고 있다.

종교시설에서의 **효 교육**

종교(宗敎)는 인간에게 높은 가르침을 주는 곳이다. 종교를 갖는다는 것은 신앙을 갖는다는 의미이기도 한데, 신앙인들은 자신들이 믿고 따르는 절대자(하나님, 부처님, 알라 등)가 항상 자신을 지켜줄 것이라고 믿기 때문에 웬만한 역경에 대해 참고 견디는 힘이 생기고, 내면적 불안감을 막아주는 심리적 힘을 갖는다. 또한 사람은 누구나 인생의 근원과 마지막에 대하여 생각하게 된다는 점에서 인생관과 가치관을 정립하는데 도움을 주기도 한다. 그래서 사필귀정(事必歸正)과 권선징악(勸善懲惡)을 믿게 되고 종교(신앙)인들이 비종교인(불신자)들보다 도덕적인 삶을 추구한다. 종교에 대하여 칸트(1724-1804)는 "종교는 도덕의 보완물이다"라고 했다. 즉 우리의 내면에는 입법자와 심판자가 존재하는데, 종교는 도덕적인 것을 매개로 하는 신(神)과의 일치, 즉 도덕적 세계 질서를 확립시켜 주는 역할을 한다는 것이다. 때문에 종교시설에서 도덕적 삶의 기초가 되는 효를 가르치는 것은 지극히 당연하다. 그리고 모든 종교 창시자들은 효를 강조했다. 그러므로 신앙인으로서 '부모공경이 없는 신앙은 죽은 신앙'이고, 경천애인(敬天愛人)을 외면하는 신앙 또한 잘못된 신앙이다. 따라서 모든 종교는 효를 성숙시키는 노력을 통해 효 문화를 진흥시켜야 한다.

Ⅰ 종교는 효를 성숙하게 하는 곳

성숙(成熟)은 경험이나 습관을 쌓아 익숙해지는 것이다. 종교 시설은 일반인보다는 비교적 도덕적이고 선(善)을 추구하는 사람들이 모여 성직자를 중심으로 보다 윤리적이고 도덕적 삶을 추구

한다는 점에서 효를 성숙하게 하는 곳이라 할 수 있다.

종교(宗敎)의 의미나 개념에 관한 견해는 종교학자마다 각각 다르게 주장을 하고 있지만, 종교의 의미는 한자의 어원을 통해 이해할 수 있다. 종교(宗敎)는 '높을 종', '마루 종'의 '종(宗)'자와 '가르치다'는 뜻의 '교(敎)'자가 합해진 글자이니 '높은 가르침을 주다'로 해석할 수 있다. 여기서 높을 종(宗)자는 집 면(宀)자와 바칠 시(示)자의 합자이므로 바치는 집, 즉 신(神)을 섬기는 집으로 해석할 수 있으므로 성직자는 그런 자세로 성도(신도, 신자)를 이끌어야 한다. 우리가 사는 세상은 인간으로서 극복하기 어려운 많은 일들과 만나게 되고, 이러한 어

려운 일들을 만나게 되면 신(神)에 의존해서 해결하려는 마음을 가지기 마련이다. 인간의 생로병사를 비롯한 인류의 역사와 자연의 존재, 그리고 변화 등이 신(神)에 의해 만들어진 것으로 인식하기 때문이다. 결국 종교는 신의 섭리를 믿고 의지하며 그러한 가르침에 따르려는 사람들이 모이는 곳이니, 각 종교에서 제시하는 효를 교육학으로써 인간을 성숙되게 할 수 있는 것이다. 『성경』에 "네 아버지와 어머니를 공경하라, 이것이 약속 있는 계명이니, 이는 네가 잘되고 땅에서 장수하리라(에베소서 6:2−3)."고 했고 『불경』에는 "효는 수행자의 삶의 기준이자 준거이며, 죄악을 범하지 못하게 하는 규정이다."라고 했으며, 『논어』에는 "리더는 근본을 세우는데 힘써야 하며 근본이 서면 길과 방법이 저절로 생긴다. 효(孝)와 우애(弟)는 인(仁)을 이루는 근본이다. 효도와 우애를 다하는 사람이 윗사람 범하기를 좋아하는 사람은 드물다."[182]라고 했다.

　종교가 한국사회의 교육에 끼친 영향은 크다. 한민족의 전통정신을 살리는 전통종교는 인간을 크게 널리 유익하게 한다는 홍익인간 사상을 추구하고, 삼국시대(372년, 고구려 소수림왕 2년)에 한국에 들어온 불교는 한국인의 토착 사상과 융합되면서 한국인의 지적 사유에 새로운 눈을 뜨게 하였으며, 자비사상은 모든 생명을 사랑하는 수준 높은 윤리관을 확립하게 하였다. 또한 삼국시대 때 들어온 유교는 고구려의 태학과 신라의 국학에서 『효경』과 『논어』를 필수과목으로 선정된 이

---

182) 『논어』 「학이편」 : "君子務本 本立而道生 孝弟也者 其爲仁之本與, 其爲人也 孝弟 而好犯上者 鮮矣."

래 조선시대에 이르기까지 삼강오륜에 기초한 『삼강행실도』『오륜행실도』 등 지대한 영향을 끼쳤다. 그리고 18세기 이승훈 등에 의해 한국에 들어온 로마 가톨릭이 한국에 전래되면서 서학·천주학·천주교 등으로 불리며 교육개혁을 불러 왔고, 임진왜란 이후 가톨릭에 이어 개신교가 들어옴으로써 농촌계몽활동 및 사회발전에 기여했다고 할 수 있다.

Ⅱ 종교의 역할과 기능

종교는 인류역사와 더불어 존재해 오면서 독특한 의미 체계와 세계관을 제공하고, 교도(敎徒)들의 행동을 통하여 사회적 변화를 추구한다. 종교적 세계관

은 한 사회를 통합시키는 기능을 하기도 하고, 때로는 그 때문에 사회 변혁의 추진력이 되기도 한다. 뿐만 아니라 종교는 사회적 결과들에 영향을 받아온 것도 사실이다. 즉 종교는 사회 변화에 중심적으로 개입되기도 하고, 또는 사회변화의 영향을 받기도 한다. 종교는 사회 갈등과 관계되어 왔다고 볼 수 있는데, 갈등을 해소시켜 사회 안정과 통합을 유지시키는가 하면, 또한 갈등을 유발하고 심화시켜서 사회 분열과 일탈을 초래하는 역할을 하기도 하였다. 이처럼 종교는 신(神 : 절대자)을 인정하여 일정한 양식 아래 그것을 믿고 숭배하고 받듦으로써 마음의 평안과 행복을 얻고자 하는 정신문화의 한 체계이다. 때문에 종교를 갖는다는 것은 그 종교에서 추구하는 가치에 대하여 추종하는 것과 같다.

종교의 기능은 대체로 사회적 기능과 심리적 기능으로 구분된다. 사회적 기능은 주로 사회를 통합시키는 기능이고, 심리적 기능은 개인에게 의미를 부여하여 정체성의 확립과 함께 보다 더 도덕적인 삶으로 이끌어주는 역할을 한다. 따라서 종교시설에서의 교육은 종교에 관한 지식을 함양하여 종교의 이해를 돕고, 인간의 종교적 경건과 정조(情操)를 높이는 것을 목표로 하는 교육적 성격을 갖는다. 그리고 종교는 법과 같은 외부적 요청과 달리 개인의 내면에 작용하게 함으로써 교육의 기본적 목표이기도 한 인격적 성숙과 문화적 발전의 기초를 제공한다. 이런 뜻에서 종교는 교육의 목표 및 방향과 밀접한 관련을 맺고 있다.

Ⅲ 무엇을 어떻게 가르칠 것인가?

1. 가정윤리와 가족사랑을 성숙시킴

종교시설에서의 효 교육은 무엇보다도 성직자의 본보기를 통해 효 문화를 진흥하는 것이 중요하다. 한국에는 불교, 유교, 기독교, 전통 종교 등이 있는데, 이들의 신자 수를 합하면 대한민국 전체 국민의 수에 이를 정도로 많은 인원이 종교를 가지고 있는 것으로 파악되고 있다. 그러함에도 패륜범죄가 날로 증가하고 흉포(凶暴)화 되고 있는 현상의 이면에는 종교계의 역할이 미흡하다는 목소리도 나온다. 이런 점에서 종교에서 효 교육을 강화함으로써 하모니를 이루는 이타적 사회를 만들어갈 필요가 있다.

모든 종교의 경전에는 효가 강조되고 있음을 볼 수 있다. 불교 경전에는 "효는 부모를 공경하고 봉양하는 것이다(대반야열반경).", "효는 수행자의 삶의 기준과 준거, 죄악을 범하지 못하게 하는 규정이다(범망경).", "부모님께서 나를 낳으실 때 서 말 서 되의 피를 쏟으시고, 나를 기르실 때 여덟 섬 너 말의 젖을 먹이셨으니, 그 은혜를 다 갚기 위해서는 부모님을 등에 업고 수미산을 팔만 사천 번 오르내려도 그 은혜를 다 갚을 수 없다 했다(부모은중경).", "고 했고, 『성경』에도 "부모를 공경하라, 그리하면 너의 하나님 여호와가 네게 준 땅에서 네 생명이 길리라(출애굽기 20:12).", "너희 아버지의 자비하심 같이 너희도 자비하라, 비판치 말라, 그리하면 너희가 비판을 받지 않을 것이요, 정죄하

지 말라, 그리하면 너희가 정죄를 받지 않을 것이요, 용서하라, 그리
하면 너희가 용서를 받을 것이요(누가복음 6:36-37)."라고 이르고 있다.

그러나 종교에서 효 교육은 그다지 시행되지 않고 있는 것으로 보
인다. 그러다보니 패륜범죄들이 나날이 증가하게 되는 것으로 볼 수
있다. 예컨대 2010년도 자식이 제주도 등에 가서 부모를 유기한 숫자
가 무려 800여 명[183]에 달하고, 부모가 생활고를 핑계로 자녀를 살해
하는 사건도 늘고 있다. 자녀들로부터 소외되는 부모, 부모로부터 보
살핌을 받지 못하는 자녀들을 종교계가 보듬고는 있지만, 가정의 보
살핌을 받지 못하는 사회적 약자들을 보듬는 가운데 효 문화를 진흥
시키는데 종교계가 앞장서야 한다.

효 문화는 효를 통해 세상을 밝게 하는 것을 말한다. 효는 자기적
효와 가정적 효뿐 아니라 사회적 효와 국가적 효로 영역을 확대해야
한다. 교회(성당)가 됐건, 법당이 됐건 그 종교시설에 나오는 신도들이
부모를 공경하고 자녀를 사랑하며, 내 가족을 아끼는 마음으로 이웃
과 사회, 자연을 사랑하는 문화가 조성된다면, 이 세상은 한층 밝아
질 것이다. 문화라는 것이 인간의 삶을 밝게 해주는 정신적 예술적
영역의 총체라고 할 때, 효야말로 인간의 삶을 밝게 해줄 수 있는 보
편적, 이타적 가치인 것이다.

효라는 것이 긍정적인 면에서는 가치 지향적 삶을 안내하는 원초적
사랑이지만, 효에 대해 교육을 받지 못하고 효심이 없는 사람에게는
오히려 효가 불화의 요인으로 작용할 수도 있다. 형제가 부모 모시기

183) 오원균, 대전일보(2011. 8. 31)

를 서로 미루는 성향이 나타나고 "효도하라"는 성직자의 훈계가 싫어서 종교의식에 참석을 외면하는 경우가 발생하기도 한다. 따라서 효를 구현함으로써 건강한 가정을 만들고, 이를 기초로 건전한 사회와 부강한 국가를 만들 수 있도록 종교시설에서 효 교육에 앞장서야 하겠다.

2. 효가 바탕이 된 종교 교육

가. 불교의 효는 삶의 근본을 알게 한다.

불교에서 "효는 모든 선(善)을 행하게 하는 근본이요, 모범이 되게 하는 것이다.", "우리를 낳으실 때 서 말 서 되의 피를 흘리시고 여덟 섬 너 말의 젖으로 키워주신 은혜를 잊어선 안된다."라는 내용에서 볼 수 있듯이 삶의 근본을 알게 해준다. 효의 내용을 담고 있는 불교 경전은 『범망경(梵網經)』, 『부모은중경(父母恩重經)』, 『아함부경(阿含部經)』, 『사십이경전(四十二經典)』 등인데, 『범망경』에 '지극한 효심이야말로 대자대비(慈悲)한 보살의 정신[184]' 이라는 표현이 있는데, 여기서 '자비(慈悲)'는 아버지의 은혜를 뜻하는 '자은(慈恩)'과 어머니의 은혜를 뜻하는 '비은(悲恩)'이 합해진 말이다. 『부모은중경(父母恩重經)』에는 ① 나를 배어서 지켜주신 은혜 ② 해산할 때 고통 받으시는 은혜 ③ 자식을 낳고 근심하시는 은혜 ④ 쓴 것을 삼키고 단 것을 뱉어서 먹이신 은혜 ⑤ 아기는 마른 데로 누이고 자신은 젖은 자리로 누우신 은혜 ⑥ 젖

---

184) 이명수, 『효 이야기』 서울 : 지성문화사, 1994, p.127

을 먹여 길러 주신 은혜 ⑦깨끗하지 않은 것을 씻어 주신 은혜 ⑧자식이 멀리 출타하면 걱정하시는 은혜 ⑨자식을 위하여 궂은일을 하신 은혜 ⑩끝까지 염려하시는 은혜 등 부모의 10가지 은혜를 제시하고 있는데, 태아의 잉태 과정에서 출산, 그리고 성장에 이르기까지 부모의 사랑과 정성, 고통 등을 구체화하여 설명하고 있다.

『아함부경(阿含部經)』에는 자식의 도리와 부모의 도리를 제시하고 있는데 자식으로서의 도리는 첫째, 부모를 받들어 모시기에 부족함이 없어야 하고 둘째, 할일이 있으면 먼저 부모에게 고해야 하며 셋째, 부모가 하는 일에 순종하여 거스르지 말아야 한다. 넷째, 부모의 바른 말씀을 감히 어기지 않아야 하고 다섯째, 부모가 하는 직업을 바르게 이어야 한다는 것이다. 그리고 부모로서의 도리는 첫째, 자식을 잘 살펴서 악을 행하지 않게 해야 하고 둘째, 잘 지도하고 가르쳐서 착하게 행동하도록 해야 하며 셋째, 사랑이 뼛속까지 스며들도록 해야 한다. 넷째, 자식을 위해 좋은 배필을 맺어주어야 하고 다섯째, 때에 따라 필요한 것을 자식에게 공급해 주어야 한다는 내용이다. 여기에서 발견할 수 있는 것은 부모와 자식의 역할이 쌍무호혜적(雙務互惠的)임을 발견할 수 있다.

『사십이경전(四十二經典)』에는 "십억의 아라한에게 공양하기보다는 한 사람의 벽지불(辟支佛)에게 공양하는 것이 좋다. 백억의 벽지불에게 공양하기보다는 삼존(三尊)의 가르침을 따라 그 일세의 양친을 봉양하여 제도함이 좋다"185)하여 부모 공양이 그 무엇보다도 우선시되어야

185) 이성운, 『불교의 효 사상』 서울 : 불교사찰문화연구원, 1996, 서문

한다고 이르고 있다.

이처럼 불교의 경전에 나타난 효는 주로 부모가 자식을 양육하는 과정에서의 수고로움을 설명하면서 보은(報恩)을 강조하고 있으며, 아버지보다 어머니의 은혜에 비중을 두고 있음을 볼 수 있다. 그리고 물질적인 면보다 정신적인 면을 강조하고 있는데, 부모에 대한 자식의 효는 맹목적인 따름보다 이성적인 공경이어야 하며, 부모의 잘못을 보고도 그대로 둔다면 그것은 진정한 효도가 되지 못한다는 것이다. 즉 불교의 효는 마음(心)에서 나오는 효를 더 중요시하는 것으로 효와 불심(佛心)은 궁극적으로 일심(一心)의 회복이라는 것이며, 이러한 일심의 회복을 위한 효는 결국 대승불교의 보살관에 입각한 것으로 해석할 수 있다. 불교의 효는 효순공덕(孝順功德)을 강조하며 효를 선(善)의 극치로, 불효를 악(惡)의 극치[186]로 보며, 이는 모든 덕(德)의 근본인 도(道)가 효에서 발현한다는 것이다. 또한 효는 세효(世孝), 출세효(出世孝), 사효(事孝), 이효(理孝), 행효(行孝), 화효(化孝), 단효(單孝), 광효(廣孝) 등 여덟 가지로 구분한다.[187]

나. 유교의 효는 인륜질서의 근간을 제공한다.

유교는 공자의 가르침에서 비롯되어 우리의 전통 사회에 지대한 영향을 미친 사상이자 철학이라는 점에서 유교를 종교로 보는 시각이 있는가 하면 학문으로 보는 시각이 있다. 유교에서는 효를 '만복의

---

186) 이성운, 앞의 책, p.16
187) 이동형 편저, 『불교의 효』(서울 : 수문출판사, 1995, p.17

근원이요, 백행의 원천'으로 보고 있으며, 모든 가르침이 효로부터 시작된다고 보고 있는데, 이러한 내용은 『효경』과 『논어』, 『맹자』와 『예기』 등에 잘 나타나 있다.

『효경』에 "효는 덕의 근본이요 모든 가르침이 그로 말미암아 생겨난다(개종명의장)."[188], "효의 시작은 사람의 몸과 머리털, 피부 등 몸의 전체는 모두 부모에게서 받은 것이니 이것을 손상시키지 않음이 효의 시작이다(개종명의장)."[189], "효는 어버이를 섬기는 일에서 시작하여 다음에는 나라에 충성하고 후세에 이름을 날려 어버이를 드러나게 함이 효의 끝이다(개종명의장)."[190], "어버이를 사랑하는 자는 감히 남을 미워하지 않으며, 어버이를 공경하는 자는 감히 남을 업신여기지 않는다(천자장)."[191], "하늘과 땅이 낳은 것 중에서 사람이 가장 귀하고, 사람의 행실에 있어서는 효보다 큰 것이 없다(성치장)."[192], "그 어버이를 사랑하지 않으면서 다른 사람을 사랑하는 자는 덕에 어긋난 것이고, 그 어버이를 공경하지 않으면서 다른 사람을 공경하는 자는 예에 어긋난 것이다(성치장)."[193], "어버이를 섬기는 자는 윗자리에 있어도 교만하지 아니하고 아랫자리에 있어도 어지럽지 아니하며, 많은 사람 중에 있어서도 서로 다투지 않는다. 윗자리에 있으면서 교만하면 곧 망할 것이

188) "孝德之本也 敎之所由生也."
189) "身體髮膚授之父母, 不敢毁傷孝之始也."
190) "孝始於事親, 中於事君, 終於立身揚名."
191) "愛親者不敢惡於人, 敬親者不敢慢於人."
192) "天地之性人爲貴, 人之行莫大於孝."
193) "不愛其親而 愛他仁者渭悖適 不敬其親而 敬他人者 謂之蔽禮."

요, 아랫자리에 있으면서 어지럽히면 형벌을 받을 것이다. 많은 사람 중에 있으면서 다투면 상처를 입을 것이다(기효행장)."194)라는 표현이다.

『논어(論語)』에 "집에 들어가면 부모에게 효도하고 밖에 나오면 모든 일에 삼가며 남에게 믿음을 주고 모든 사람을 사랑하되, 특히 어진 사람을 가까이 하고 그러고도 남음이 있으면 글을 배워라(학이편)."195), "효성과 우애가 있는 사람으로서 타인에 대해 도리에 벗어난 행위를 하는 사람은 드물다. 그리고 타인에게 도리에 벗어난 행동을 하지 않는 사람으로서 법을 어기고 사회질서를 어지럽힌 사람은 아직 없었다(학이편).", "리더(君子)는 근본이 서는 일에 힘써야 하며 근본이 서면 길과 방법이 저절로 생겨난다. 효성과 우애는 인(仁)을 이루는 근본이다(학이편)."196), "오늘날의 효도는 부모를 잘 봉양하는 것이라고 하나 개와 말에게도 먹이를 주는 일이 있으니 부모를 공경하지 않고 공양만 한다면 짐승에게 먹이를 주는 것과 무엇으로 구별할 수 있겠느냐(위정편)."197)라고 이르고 있다.

『예기』에 "사람의 자식 된 자는 나갈 때 반드시 부모에게 그 갈 곳을 알리고 돌아왔을 때에는 반드시 부모를 뵙고 인사를 드린다. 또 노는 곳도 반드시 정해져 있어 함부로 딴 곳에 가지 않고 익히는 바

---

194) "事親者居上不驕. 爲下不亂. 在醜不爭. 居上而驕則亡 爲下而亂則刑 在醜而爭則兵."

195) "弟子入則孝, 出則弟, 謹而信, 汎愛衆, 而親仁. 行有餘力, 則以學文."

196) "其爲人也孝弟而好犯上者鮮矣 不好犯上而好作亂者未之有也 君子務本 本立而道生 孝弟也者其爲仁之本與."

197) "今之孝子, 是謂能養, 至於犬馬, 皆能有養, 不敬, 何而別乎."

도 반드시 일정함이 있어 함부로 다른 일을 하지 않는다. 또 평상시의 말에 늙었다는 말을 하지 않는데, 이렇게 해서 어버이의 뜻을 봉양해야 하는 것이다(곡례편)."[198], "효자는 어두운 곳에서 일을 종사하지 않으며, 위태로운 곳에 오르지 않는다. 이는 어버이를 욕되게 할 것을 두려워하기 때문이다. 부모가 살아계실 때에는 벗과 더불어 죽음에 대하여 허락하지 않는다. 또한 자기 재산을 가지지 않는다(곡례편)."[199]고 했으며, "사랑의 도를 천하에 세우려면, 먼저 스스로 그 어버이를 사랑하는 것에서 시작한다. 이것이 백성들에게 자목(慈睦)의 도를 가르치는 방도이다. 경(敬)의 도를 천하에 세우려면 먼저 스스로 그 형장(兄長)을 공경하는데서 시작한다. 이것이 백성에게 유순(柔順)의 도를 가르치는 방도이다. 자목의 도를 가르쳐서 백성이 어버이가 있음을 귀하게 여기게 되고, 유순의 도를 가르쳐서 백성이 위의 명령을 들음을 귀하게 여기게 된다. 이리하여 백성이 모두 자목의 도로써 그 어버이를 섬기고, 유순의 도로써 위의 명령을 청종(聽從)하면, 천하는 반드시 치평(治平)된다. 그러므로 이 두 가지 도(道)로 천하에 실시하면 모든 일이 잘 행해진다(제의편)."[200]고 기록하고 있다. "내 몸은 부모가 낳아주셨으니, 부모가 낳아주신 몸을 갖고 행동하는데 있어서 감히 부모의 뜻을 받들지 않으면 안 되는데 첫째, 평소 살아가는데 있어서

■
　198) "夫爲人子者 出必告 反必面 所遊必有常 所習必有業 恒言不稱老."

　199) "孝子不服闇 不登危 懼辱親也 父母存 不許友以死 不有私財."

　200) "子曰 立愛自親始敎民睦也 立敬自長始敎民順也 敎以慈睦 而民貴有親 敎以
　　　　敬長 而民貴用命 孝以事親 順以聽命 錯諸天下 無所不行."

장경(莊敬)하지 않으면 효가 아니다. 둘째, 임금 섬김에 충성되지 않으면 효가 아니다. 셋째, 관직을 수행함에 있어 도리에 맞지 않으면 효가 아니다. 넷째, 벗으로부터 신의와 존경 받지 못하면 효가 아니다. 다섯째, 전장에서 싸움에 임하여 용감하지 않으면 효가 아니다. 이상 다섯 가지를 완수하지 못하면, 그 결과가 부모에게 미칠 것이니 감히 공경하지 않으면 안된다(제의편).”[201], “효에는 세 단계가 있는데 가장 큰 효는 부모님을 공경하는 것이요, 그 다음이 부모를 욕되게 하지 않는 것이며, 마지막 단계가 부모를 봉양하는 것이다(제의편).”[202]라고 하여 공경을 강조하고 있다.

다. 기독교의 효는 ‘효복(孝福)’을 증거한다.

기독교의 효복사상은 “네 아버지와 어머니를 공경하라, 이것이 약속 있는 계명이니, 이는 네가 잘되고 땅에서 장수하리라(에베소서 6:2-3).”는 구절에 잘 나타나 있다.

기독교는 크게 보면 천주교(天主敎)와 개신교(改新敎)로 나뉜다. 천주교(로마 가톨릭)는 이승훈이 18세기에 로마가톨릭을 처음 들여올 때부터 시작되었고, 개신교는 1879년 이응찬, 서상륜 등이 중국 만주에서 세례를 받은 데서 시작된다. 『성경』에서의 효에 관한 가르침은 분명

---

201) “身也者 父母之遺體也 行父母之遺體 致不敬乎? 居處不莊非孝也. 事君不忠非孝也 莅官不敬非孝也 朋友不敬 非孝也 戰陣無勇非孝也 五者不遂 裁及其親恥不敬乎?”

202) “大孝尊親, 其次弗辱, 其下能養.”

하게 『구약』과 『신약』 성경에 나타나 있다. 『구약』 성경의 출애굽기 20장 2절부터 17절까지 명시되어 있는 '십계명'에 "①나 이외에는 다른 신을 두지 말라 ②너를 위해서 새긴 우상을 만들지 말라 ③하나님 여호와의 이름을 망령되이 일컫지 말라 ④안식일을 기억하여 거룩히 지켜라 ⑤네 부모를 공경하라 ⑥살인하지 말라 ⑦간음하지 말라 ⑧도둑질하지 말라 ⑨네 이웃에 대하여 거짓 증거 하지 말라 ⑩네 이웃의 물질이나 사람을 탐내지 말라"라고 기록되어 있다. 보다시피 첫 번째부터 네 번째까지의 계명은 하나님과 인간의 관계 즉 하나님에 대한 계명이고, 다섯 번째부터는 인간과 인간의 관계인 대인계명인데, 그 첫 번째가 부모를 공경하라는 계명이다.

인간관계에서 부모와 자녀의 관계만큼 불가사의하고 밀접한 관계는 없다. 아무리 부모를 싫어해도 자기가 인간으로서 살고 있는 것은 부모가 있기 때문이며, 한 생명이 탄생되기까지의 신비, 그 자체는 인간의 의지가 아닌 하나님의 섭리이므로 부모를 공경해야 하는 것은 당연한 이치이다. 20세기 최고의 신학자 가운데 한 사람인 바르트(K. Barth)는 "부모는 하나님의 대리자"라고 했다.[203] 이는 효행이 부모를 자신의 대리자인 하나님의 신적 권위에서 유래됨을 알게 한다. 그러므로 여기에서 '효' 즉 부모공경은 곧바로 하나님 공경으로 이어지게 되는 것인데, "부모님을 기쁘게 해 드리고 걱정 끼쳐 드리지 않아야 한다(잠언 23:25)", "너는 너의 하나님 여호와가 명한 대로 네 부모를

---

203) 최성규, 『효가 살아야』(인천 : 성산서원, 1998), p.21

공경하라. 그리하면 너의 하나님 여호와가 네게 준 땅에서 네가 생명이 길고 복을 누리리라(신명기 5:16)”는 내용에 잘 나타나 있다. 『신약』 성경에 “이웃을 내 몸같이 사랑하라(마태복음 22:37~40)”, “자녀를 돌보고 사랑하라(골로새서 3:21)”, “누구든지 자기 친족, 특히 자기 가족을 돌아보지 아니하면 믿음을 배반한 자요, 불신자보다 더 악한 자니라(디모데전서 5:8)”, “자녀는 하나님께서 부모님께 주신 특권인 동시에 자녀들이 악한 세상에서 올바른 인성과 신앙을 가지고 살아가도록 인도해야 하는 부모의 마땅한 도리이다(디모데후서 1:2~5, 요한일서 5:2)”, “아비들아 너희 자녀를 격노케 말지니 낙심할까 함이라(골로새서 3:21)” 등의 내용이 제시되어 있다.

  기독교적인 효는 비권위적인 것으로 이데올로기적 효를 청산하는 역할을 한다고 보고 있다. 또한 『성경』에서는 효의 근원적 모델을 성부 하나님과 성자 하나님의 관계에서 찾고 있는데, 성부와 성자의 관계는 아버지와 아들의 관계라기보다는 사랑의 관계 속에서 ‘하나’라는 생각이 전체를 관통하고 있으며, 오히려 성부와 성자의 관계가 위계의 상·하 복종관계라기보다는 사랑 안에서 하나된 관계, 즉 수평적 관계임을 강조한다. 이러한 수평적 논리는 ‘피차 복종하라’는 에베소서 5장 21절의 영향력 아래서 해석되어지며 이런 의미에서 상호 복종이 부모공경이나 자녀사랑보다 상위일 수 있지만, 자녀가 부모에게 ‘복종(섬김)’ 하는 것과 부모가 자녀를 노엽게 하지 말고, 사랑하라는 것은 자녀에 대한 부모의 역할을 구체적 방법으로 제시한 것으로 볼 수 있다. 또한 모든 인간은 평등하고 모두가 하나님의 자녀이므로 ‘피차 복종’의 관계라고 볼 수 있는데, 부모와 자녀·남편과 아내·

주인과 종에게 다른 규범이 따르는 것이라는 설명[204)에서 보듯이 기독교의 효는 수평적 윤리임을 알 수 있다.

라. 전통종교의 효 교육은 홍익인간 세계를 추구한다.

전통종교는 대체로 한민족의 전통정신을 살리는 종교이다. 교주를 섬기는 신도가 있지만 교주를 섬기지 않는 신도가 더 많을 것으로 나타나 있다. 불교나 유교, 기독교와 연계해서 생각한다면 민족종교라는 표현도 가능할 것이다. 민족종교는 어떤 구체적인 교주를 갖지 않고 '민족정신' 그 자체를 신앙하는 종교라는 특징을 갖고 있다. 천도교, 대종교, 증산도(대순진리회), 원불교, 단군교, 한얼교 등인데, 일부에서는 무속신앙처럼 단군이나 환웅을 모시는 경우도 있고 창시자도 있으나, 숭배의 대상은 구체적인 사람이라기보다는 사상 그 자체이다.[205)

한국의 대표적인 민족 종교로는 대종교와 천도교를 들 수 있다.[206) 대종교는 국조 단군을 교조로 하는 한국의 고유 종교인데, 『천부경(天符經)』, 『삼일신고(三一神誥)』, 『참전계경(參佺戒經)』을 기본 경전으로 한다. 『천부경』의 핵심 사상은 인간을 크고 넓게 이롭게 한다는 홍익인간(弘益人間) 사상이며 이는 곧 배달겨레의 건국이념이기도 하다. 대종

204) 최용호, 「기독교 효 사상의 특징과 현대적 의의」 논평, 『21세기를 위한 효 사상과 가족문화 (국제학술회의 논문집)』 (인천 : 성산효대학원대학교, 2005), p.116~117
205) 박정학, 『겨레의 얼을 찾아서』, 서울 : 백암, 2007, p.139
206) 이명수, 『효 이야기』, 서울 : 지성문화사, 1994, p.141

교에서는 충효사상을 매우 중요시하고 있는데, 단군 한배검이 백성을 크게 깨우치게 했다는 '대화문(對話文)'에 잘 나타나 있다. "너희가 생겨났음은 어버이로 하여금 났으며, 어버이는 한울님으로부터 면면히 내려오셨다. 그러니 너희는 어버이를 공경하고 한울님을 진실로 공경하여 온 나라에 미치도록 하라. 이것이 곧 나라에 충성하고 어버이에게 효도하는 길이다. 이 도리를 진실로 잘 지키면 설사 하늘이 무너진다 해도 반드시 화를 면할 것이다"라는 내용이다.

'인내천(人乃天) 사상'을 기본 사상으로 하고 있는 천도교는 신앙의 대상인 신(神)을 '한울님'이라고 부르는데, 그 뜻은 무궁 무한의 시간과 공간을 총칭하는 우주를 말한다. 즉 한울님은 천지 만물의 창조주가 되는 동시에 만물의 부모가 된다는 것이다. 인간도 한울님의 기운으로 창조되었으므로 인간 속에 한울님이 존재하고 있으며 이것이 바로 '인내천', '사람이 곧 하늘'이라는 사상이다. 천도교에서는 "부모님 모시기를 한울님 섬기는 것과 같이 하라" 하여 효 사상을 강조하고 있는데, "무슨 일을 할 때에 자기의 내키는 마음대로 하지 말고 부모에게 여쭈어서 그 말씀에 좇아 행해야 한다. 그렇듯이 매사를 한울님에게 마음으로 고함으로써 그 명령에 따라 행해야 하며, 어디에 갈 때나 돌아왔을 때, 잠을 자거나 일어났을 때, 식사를 할 때, 그 밖에 일거일동을 부모에게 고하듯 한울님에게 마음으로 고하고, 항상 웃는 얼굴로 큰소리 내지 아니하며 효성을 다하여 부모님을 기쁘게 해드리듯 한울님을 정성을 다하여 공경하라"고 기록하고 있다. 인간의 존엄성과 평등을 강조하는 천도교는 민주적 사상의 바탕 위에서 민족주의적 사상을 지니게 되고, 그것은 마침내 동학혁명으로 표출되었는데

동학혁명의 4대 강령 중에도 '충성과 효도를 겸하라' 는 내용이 포함
되어 있다.

3. 실체(Reality)와 인식(Perception)의 차이 극복

가. 불교 효 교육의 실체와 인식

불교의 효는 시조인 석가모니(釋迦牟尼)가 29세 때 출가(出家)하여 6년
간 고행(苦行)을 하면서 깨달은 바를 전파한데서 유래하는데, 그러나
이러한 석가의 출가는 결국 부모님 곁을 떠났다 하여 불효의 종교로
보기도 한다. 예컨대 고려 말에서 조선조의 학자인 조준, 정도전 등
유학자들은 "불교는 국왕과 부모를 버리고 산림으로 숨어들어가 적멸
을 낙으로 삼았기 때문에 무부(無父), 무군(無君)의 오랑캐 종교이다"[207]
라고 했다. 그러나 불교에서는 '석가모니는 스스로 효를 실천했을 뿐
만 아니라 수많은 경전을 통해 효를 일깨워준 효의 큰 스승'으로 표
현하고 있다. 따라서 교육적인 관점에서 보는 불교의 효는『부모은중
경』등에서 밝히고 있듯이 비은(悲恩)과 자은(慈恩)을 이해하는 자세가
필요하다고 본다. 또한 불교의 효 교육에서 사례로 인용하고 있는 것
들, 예를 들면『심청전』,『손순매아』,『향득사지』등을 인용할 경우에
는 시대적 환경과 여건을 고려한 설명이 있어야 한다.

---

207) 김상영 외,『불교의 효사상』서울 : 불교사찰문화연구원, 1996, p. 193~194

나. 유교 효 교육의 실체와 인식

유교가 효 교육에 미친 영향은 지대하다. 삼국시대 교육기관에서부터 『효경』과 『논어』가 필수과목이었고, 특히 조선시대에 와서 『예기』, 『맹자』, 『명심보감』, 『격몽요결』 등 교재가 다수 등장하면서 효 교육을 주도했기 때문이다. 그런데 당시의 효는 공자·맹자의 효 사상과 달리 왜곡된 면이 있어 공맹사상의 본연에 충실할 필요가 있다. 즉 현재 효 교육 자료를 보면 효에 대한 개념을 자식이 부모에게, 후손이 조상에게 하는 일방향성으로 되어 있는데 이는 잘못된 해석이라는 점이다. '부자유친(父子有親)'과 '부자자효(父慈子孝)', '부위자강(父爲子綱)' 등 효의 원리에서 찾아볼 수 있듯이 유교의 효는 상호성에 기초한다는 점이다. 윗물이 맑아야 아랫물이 맑을 수 있듯이 우선은 부모의 역할이 바라야(正)하고 자식으로서의 도리가 따라야 하는 것이다. 이와 관련하여 『맹자』에는 "부모와 자식은 친함이 있어야 하고, 임금과 신하는 의리가 있어야 하며, 부부간에는 구별이 있어야 하고, 어른과 아이 사이에는 순서가 있어야 하며, 친구사이에는 신의가 있어야 한다(등문공 상편)."[208], 『예기』에 "인의(人義)란, 부모는 자식을 사랑하고 자식은 부모에게 효도하며, 형은 현량하고 아우는 형을 공경하며, 남편은 의롭고 아내는 남편 말을 들어야 하며, 어른은 은혜로워야 하고 어린이는 순해야 하며, 리더(군주)는 인자해야 하고 구성원(신하)은 충성해야 한다. 이 열 가지를 이르러 인의(人義)라고 한다(예운편)."[209],

208) "父子有親 君臣有義 夫婦有別 長幼有序 朋友有信."

209) "何謂人義 父慈子孝 兄良弟弟 夫義婦聽 長惠幼順 君仁臣忠 十者謂之人義."

『소학』에 "리더(임금)의 명령에 신하는 공손하고 부모의 인자함에 자식이 효도하며, 형은 사랑하고 아우는 공경하며, 남편은 온화하고 아내는 부드러우며, 시어머니는 자애롭고 며느리는 따르는 것인데, 이것이 예절이다(명륜편)."[210), 『명심보감』에 "그 리더(임금)를 알고자 하면 먼저 그 구성원(신하)을 살피고 그 사람의 됨됨이를 알고자 하면 먼저 그 친구를 살피고 그 부모를 알고자 하면 먼저 그 자식을 살핀다. 그 리더(임금)가 성인(聖人)답다면 구성원(신하)이 충성하고 부모가 자식을 사랑하면 자식은 부모에게 효도하는 것이다(성심편 하)."[211), 『격몽요결』에도 "부모가 되어서는 마땅히 자식을 사랑하고 자식이 되어서는 마땅히 부모에게 효도하고 형제가 되어서는 마땅히 우애가 있어야 한다."[212), 『채근담』에도 "아버지가 사랑하고 아들이 효도하는 것은 모두 당연히 그처럼 해야 하는 것이다. 만약 베푸는 자가 덕으로 자처하고 받는 자가 은혜로 생각한다면 문득 장사꾼의 도(道)가 되어 버리리라."[213)라 하여 상호성을 강조하였다.

또한 효는 의를 추구한다는 점이다. 효는 부모나 자식이 의롭지 않은 일을 행하면 말려서 불의함에 빠지지 않도록 해야 하는 것이다. 제①권 『효의 패러다임과 현대적 개념』에서 제시한 [사례 1 : '신생'의 효에 대한 인식]과 [사례 2 : '원각'이의 지게이야기] 등에서 볼 수 있듯이 부모

---

210) "君令臣共 父慈子孝 兄愛弟敬 夫和妻柔 姑慈婦聽 禮也."

211) "欲知其君先視其臣 欲識其人先視其友 欲知其父先視其子 君聖臣忠 父慈子孝."

212) 「序文」 "爲父當慈 爲子當孝 爲兄弟當友."

213) "父慈子孝 俱是合當如此 如施者任德 受者懷恩 便成市道矣."

가 잘못하면 간(諫)함으로써 불의(不義)함을 행하지 않도록 해야 하는 것이다. 자식의 역할과 도리에 대해 여러 문헌에서 제시하고 있는 것을 보면 『효경』에 "마땅히 의롭지 않은 일이라면 자식은 부모에게 간언하지 않을 수 없고, 구성원(신하)은 리더(임금)에게 간쟁하지 않을 수 없다. 그러므로 옳지 않다면 간쟁을 해야 하는 것이지, 부모님의 명령에 무조건 복종하는 것은 효라고 할 수 없다(간쟁장)."[214]라고 했고, 『논어』에 "부모에게 효를 행함에 있어 (부모의) 잘못이 있을 때 슬쩍 간하고, 설령 나의 뜻을 따르지 않더라도 여전히 공경하여 부모의 뜻을 어기지 않아야 하며, 수고로워도 원망하지 말아야 한다(이인편)."[215]라고 했다. 또한 『예기』에 "부모가 잘못하시는 일이 있을 때에는 마음을 억누르고 웃음 띤 얼굴로 부드럽게 간한다. 만일 간함을 받아들이지 않으면 일어나서 공손히 대하고 효성을 다하여 마음이 풀려서 기뻐하면 다시 간한다. (부모가) 기뻐하지 않는다고 (간하지 않다가) 동네에서 죄를 얻는 것보다 차라리 (용기 있게) 간하는 게 낫다(내칙편)."[216]고 했고, 『소학』에도 "자식이 부모를 섬김에 있어서는 세 번 간하여 부모가 듣지 아니하거든, 부르짖어 울면서 따라야 한다(명륜편)."[217], "부모와 아들은 뼈와 살이 있는데, 신하와 임금은 의리로 이어져 있으므로 부모

---

214) "當不義 則子不可 以不爭 於父 臣不可以不爭於君 故 當不義 則爭之 從父之令 又焉得爲 孝乎."
215) "事父母 幾諫 見志不從 又敬不違 勞而不怨."
216) "父母有過 下氣怡色 柔聲以諫 諫若不入 起敬起孝 說則復諫 不說, 與其得罪 於鄕黨州閭 寧孰諫."
217) "子之事親也 三諫而不聽 則號泣而隨之."

에게 잘못이 있으면 자식은 세 번 간하여 듣지 아니하면 따르면서 울고, 리더(임금)가 잘못이 있어 구성원(신하)이 세 번 간하여도 듣지 아니하면, 그 의리를 버리고 떠날 수 있다(계고편)."218)고 이르고 있다. 『명심보감』에 "입신(立身)에는 의(義)가 있으니 효가 그 근본이요, 상사(喪祀)에는 예(禮)가 있으니 슬퍼함이 근본이요, 전진(戰陣)에 대열(隊列)이 있으니 용기가 근본이다(입교편)."219)라고 했고, 『순자』에도 "효자가 [부모의] 명령을 따르지 않는 세 경우가 있다. 명령을 따르면 부모가 위태롭고 명령을 따르지 않아서 부모가 편안하면 효자는 명을 따르지 않는다. 이것이 충(衷)이다. 명령을 따르면 부모가 욕되고 명령을 따르지 않아서 부모가 명예로우면 명령을 따르지 않는다. 이것이 의(義)이다. 명령을 따르면 금수가 되고 명령을 따르지 않아서 예의를 갖출 수 있다면 명령을 따르지 않는다. 이것이 경(敬)이다. 따라야 할 것과 따르지 않아야 할 대의를 밝혀서 공경과 충성을 다하고 단정하며 신중하게 행동한다면 '큰 효'라 할만하다. 전하는 말에 '도를 따르는 것이지 임금을 따르는 것이 아니며, 의를 따르는 것이지 부모를 따르는 것이 아니다'라고 한 것이 바로 이 뜻이다(자도편)."220)라고 했다. 이

---

218) "父子有骨肉 而臣主 以義屬故 父有過 子三諫而不聽 則隨而號之 人臣 三諫 而不聽 則其義可而去矣 於是 遂行."

219) "子曰 立身有義而孝爲本 喪紀有禮而哀爲本 戰陣有列而勇爲本 治政有理而 農爲本 居國有道而嗣爲本 生財有時 而力爲本."

220) "孝子所以不從命有三 從命則親危 不從命則親安 孝子不從命乃衷 從命則親 辱 不從命則 親榮 孝子不從命乃義 從命則禽獸 不從明則修飾 孝子不從命乃 敬 故可以從而不從 是不子也 未可以從而從 是不衷也 明於從不從之 義 而能 致 恭敬忠信 端慤以愼行之 則可謂大孝矣 傳曰 從道不從君 從義不從父 此 之謂也."

렇듯이 효는 상호적 성격과 함께 의로움을 추구하는 것임을 알 수 있다.

다. 기독교 효 교육의 실체와 인식

기독교의 경우 조상을 섬김에 있어서 천주교와 개신교의 경우가 다소 차이가 있긴 하지만, 효 교육에 있어서는 문화와 친밀해질 필요가 있다고 본다. 예를 들어서 조상 제사에 관한 해석의 차이로 문화적 갈등을 빚고 있는 것을 들 수 있다. 이를테면, 성직자의 표현이 조상께 제사지낸 성도를 마치 우상을 숭배한 것처럼 말한다든지, 효로써 행한 행동을 '마귀' 운운하는 언사는 고려해야 한다. 특히 조상(祖上)과 우상(偶像), 제사(祭祀)와 고사(告祀)는 효의 입장에서 구분해서 인용해야 한다. "지혜는 용어의 정의에서부터 나온다(플라톤)"고 했듯이, 용어 사용은 중요하다. 이런 용어들은 사전적 의미로만 살펴봐도 알 수 있는 간단한 것이다. 조상은 '돌아가신 어버이 위로 대대의 어른', 또는 '자기 세대 이전의 모든 세대'를 말하고, 우상은 나무·돌·쇠붙이·흙 따위로 만든 신불(神佛)이나 사람의 형상, 또는 신처럼 숭배의 대상이 되는 물건을 말한다. 그러므로 조상과 우상은 엄연히 다른 것이다. 하나님 이외에 인위적으로 만들어 놓은 신의 형상을 우상으로 본다면서 조상님들까지 우상으로 표현해서는 안된다.

제사와 고사에 있어서도 제사는 조상의 넋에게 음식을 바치어 정성을 나타내는 의식을 뜻하고, 고사는 액운(厄運)을 없애고 풍요와 행운이 오도록 어떤 신(神)에게 음식을 차려 놓고 비는 제사형태를 말하는 것이므로, 효의 형태로 조상님께 드리는 제사와 기타 우상에게 하는 고사와는 구분되어야 하는 것이다.

기독교는 효의 종교이다. 『성경』의 여러 곳에 효를 강조하고 있음에서 알 수 있다. 이점에 대해 최성규는 '성경적 효'를 주창(主唱)하면서 "기독교의 성경은 효경이다. 기독교는 하나님에 대한 절대 복종의 신앙이다. 전지전능하신 하나님을 믿는다면 어떤 말씀도 믿고 따르는 것이 진정한 기독교인의 정신이다. 때문에 성경에 제시된 효의 실천 또한 마찬가지로 보아야 할 것인데 기독교의 효 정신은 첫째, 하나님을 사랑하고 그 다음으로는 부모를 섬겨 효도하는 도리를 가르치기 때문에 그리스도의 복음이 미치는 곳마다 건전한 가족제도가 확립되었고, 자녀로 하여금 효도를 행하게 하여 효도의 사상을 크게 발달시켰다. 그러므로 참된 그리스도인이 되지 못하면 올바른 효를 할 수가 없으며, 성도들은 모름지기 효를 행함으로써 주의 영광스러운 빛이 나타나게 해야 할 것이다, 하나님 섬김 없는 효는 효가 아니고 부모 공경 없는 신앙은 죽은 신앙이다"[221]라고 강조한다. 따라서 기독교는 효의 종교라는 인식을 가지고 한국적 문화에 기초한 효 교육에 관심을 기울여야 할 필요가 있는 것이다.

221) 박용묵, 『네 부모를 공경하라』 서울 : 예영 커뮤니케이션, 1994, p.22

제 11 장

군대에서의 **효 교육**

　사람들은 흔히 "군대 가면 사람 되고 효자 되어 돌아온다."고 생각한다. 이는 군대라는 곳이 제복 입은 민주시민을 교육하는 국민교육의 도장이며, 효를 교육하기에 매우 적절한 곳임을 인정하는 표현으로 볼 수 있다. 때문에 군대에서 하는 효 교육은 인성함양과 안정적인 부대관리에 기여할 뿐만 아니라 '부모형제를 지키기 위해 기필코 승리해야 한다.' 는 각오를 가지게 한다는 점에서 무형전력을 강화하는 일석이조(一石二鳥)의 교육이기도 하다. 사람은 누구나 군에 와서 통제된 생활을 하다 보면 부모님의 사랑과 정성을 듬뿍 받았던 호의호식(好衣好食)했던 시간들을 생각하게 되고, 불효했던 점을 후회하기 마련이다. 특히 군 복무기간(20~23세)은 청소년 기본법상 청소년 교육연령(9~24세)에 해당되므로 국가차원에서 청소년 교육과 연계할 필요가 있다. 그리고 과거 군대가 인구 억제를 위해 산아제한 정책에 앞장섰듯이 오늘날과 같은 저출산·고령화, 다문화가정의 문제를 해결해야 하는 지금 또한 군대가 앞장서면 매우 효과적이라 생각한다. 따라서 군대 효 교육은 국가시책과 국민교육 차원에서 접근할 필요가 있으며, 이를 위해서는 현대적으로 재조명된 효를 가르치고, 평생교육과 연계한 교육이 바람직하다고 본다. 그리고 에릭슨이 "사람은 성인이 되어서도 심리적 자극을 받게 되면 인성이 변한다."고 성격발달이론에서 밝힌 것처럼, 군대생활 연령에서 효를 바탕으로 한 인성교육은 효과적이다. 특히 군대라는 특수 환경에서 리더가 효를 행하고 교육하게 되면, 리더십에서 상하동욕(上下同欲)으로 작용하게 되므로, 결과적으로는 전투력을 강화하는 길이 될 수 있다.

군대는 효를 촉진(促進)시키는 곳

　군대는 효를 촉진시킨다. 필자는 30년 넘게 군대에서 효를 교육하면서 직접 체험한 바 있다. '어머니 은혜' 노래 합창만으로도 부모님을 사무치도록 그리웁게 하고 장병의 가슴을 울려서 새로운 각오를 하게 하는 것이 군대 효 교육이다. 어떤 부모도 군에 간 자식이 첫 휴가 나오면 "우리 아들 많이 어른스러워졌네…" 하면서 대견스럽게 맞이한다. 불과 몇 개월 사이지만 철이 든 모습이 역력하다는 것이 부모들의 마음이다. 이런 점에서 군대 효 교육은 인성 함양뿐 아니라 사고 예방, 무형전력 강화 등과 깊은 관계가 있다.[222]

　군대 효 교육은 1988년부터 육군에서 충 · 효 · 예 교육의 일환으로 실시하면서부터 시작되었다. 그리고 2002년부터 해군과 공군에까지 확대하여 실시하도록 국방부 지침이 하달된바 있다. "나라에 충성하고 부모님께 효도하며 장병상호간에 예의를 지키는 교육"인 충 · 효 · 예 교육의 관련 지침은 충효예 교육이 체계화된 시점으로 볼 수 있는 1999년 당시의 지침과 최근 각 군에서 적용되고 있는 2008년도 국방부 정훈 공보활동 지침이다. 2002년 이전까지는 육군에서만

---

222) 필자는 "군 장병의 효심과 복무자세간 관계에 관한 연구(석사)", "군대 효 교육을 통한 장병 인성함양과 리더십 역량 강화에 관한 연구(박사)" 논문을 통해 이러한 점을 정책화 하도록 제기한바 있음.

충·효·예 교육을 실시했는데, 핵심내용은 첫째, 관혼상제가 중심이 된 충·효·예 교육을 지양하고 둘째, 지휘관 중심으로 충·효·예 교육을 가치 지향적으로 실시할 것, 셋째, 야전부대만이 아니라 학교형태의 교육에도 반영해야 한다는 것이었다.

Ⅱ 군대의 역할 및 기능

1. 안보기능과 교육기능

군대가 가지는 주요 기능은 기본 기능으로서 안보(安保)기능과 파생적 기능으로서 교육(敎育) 및 사회화(社會化) 기능이 있다. 안보기능은 국가를 외부의 적으로부터 지키며 국민의 재산과 생명을 보호하는 것이고, 교육 및 사회화 기능은 국민의 자제를 온전한 사람으로 키우는 전인교육의 기능이다.

안보기능면에서 군이 존재하는 목적은 외부의 군사적 위협과 침략으로부터 국가를 보위하고 평화통일을 뒷받침하며, 사회의 안정과 세계평화에 기여하는데 있다. 군인복무규율에도 군대가 존재하는 이유를 "국가를 보위하고 국민의 재산과 생명을 보호하며, 개인 및 부대를 육성할 수 있도록 교육과 훈련을 해야 한다"고 명시하고 있다. 군

은 국가와 민족의 흥망성쇠를 직·간접적으로 뒷받침한다는 점에서 중요하다. 그러므로 군에 부여된 사명과 임무를 수행하기 위해서는 다른 어느 조직과 달리 조직 구성원의 자유의사나 재량권보다는 목표 달성을 위한 행동의 절대성이 요구된다. 불확실한 상황에서 온갖 고난과 위험을 무릅쓰고 임무를 수행해야 하며 전쟁의 승패는 곧 국가의 존망과 직결되기 때문에 조직과 국가가 개인보다 우선하게 되며, 임무수행에서도 신속성과 정확성이 요구된다. 따라서 군은 조직의 구성원들로 하여금 일사불란한 지휘체제하에서 유사시 조국을 위해 기꺼이 신명을 바칠 수 있는 희생정신, 명령에 대한 복종심, 생사고락을 함께 하는 전우애와 단결심 등의 동일체 의식이 요구된다.

교육기능으로서 군은, 국토를 방위하고 국민의 생명과 재산을 보호함을 그 사명으로 하지만, 전쟁이 없는 평화 시에는 건전한 사회성 향상에 기여할 수 있는 국민교육도장으로서의 역할을 수행해야 한다. 군 생활은 가정이나 학교와는 달리 비교적 사회·문화적 배경이 다른 젊은이들로 구성되어 있어서 병영생활을 함께하는 전우들과 군대규율 및 질서, 강한 교육훈련 속에서 체험적 경험과 인내를 통해 정신적, 육체적으로 성숙하게 된다. 이런 점들에 의해 사회에서는 흔히 '군대에 갔다 오더니 사람이 달라졌다' 라는 말을 하게 되는 것이며, 이는 곧 군 생활을 민주시민적 자질 습득과 인간적 성숙을 단련시키는 한 과정으로 보고 있는 것이다.

따라서 군대의 리더는 부하들의 올바른 생활태도와 가치관을 형성시켜 줌으로써, 현대사회의 건전한 문화시민으로서 역할을 수행할 수 있도록 하는 국민의 교사라는 책임과 사명의식을 인식하고 교육자적 자질함양에도 힘써야 한다. 이러한 측면에서 볼 때 평상시 군대가 가지는 사회화에 대한 교육적 기능은 민주시민 의식에 필요한 올바른 가치관과 태도를 형성시키는 국민교육기능을 수행하는 것으로 볼 수 있다. 이처럼 군인은 고도의 훈련과 임무수행 등 어려움을 감수하는 가운데 전인교육(全人敎育)의 도장으로서 국민적 자질을 배양하는 데에도 기여해왔는데, 하나의 예(例)가 효 교육이다.

2. 군대가 가지는 특성

가. 조직 구조상의 특성

군대의 모든 조직 활동은 국가와 국민의 생존을 위한 전쟁 승리에 목표를 두고 있다. 그러므로 군대조직은 구조상으로 사회조직과 비슷한 점도 있지만, 여러 가지 면에서 다른 특성을 지니고 있다. 조직 구조상의 일반적인 특성은 첫째, 조직 목적의 절대성이다. 군대조직의 모든 활동은 국방이라는 뚜렷하고 확고부동한 목적을 가지고 있다. 따라서 목적달성을 위해서는 합법적인 권한이 행사되고, 조직의 구성원들은 그것을 당연히 수용하게 되며, 어느 조직보다도 충성, 명예, 단결 등의 가치와 규범을 통해 내부적으로 높은 결속력을 갖는다.

둘째, 권위적 위계조직이다. 군대조직은 강력하고도 철저한 권위적 위계질서에 의한 명령체계의 조직이다. 계급과 직책에 따른 권한과 책임이 부여됨으로써 조직 내의 직무 할당이 명확하다. 또한 상급자의 유고시 직위승계 순서를 명확히 해주며 모든 하급자는 상급자에게 법적, 규범적으로 복종해야 하며, 동일 계급일지라도 군번에 따라 서열이 존재하는 특성이 있다.

셋째, 조직의 집단성이다. 군조직의 집단성은 그 구성원들이 조직적 일체감을 공유하며, 그들 스스로 일반사회 사람들과는 다른 한 집단으로 의식하게 되는 것을 의미한다. 이러한 집단의식은 오랫동안의 내무생활과 훈련과정, 일상적인 작업 활동을 통한 공통적인 유대관계에서 이루어지며, 다른 집단에 비해 새로 충원된 구성원들을 결속시키고 통합 및 공동의식을 발휘하게 하는 강한 기능이 있다. 결국 군조직의 집단성은 집단의 연대의식과 단체행동의 능력, 즉 응집력을 조성시키는데 중점을 두고 경우에 따라서는 개인의 욕구나 활동이 제한받는 특성을 가지고 있다.

넷째, 조직의 강제성, 규범적 성격을 갖는다. 군대 조직의 유형을 볼 때 군대조직의 목표와 가치는 규범적 성격을 띤다고 할 수 있지만, 목표달성을 위한 리더십에 있어서는 강제적 성격을 갖는다고 할 수 있다. 이러한 성격을 지닌 군대조직은 주어진 사명을 완수하기 위해서는 부하들이 초기에는 어떠한 이유로 승복하던 간에 궁극적으로는 규범적 조직형태로 전환시키는 방향으로 교육되고 지도되어야 한다.

다섯째, 조직기능의 자족성(自足性)이다. 군대조직은 상당한 정도의 자족성을 갖는다. 군대는 임무수행을 위하여 어느 정도 독립적 기능으로 수행될 수 있도록 조직되어 있다. 예를 들면, 자체 정책결정기관, 수송 및 병참 등의 전투근무지원시설, 위법자를 처리하는 사법기관, 환자를 처리하는 의무기관 등이 갖추어져 있다. 따라서 리더는 조직의 제 기능들이 원활히 수행될 수 있도록 통합 및 협조시킴으로써 실시간 지원이 가능토록 해야 한다.

나. 조직 구성원의 특성

군대집단은 개인적인 욕구보다 조직의 요구가 우선되며, 획일적인 명령계통과 통제가 일반 사회보다 강하고, 그 구성원의 특성은 매우 이질성(異質性)이 높은 집단이다. 즉, 학력면에서 다양한 수준으로 구성돼있고 개인의 성격, 연령, 성장배경, 종교, 사회적 지위와 경제적 수준, 생활습성과 가정 교육 등에서 서로 다른 인격체들로 구성된 조직이다. 또한 군대집단의 신분은 장교, 부사관, 병으로 구분되는 다양한 구성원이 상·하 관계가 유지되는 가운데 계급에 의해 조직이 움직여짐에 따라 자의적인 의사보다는 명령에 의한 타의에 의해서 역할 수행이 이루어지므로 상급자의 명령에 복종하여야 하며, 상급자는 솔선수범과 희생전신을 보여줘야 한다.

특히 병(兵)의 경우는 의무복무형태로 일정 기간만 복무하기 때문에 집단 내에서의 동질의식과 자기실현 욕구, 그리고 소속감에서 연속성을 갖지 못할 수가 있고, 사명의식과 군대관 그리고 자기발전 노력이 장교나 부사관과는 다르게 소극적일 수도 있다. 또한 군 구성원의 대부분을 차지하는 병사들은 대체로 20대 초반의 연령층으로 국방의무를 수행하기 위하여 소집된다. 이들은 대체로 신체적, 생리적 발달은 거의 완숙한 시기에 접어든 청년기로, 청년들의 사고방식이나 행동양식에 대한 이해 없이는 바람직한 리더십을 발휘하기가 곤란하다.

병사들의 군 생활에 대한 적응과정은 곧 군의 사회화 과정이라 할 수 있다. 이 과정은 입대 전에 그들이 지니고 있는 가치관, 인격, 개성, 생활습관 등이 군 조직의 풍토, 계층별 리더들의 리더십스타일, 군 교육의 내용과 방법 그리고 내무생활 등에 직·간접적으로 영향을 미치게 된다.

특히 전문적 직업의식을 갖고 복무하는 간부 집단과는 달리 병사들은 단순히 의무복무로서 일정기간만을 복무한다는 의식 하에 집단 내에서 자기실현, 소속감 등을 갖기 어려울 뿐만 아니라 비교적 수동적이며, 소극적인 경향을 띠고 규정에 의거 복무하는 것이 최선의 길이라고 생각하는 경향이 있다.

따라서 장병들이 과연 어떠한 마음을 갖고 복무하고, 어떠한 시각으로 군을 보고 있으며, 판단하고 있는지 먼저 이해하여야 한다. 또한 부하의 바람직한 사고방식과 가치관은 수용하고, 잘못된 의식구조는 바르게 계도(啓導)하여 충성심과 사명감을 가지고 군 복무를 할 수 있도록 이끌어야 한다.

다. 청년기의 특성

군대 구성원의 대부분은 병사들로 이들은 대체로 청년기에 해당되며, 신체적·생리적·정서적·사회적 측면에서 다른 연령층과 구분되는 특성을 지닌다. 때문에 청년기의 문제점이 바로 군 자체의 문제점이 될 수 있다. 따라서 리더는 한국인의 의식구조와 젊은 청년들이 지니고 있는 특성을 이해하여, 그들이 안고 있는 문제점을 해소시켜줌으로써 군대생활에 쉽게 적응할 수 있도록 하여 부대목표달성을 위한 건전한 태도와 올바른 가치관을 갖도록 지도해야 한다. 청년기에 들어서면 일반적으로 독립적인 자아의식이 싹트고 자기주장이 강하며, 개성을 앞세우고 사고와 행동이 대체로 비판적이고 반항적이며, 경우에 따라서는 극단적인 행동으로 나타나기도 한다.

또한 정서적으로는 불안정하고 욕구 불만이 쌓이기 쉬우므로 충동적이며, 자극적인 것을 추구하기도 한다. 이러한 정서적 불안과 욕구 불만은 단순하고 동일한 업무의 반복을 싫어하게 되고 새롭고 지루하지 않은 변화를 요구하게 된다. 이러한 청년기의 심리를 고려한 한국 청년의 일반적 특성은 첫째, 실질적이고 합리적인 가치를 지향한다는 점이다. 한국인의 전통적인 의식구조 속에는 숙명주의적 자연관, 도덕주의적 인간관, 인정주의적 관계관, 권위주의적 서열관, 가족주의적 집합체관 등이 뿌리깊이 박혀 있으나 청년들은 이와 같은 전통적인 가치의식에 집착하기보다는 현실적이고 자유분방한 가치의식을 더 지향하는 경향이 있다.

둘째, 자기중심적 성향을 갖는다. 범사회적·국가적인 것보다는 자기중심적이고 가족중심적인 것에 더 많은 가치를 지향하는 것으로 "국가나 나를 위해 무엇을 해주기를 요구하기 전에 내가 국가를 위해 무엇을 할 수 있는가를 물어라"라는 『케네디』 전 미국 대통령의 말을 깊이 음미해볼 만하다.

셋째, 인간 상호 연대감 및 신뢰감 감소를 나타낸다. 현대사회가 산업화와 도시화 됨으로써 빈부격차가 심화되고, 기성세대와의 가치관에 대한 기준이 상이하며, 생존 경쟁으로 인간 상호간 의사소통단절 현상으로 불신감이 조장되어 인간적 유대관계가 감소하고 있다.

넷째, 감상적이고 충동적인 쾌락을 추구하는 특성이 있다. 대중매체를 통한 관능적은 감각문화에 길들여져 이상적이고 합리적인 판단보다는 감정적인 충동에 휩쓸리는 경향이 있고 끝까지 최선을 다하는 노력보다 적당히 편한 방법으로 해결하려는 무사안일주의(無事安逸主義) 풍조가 나타날 수 있다.

다섯째, 체력 및 의지력의 약화 현상이 나타난다는 점이다. 오늘날 경제력 향상과 식생활의 개선은 개인의 체형을 향상시키는 결과를 가져왔으나 사회적인 경제활동, 교육 등의 증가로 인하여 운동할 시간과 공간을 빼앗기게 됨으로써 체력은 상대적으로 저하되는 결과를 낳고 있다. 이로 인해 젊은이들이 의지력이 약화됨에 따라 육체적으로 고된 일보다는 비교적 편안함을 추구하는 경향이 나타나고 있다.

Ⅲ 무엇을 어떻게 가르쳐서 효를 촉진케 할 것인가?

1. 교육의 형태로 본 효 교육

가. 생활화 교육 시간의 효 교육

(1) 전입신고 및 간담회 시간을 이용한 효 교육

군대는 '출필곡반필면(出必告反必面)' 즉, "집을 나갈 때는 반드시 알리고 돌아와서는 반드시 얼굴을 보여야 한다"는 내용이 철저히 지켜져야 하는 조직이다. 이런 이유에서 지휘관은 각종 신고를 받게 되고 그때마다 훈화를 하게 되는데, 그중에서도 특히 신병 전입신고식 때 효와 관련된 훈화는 매우 효과적이다. 신병이 부대에 

전입(轉入)해 오면 절차에 따라 지휘관에게 신고를 하게 되고, 이어서 면담을 하게 되는데, 지휘관 신고 및 면담시간을 이용한 효 교육은 실효성이 매우 높다.

지휘관에게 신고하기까지의 과정과 절차를 살펴보면, 신병이 도착하면 인사과 담당자가 주임원사에게 안내하여 부대역사에 대하여 설명을 듣게 되는데, 부대에서 가장 오래 근무한 주임원사로 하여금 마치 어머니가 자식을 대하듯 자상하고 친절하게 부대의 역사와 전통, 그리고 각종 병영시설 등을 안내하면서 자연스럽게 상담을 하게 된다. 이러한 과정이 끝나면 지휘관이 신고를 받게 되는데, 가급적 신고는 아침에 받더라도 면담은 저녁 때에 하는 것이 효과적이다. 왜냐하면 지휘관의 아침 시간은 대단히 바쁘고 지휘관 면담은 단순한 교육이 아니라 신상파악과 정신교육을 겸하기 때문이다. 또한 아침 시간은 외부에서 전화가 많이 걸려올 뿐만 아니라 참모들의 보고 및 결재 등으로 안정적인 분위기에서 대화하기가 어렵다. 심리적 측면에서도 주위에 어둠이 깔린 저녁 시간에 상담하는 것이 마음의 문을 열게 하는데 효과적이다.

저녁 식사 후 지휘관 실에서 신병이 작성한 신상 명세서 등을 보면서 대화를 나누게 되는데, 이때는 부대 전입 후 느낀 소감을 진솔하게 이야기할 수 있는 분위기를 조성해주는 것이 중요하다. 그리고 분위기를 조성하는 방법으로서는 분위기 전환을 위해 차를 권하고 유머를 섞어가면서 신병들의 마음을 편안하게 해주어야 한다. 그리고 대화 주제 중에는 가족에 대한 중요성과 함께 부모님을 생각하도록 하는 내용을 선택함으로써 부모님께 감사하는 마음을 갖도록 하고, 부모님 기대에 어긋나지 않는 부대생활을 시작하겠다는 각오를 하게 해야 한다. 예를 들면, 군에 입대하기 전까지는 부모님의 부름에 대답도 잘 안했고, 늦잠을 잘 때 어머니께서 일어나라고 하면 이불을 푹 뒤집어쓰고 일어나지 않던 경우가 대부분이다. 그런데 그러한 생활을 하다가 입대한 이후에는 훈련소 조교의 부름에 큰소리로 답할 뿐만 아니라, 아침 여섯 시에 기상나팔을 불면 벌떡 일어나 침구를 정돈하고 일조점호 장소로 뛰어나와 감사의 묵념을 하다 보면 자연스레 부모님을 생각하게 된다. 그러다 보면 부모님이 고맙고, 그립고, 부모님 말씀에 순종하지 않았던 불효를 후회하게 되는 것인데, 이런 때에 자신의 행동을 뉘우치도록 지휘관이 대화를 이끌어 가면 자연스럽게 부모님을 생각하게 되고, 그런 마음으로 군 생활을 시작하게 되는 것이다. 이때 부모님에 관한 이야기를 집중적으로 하면서 병사의 눈빛을 보면 가정이 어떤 상태에 있고, 지휘관으로서 무엇을 어떻게 도와주어야 할 것인지를 파악할 수 있다. 그리고 그러한 내용을 면담일지에 기록하고, 면담한 결과를 중대장에게 이야기해줘서 중대장으로 하여금 관심을 갖고 관리하도록 해야 한다. 이처럼 대대장이 전입 신병과 1~2시간을 대화를 나누다 보면 부대 전입 시부터 부모님을 생각하게 되고 부모님이 원하시는 방향으로 부대생활을 출발하게 하는 좋은 방법이라고 본다.

필자가 현역시절, 중대장과 대대장을 할 때, 신병이 부대에 전입(轉入)오면, 신고는 주로 저녁시간을 이용하곤 했다. 이때는 주로 부모님에 관하여 이야기를 나누게 되는데, 의외로 부모님의 나이, 직업, 직책 등에 대해서 잘 모른다는 점을 발견할 수 있었다. 그러나 부모님이 고생하신다는 것과 자신을 얼마나 사랑하시는지에 대해서는 대부분 알고 있었다. 신병 집체 교육을 할 때면 언제나 '어머니 마음' 노래를 함께 부르면서, 필자도 어머니 생각에 함께 울었던 경우가 많았다. 아마도 33년 동안 직업군인으로 있으면서 무사고 부대 육성과 함께 군복무를 명예롭게 마칠 수 있었던 것은 효 교육의 덕분이라고 생각한다.

그리고 지휘관이 정신교육을 할 때마다 부모님의 은혜를 떠올리도록 설명해줬고, 지체부자유 사회복지 시설에서 봉사활동을 함께하고 나서 소감문을 받아보면 "건강한 신체를 주신 것만으로도 부모님께 감사드린다."는 내용을 접할 수 있었는데, 이런 교육형태가 인성함양에 매우 효과적인 방법이라 생각된다.

(2) 기상 시 효 경음악 및 멘트 들려주기

효 교육을 활용하여 부대를 안정적으로 관리해 가는 방법 중의 하나가 장병들이 아침잠에서 깨어나는 시간에 '효 음악'을 들려주는 것이다. 군 생활을 하다 보면 누구나 느끼겠지만, 아침 기상 나팔소리는 잠을 깰 때 피곤함으로 인해 반갑게 다가오지 않는다. 때문에 상쾌한 아침을 맞이하고, 기상 직후부터 부모님의 기대를 생각하면서 하루 일과를 시작하도록 하기 위해 효 음악을 들려주는 것이다. 이러한 방법을 통해서 각오를 새롭게 하고, 일조구보를 함에 있어서도 가족을 생각하게 하는 것이다. 시행방법은 '어머니 마음', '섬집 아기', '이등병의 편지' 등 효 경음악을 배경으로 "여러분, 지난밤에 잘 잤습니까? 여러분의 부모님께서도 잘 주무셨는지 관물함의 부모님 사진을 보면서 마음속으로 문안 인사를 여쭙시다. 그리고 오늘 하루 일과를 기약합시다"라는 멘트를 들려준다. 그렇게 되면 장병들은 침구를 정리, 정돈하면서 자연스레 관물함에 부착되어 있는 부모님 사진을 바라보며 효 음악을 듣게 되고, 자신도 모르는 사이 "부모님이 기대하시는 아들답게 군 생활을 잘 하겠습니다"라는 다짐을 하게 되는 것이다.

최근 교육계와 의료계에서는 음악을 이용한 교육기법과 치료법이 활용되고 있다. 음악이 인간의 생리·심리에 미치는 기능적 효과 때문인데, 태아교육에 태교음악이 사용되듯이 장병 효 교육에 효 음악을 사용하는 것은 장병 정신건강에 대단히 효과적이라고 생각한다. 인류학자 메리암(A. P. Merriam)이 "음악은 감정표현·커뮤니케이션·도덕과 상징성·신체적 반응유발·사회규범과 사회의 통합에 기여하는 등 사회적 기능을 갖는다"라고 말한 것을 볼 때, 효 음악을 통한 교육은 병영 내 사고예방뿐만 아니라 인성함양에도 좋은 방법이다.

⑶ 점호를 활용한 '고향예배'와 '명상의 시간' 효 교육

군인이라면 누구나 공통적으로 느끼는 것이 있는데, 그 중의 하나가 하루에 두 차례 실시하는 점호행사 때 부모님 얼굴을 떠올리게 된다는 것이다. 새벽 6시 잠에서 깨어난 직후, 장병파악과 건강상태를 확인하는 일조점호 행사 때 당직사관이 "밤새 고향에 계신 부모님께서 안녕히 주무셨는지 문안 인사를 여쭙도록 하자", "고향예배 실시!"라고 하면, 장병 모두가 구령에 맞춰 일제히 고개를 숙여 부모님께 묵념을 올리다 보면 각자가 마음속으로 부모님과 대화를 하게 되고, 그때부터 부모님을 생각하면서 하루 일과를 시작하게 되는 것이다.

그리고 하루의 일과가 종료되면 일석점호에 이어 취침에 들어가는데, 이때 내무실에 설치된 스피커에서는 5분 남짓 음악과 함께 국군방송에서 들려주는 명상의 음악이 흘러나온다. 그리고 그 음악과 함께 법구경이나 부모은중경, 성경 구절 등 군 생활에 도움이 되는 명구가 곁들여지는데, 이때 부모님의 편지를 낭독하는 등 효 관련 내용을 인성교육과 연결시키면 효과를 거둘 수 있다.

군대에서 명상의 시간은 자기반성을 통해 나날이 새로워지는 시간이다. 그리고 새로워지게 되는 것은 부모님과의 대화를 통해서라는 점인데, 특히 사람은 누구나 어린 시절 부모님의 사랑과 자신에 대한 기대를 성인이 되어서도 잊지 않게 된다는 점에서, 장병들로 하여금 부모님의 기대를 생각하게 하는 효 교육이야말로 효과적인 인성교육이며, 이런 과정을 통해서 한 단계 성숙되어지는 것이다.

채근담에 "사람이 항상 일을 마친 뒤에 뉘우침으로써 어리석음을 깨우친다면 마음이 저절로 바르게 잡힐 것이다(人常以事後之悔悟 破臨事之癡迷 則性定而動無不正)."라는 말이 있다. 누구나 군에 와서 통제된 생활을 하다 보면 부모님 슬하에서의 호의호식(好衣好食)을 생각하게 되고 불효했던 점을 후회하기 마련이다.

나. 정규교과교육 시간의 효 교육

(1) 영상매체를 활용한 효 교육

군대에서 실시하는 효 교육은 대체로 「정규교과 교육」, 「생활화 및 계기별 교육」, 「집중정신교육」의 형태로 실시된다. 정과교육은 주간 단위로 작성하는 '주간 교육훈련 예정표'에 반영하여 실시하는 교육인데, 생활화 교육의 보조수단 성격을 갖는 교육이다. 즉 생활하는 과정에 실천이 잘 안 되는 점에 대하여 실천이 잘되도록 알려주고(知), 느끼게 하며(情), 스스로 다짐(意)하도록 함으로써 행동으로 옮겨(行)지도록 하는 지·정·의·행의 과정에서 '지·정·의'에 해당되는 교육이다.

이 중 정규교과 시간의 교육 방법은 다양한데, 이를테면 영상매체를 이용한 교육, 신문 스크랩을 이용한 교육, 효 노랫말 설명 후 합창하기, 나의 뿌리 양식 작성하기, 효의 본질적 의미와 현대적 개념, 효의 유래와 종교적 효, 효에 대한 인식과 과제, 효의 구분과 영역, 미래가치로서의 효 등의 강의를 통해 "어떻게 알려(知)줌으로써 느끼게(情)하고 다짐(意)하게 할 것인가"에 초점을 맞추어 실시한다. 그 중 영상매체를 활용한 교육 방법에서 교육할 내용의 선택은 교관이나 지휘관 자신이 감명 받았던 내용을 활용하는 것이 좋다. 예를 들면 TV에서 시청한 내용이 있다면, 그 내용을 복사하거나 방송국에 주문해서 활용할 수 있고, 국방홍보원에서 제작한 영상매체를 활용할 수도 있다. 그리고 보여준 내용에 대해서는 반드시 토의 및 소감 발표 시간을 가져야 한다. 왜냐하면 영상물에 대한 시청 소감은 각자의 느낌이

다를 수 있을 뿐만 아니라, 각자가 공감하는 부분의 생각을 교환함으로써 부모님에 대한 생각을 바탕으로 병영생활을 해나갈 수 있기 때문이다.

그리고 교관이 효 교육에 임할 때 또 반드시 유념해야 할 점은 "오늘 효 교육을 한다"는 식의 표현이 아니라 "부모님의 생신일과 결혼기념일에 자식으로서 우리는 어떻게 하는 것이 부모님을 걱정하시지 않게, 기쁘게 해 드리는 일인가에 대하여 생각해 보자"는 등의 말과 함께 영상매체를 보여주면 호감과 흥미를 유발케 함으로써 효과적인 교육이 될 수 있다. 이 외에도 "부모님께 편지쓰기와 전화하기에 대하여 생각해 보자", "부모님을 기쁘게 해 드릴 수 있는 방법에 대하여 이야기 해보자" 등의 주제를 제시하면 실질적인 토의를 이끌 수 있다.

또한 교육을 담당하는 교관의 자세도 중요한데, 그 교관이 평소 효도하는 모습을 부하들한테 보인 경우와 그렇지 않은 경우는 교육의 효과 측면에서 많은 차이를 보일 수밖에 없다. 특히 영상교재를 활용하는 방법은 신세대 장병들이 대단히 선호하는 방법 중의 하나이다. 그리고 앞서 밝혔듯이 DVD 등 시청이 끝나면 반드시 소감을 발표하게 하고 강평을 해야 하는데, 이때 누구를 발표자로 지정하느냐 하는 문제도 중요하다. 즉 결손가정에서 자랐거나 영상교재 내용과 비슷한 입장에 있는 장병을 지명해서는 안 되고, 가급적이면 평소 말재주가 있고 유머가 있는 장병을 발표자로 하는 것이 바람직하다. 그리고 발표내용이 교관의 생각과 다른 의견이라 하여 반박하거나 무안을 주어서도 안된다.

⑵ 신문 스크랩을 이용한 이슈 중심의 효 교육

효 교육은 일려주어서(知) 느끼고(情) 다짐(意)하게 하는 교육이다. 이런 점에서 신문이나 잡지 등을 읽다가 효 교육과 관련된 내용이면, 하나의 사례로 활용하면 효과가 있다. 보도 내용을 복사해서 장병 각자가 읽어보게 하고 느낀 소감을 발표하게 하는 것이다. 그리고 교관 자신이 그 당시 느꼈던 내용을 메모해 두었다가 장병들한테 그대로 전달하면 훨씬 진지한 분위기에서 참여를 이끌어 낼 수 있는데, "구두닦이 아버지는 나의 영웅"[223]이라는 조영기 상병의 기사는 많은 젊은이들이 공감하고 각급 부대에서 사례로 인용해서 교육된 바 있다.

---

223) 전익진, 「구두닦이 아버지는 나의 영웅」, 『중앙일보』 1999. 2. 9

이처럼 신문에 나와 있는 사례를 이용하면 교육을 흥미 있게 진행할 수 있다. 조영기 상병은 교회에서 설교를 듣던 중 자신도 모르게 아버지에게 불효했던 점이 생각나서 교회에서 발행한 주보(週報)의 귀퉁이에 낙서형식으로 쓴 내용이 청소하던 군종병에게 발견되었고, 이 내용이 부대 내에 알려지게 되었으며, 중앙일간지 신문에 보도된 바 있다. 내용을 요약하면, 당시 조 상병의 아버지는 53세의 나이에 막노동을 하면서 때로는 구두를 닦고 땔감을 만들어 팔기도 하고 남의 집 일을 나가시는 등 힘들게 자식을 키우셨는데, 이 글은 그러한 아버지의 모습을 창피하게 생각했던 자신을 나무라고 반성하는 심정으로 쓴 글이다. 최근 언론 기사에서도 군 생활하면서 부모님께 효도하는 내용이 국방일보 등의 지면에 소개되고 있음을 볼 수 있는데, 이 또한 좋은 교육자료들이다.

다. 집중정신교육 시간의 효 교육

집중정신교육은 반기(6개월) 1회 8시간씩 집중적으로 실시하는 정신교육이다. 이때의 교육내용은 양로원, 지체부자유 장애우 복지시설에 봉사활동을 나가 경로효친 정신을 고양하는 것을 비롯하여 효자·효부 초청 강연 듣기, 부모님께 편지쓰기 등을 실시한다.

집중정신교육시간에 부대의 계획에 의하여 집단적으로 실시하는 봉사활동 시간은 장병 각자가 부모님을 생각하고, 자신을 건강히 키워서 대한민국 군인이 되도록 해주신 부모님께 감사드리는 시간이다. 그런데 이러한 봉사활동을 계획하는 부서에서 참고해야 할 점이 있다. 복지시설 중에는 인력에 의한 노력 봉사보다는 물품이나 현금 등 경제적 지원을 원하는 단체도 있기 때문인데, 노력봉사를 필요로 하는 단체를 선택하는 것이 좋다.

필자가 군 지휘관으로 있을 때, 그리고 현재 대학생을 가르치면서 장애인복지시설에 봉사활동을 해보면, 그들이 장애우를 휠체어에 태워 산책을 시켜주고 목욕탕에 함께 가서 목욕을 시켜주고 난 후의 소감문에서, 부모님에 대한 효심이 저절로 생겨나게 된다는 점을 발견할 수 있다. 소감문 내용 중에 "장애우를 목욕시킬 때 힘은 들었지만, 나와 비슷한 나이임에도 혼자서 밥을 먹을 수도 없고 말도 제대로 하지 못하며, 혼자서 걸을 수도 없는 장애우를 도와줄 수 있다는 것에 가슴이 뿌듯함을 느낀다. 그리고 이처럼 건강한 몸으로 낳아주시고 키워주신 것만으로도 부모님 은혜에 감사드린다."는 요지의 내용을 발견할 수 있었다.

2. 부대 운영 및 활동을 통한 효 교육

가. 계기별 교육

계기(契機)란 어떤 일이 일어나거나 변화되도록 만드는 결정적인 원인이나 기회를 말한다. 따라서 '계기별 교육'은 부대 운영이나 활동에 있어서 어떤 변화를 만드는 결정적 원인이나 기회가 될 수 있는 날에 하는 교육이다. 때문에 병영생활에서도 어떤 계기가 되는 날에 효를 교육하면 효과적인데, 예를 들면 어버이날, 성년의 날, 또는 부모님의 생신일과 결혼기념일 등을 기억하게 하고 전화나 편지를 드리게 하면 장병의 효심을 불러일으키는 작용을 할 수 있다. 그리고 정부에서 정한 법정기념일 중 효와 관련되는 기념일을 선정해서 의미와 취지 등을 설명하는 것도 효과적인 교육이 될 수 있다.

법정기념일은 국가 및 정부부처의 업무와 관련하여 국민들이 기억하고 기념하도록 하기 위해 정해 놓은 날이다. 국민이라면 기념일의 의미를 알아야 한다는 취지로 정부에서는 '73년 3월 30일 [각종 기념일 등에 관한 규정(대통령령 제6615호)]을 제정하였다. 이 규정에 의해 정해진 기념일은 2010년 현재 41종이고, 개별 법령에 의해 지정된 기념일이 추가로 11일이 있는데, 모든 기념일의 의식과 행사는 엄숙하고 검소하게, 그리고 기념일의 의의를 높일 수 있도록 치뤄져야 한다.

충효교육과 연계하여 교육할 수 있는 날들은 국경일(4), 법정기념일(41), 개별 법령에 의해 정해진 기념일(11) 등 56개의 기념일이 있으며, 이에 관련된 교육 자료들은 공공기관에서 발행한 문서나 인터넷 등의 매체에서 구할 수 있다. 또한 민족 명절(설, 추석 등), 위인(偉人)의 출생 및 사망일(예:안중근, 이순신, 유관순, 석가탄신일, 성탄절 등), 국가 안위와 관련된 사건(예:삼전도 비, 칠백의총, 만인의총 등)을 추가하여 교육할 수 있다.

〈표 24〉 월별·계기별 현황(대통령령 제15843호 : 1998. 7. 25)

월	국경일 (4일)	계 기		비 고
		법정기념일(41일)		
1				삼전도의 한(30)
2				설
3	3·1절	• 납세자의 날(3) • 상공의 날(셋째 주 수요일)	• 3.15의거 기념일(15)	안중근 의사 순국일(26)
4		• 향토예비군의 날(첫째 주 금요일) • 식목일(5) • 대한민국 임시정부 수립일(13) • 장애인의 날(20) • 정보통신의 날(22) • 충무공 탄신일(28)	• 보건의 날(7) • 4.19혁명 기념일(19) • 과학의 날(21) • 법의 날(25)	한식
5		• 근로자의 날(1) • 어버이날(8) • 5.18민주화운동기념일(18) • 부부의 날(21) • 바다의 날(31)	• 어린이날(5) • 스승의 날(15) • 성년의 날(첫째 주 월요일)	석가탄신일 (음 : 4. 8)
6		• 환경의 날(5) • 6.10민주항쟁기념일(10)	• 현충일(6) • 6.25 사변일(25)	단오 (음 : 5. 5)
7	제헌절			
8	광복절			경술국치일(29)
9		• 철도의 날(18)		추석, 7백의총(23) 만인의총(26)
10	개천절	• 국군의 날(1) • 세계한인의 날(5) • 체육의 날(15) • 경찰의 날(21) • 교정의 날(28)	• 노인의 날(2) • 재향군인의 날(8) • 문화의 날(3주차 토요일) • 국제연합일(24) • 저축의 날(마지막 주 화요일)	유관순 열사 순국일(12)
11		• 학생독립기념일(3) • 순국선열의 날(17)	• 농업인의 날(11) • 무역의 날(30)	이순신 장군 순직일(18)
12		• 소비자의 날(3)		윤봉길 의사 순국 일(19), 성탄절(25)
기타		〈개별법 규정에 의한 기념일 : 11일〉 • 입양의 날(5.11) • 가정의 날(5.15) • 발명의 날(5.19) • 세계인의 날(5.20) • 방제의 날(5.25) • 통계의 날(9.1) • 태권도의 날(9.4) • 사회복지의 날(9.17) • 임산부의 날(10.10) • 소방의 날(11.9) • 자원봉사자의 날(12.5)		

나. 부모초청행사

부모초청행사는 비단 군대 뿐 아니라 학교, 종교시설의 학생, 학교 등에서 인성함양을 위한 수단으로 많이 활용하는 교육 방법이다. 필자도 30년 넘는 군생활에서 중대장과 대대장 시절에 했던 부모초청행사는 수십 년이 경과한 지금도 기억에 남는 장면이 많다. 그때의 경험을 살려 대학교수가 된 지금도 학생 인성교육 프로그램에 부모초청행사를 하고 있는데, 그 성과가 매우 크다는 평가를 받고 있다.

군대에서의 부모초청행사는 효과가 클 수밖에 없다고 보는데, 그 이유는 군대에 와 있는 자식이나, 자식을 군대에 보낸 부모 모두에게 그리움이 쌓여 있는 상태에서 이루어진 만남을 계기로 하는 교육이기 때문이다. 병영에서 부모님을 단상에 모시고 '어머님 마음'과 '어머니 은혜' 등의 노래를 부르고 세안식(洗眼式)·세족식(洗足式)으로 이어지는 효 교육은 인성교육으로서는 안성맞춤이다. 또한 옛말에 '백문이불여일견(百聞而不如一見)' 이라는 말이 있다. 백 번 듣는 것이 한 번 보는 것보다 못하다는 뜻으로, 직접 경험해야 확실히 알 수 있다는 의미이다. 부모가 자식이 생활하는 병영을 직접 방문해서 현장을 확인하고 그곳의 리더들을 만나보는 것은 자식의 안정적 병영생활과 인성함양에 큰 도움이 된다. 그리고 병영에서 부모초청행사를 하는 것은 결과적으로 상하동욕(上下同欲)의 리더십을 발휘하는 것으로 볼 수 있다.

다. 효 중심의 동아리 활동

동아리 활동은 일명 서클 활동이다. 취미나 목적이 같은 사람들이 모인 서클(circle)에서 하는 다양한 영역의 활동을 말한다. '동아리'는 '서클'과 같은 의미로 순수한 우리말이다. 인간은 취미·오락·스포츠·정치적 이해관계 등에 따라 다양한 모임(circle)을 형성한다. 이는 개인의 문화적·사회적 욕구를 동호인들끼리 좀더 효율적으로 충족시키고 자기 발전을 이루려는 자발성을 기반으로 모인 소규모 집단이다. 이는 이익단체와 같은 대규모 집단과는 구별되며 이익보다는 친밀한 인간관계를 유지할 수 있다는 점이 장점이다. 동아리 활동을 함으로써 인간은 사회와 조직에 적극적으로 참여하게 되고 인간관계를 향상시키며 때로는 학습효과를 높이기도 한다.

병영에서는 여러 형태의 동아리가 가능한데, 특히 주 5일제가 되면서 토요일에 할 수 있는 동아리 활동 시간이 많아졌다. 병영에서 할 수 있는 것이라면 예컨대 '부모님 편지쓰기 동아리', '사회복지시설 장애우돕기 동아리', '경로당·양로원 위로 동아리', '농촌일손돕기 동아리' 등 다양한 형태가 가능하다.

Ⅳ 군대 효 교육의 기대효과

1. 인성함양 및 안정적 부대관리

군대에서 효를 교육하면 인성함양과 사고예방의 효과가 있어 안정된 부대관리에 도움이 된다. 『효경』에 "부모에게 효 하는 사람은 남을 업신여기거나 교만하지 않으며 많은 사람 중에서도 다투지 않는다"224)고 했고 "어버이를 사랑하는 자는 감히 남을 미워하지 않으며, 어버이를 공경하는 자는 감히 남을 업신여기지 않는다"225)고 한 것처럼, 효심을 가지게 되면 성품이 착해지므로 남을 해치거나 괴롭히지 않게 된다.226) 왜냐하면 효는 부모님이 원하시는 방향으로 행동하게 하는 가치적 성격을 가지고 있기 때문이다. 『논어』에 "리더는 근본을 세우는데 힘써야 하고, 근본이 서면 길과 방법이 저절로 생기는데, 효와 우애는 그 근본이다"227)라고 기록하고 있다.

그러나 일부의 사람들이 "부모가 부모답지 않아 청소년들이 결손가정에서 자랄 수밖에 없는 요즈음, 과연 효 교육의 효과를 기대할 수 있겠는가?"라면서 군대 효 교육을 회의적으로 보기도 하는데, 필자의 효 교육 경험으로 보면 절대로 그렇지 않다. 장병들에게 부모와 자식은 인륜이 아닌 천륜(天倫) 관계라는 점을 이해시키고, '장애우 복지시설' 등에 가서 함께 봉사활동을 하고 나면, "이렇게 건강한 몸으로 키워주신 은혜만으로도 부모님께 감사드리게 된다"고 소감문에 기록하는 것을 본다. 군대는 '어머니의 마음' 노래 합창만으로도 울먹이게 하는 곳이라는 점에서 효 교육의 천연적 토양인 셈이다. 실제로 필자가 지휘관(중대장 · 대대장 · 연대장) 생활을 하는 동안, 효 교육을 해본 결

---

224) 『효경』 「기효행장」 : "事親者居上不驕 爲下不亂在醜不爭."

225) 『효경』 「천자」 : "愛親者不敢惡於人, 敬親者不敢慢於人."

226) 김종두, 「군 전투력 향상을 위한 효율적인 부대 관리방안」 충성대 학술세미나 주제발표 논문, 2005, 154쪽

227) 『논어』 「학이」 : "君子務本 本立而道生, 孝悌也者 其爲仁之本與."

과 장병 상호간에 존중과 배려 분위기가 높아지는 것을 체험했는데, '내가 귀한 집 자식이면 상대방도 귀한 집 자식'으로 여기는 분위기 때문이라 생각한다.

2. 리더십 역량과 무형전력 강화

효는 보편적·이타적 가치이자 부모·자식 간의 원초적 사랑이며 윤리라는 점에서 가치 중심 리더십, 원칙중심 리더십, 서번트 리더십, 윤리적 리더십 등 현대적 리더십과 연계시킬 수 있다. 그리고 "군대 가면 사람 된다"는 표현은 "젊은이들이 군대 가서 지도자로서의 자질을 갖추고 나온다"는 의미로 해석할 수 있다. 『효경』에 "효는 덕의 근본이요 모든 교육이 그로 말미암아 생겨난다."[228]고 했듯이, 효심은 리더십 역량의 요건이 되는 것이다. 특히 현대 리더십의 발전 추세는, 마치 부모가 자식을 사랑하고 보살피는 것처럼 리더가 부하를 사랑하고 보살피는 서번트(Servant)적 자세가 요구되고 있는데, 효 교육은 간부 자신이 효를 실천하지 않고서는 교육할 수 없는 윤리적 성격을 가지고 있기 때문에 간부 자신이 본보기를 토일 수밖에 없으며, 결과적으로 리더십 역량을 강화시켜주는 효과가 있다.

다음 효 교육은 무형전력 강화와도 연계되는데, 이는 여러 전사(戰史)에도 나타나 있듯이, 효심은 전투의지력으로 작용되어지기 때문

---

228) 『효경』 「개종명의장」: "孝德之本也 敎之所由生也"

이다. 전투에 임한 장병들은 국가와 민족을 위한다는 생각이 없지는 않지만, 부모형제를 지키기 위해 싸운다는 생각이 우선 작용하는 것으로 나타나 있다. 예컨대 일본군이 2차 세계 대전 당시 가미카제 특공대 3,500명에 대해여 "누구를 생각하면서 임무를 수행하느냐?"는 설문에, '천황을 생각한다(29명)', '동료를 생각한다(2명)'는 인원보다 '부모를 생각한다(36명)'는 인원이 더 많았다는 사실[229]이다. 또한 1972년 중동전(中東戰) 당시 미 TV 방송국 기자가 아랍군과 이스라엘군 소속의 포로들에게 "왜, 이 전쟁에 참여하게 되었느냐?"고 질문한 결과, 아랍군 소속의 포로들은 "나의 조국을 위해서"라고 답변한 반면, 이스라엘군 소속의 포로들은 "내 부모와 형제를 지키기 위해서"라고 답변한 내용이다. 이스라엘 병사들은 "만일 우리가 승리하지 않으면 저들에 의해 우리 부모형제가 고통을 당하기 때문에 저들을 기필코 이겨야 한다"고 생각한 것인데, 당시 1억의 인구를 가진 아랍국과 250만의 작은 나라 이스라엘이 싸워서 승리할 수 있었던 데에는 강한 전투의지력이 있었고, 그 의지력은 바로 부모형제를 지키려는 데서 나온 것임을 알 수 있다.[230] 또 우리나라에도 비슷한 사례가 있는데, 6.25남침전쟁에 참전한 학도병의 일기장에 보면 어머니를 보고 싶어 하는 마음에서 필승의 의지를 불태웠고, 조선왕조

229) 국방부, 『군대윤리(직업군인과 가치관) : 영원한 삶을 위하여』, 2003, 259~260쪽.

230) 본 내용은 류태영 박사가 '이스라엘군과 정신전력'이라는 제목으로 강의(2001. 9. 3, 충효예 리더십 워크숍)한 내용(육군본부 VCR 제작 : 2001. 10. 5)에서 인용하였다.

시대 의병들도 국가보다 가족이나 문중을 보호하기 위해 전장에 나
간 사례를 들 수 있다.[231]

3. 국민교육도장의 내실화

군대 효 교육은 결국 국민의 귀한 자식들에게 사람다운 사람의 길
로 안내하는 교육이라 할 수 있다. 군 입대 장정들은 대부분 핵가족
화 된 가정환경에서 호의호식(好衣好食)하며 자란 터라 부모의 고마움
을 별반 느끼지 못했지만, 군에 입대한 이후로는 엄격한 규율과 통
제 속에서 자기의 일들을 대부분 스스로 해결하다보니 부모님에 대
한 고마움을 깨닫게 되고 국가의 소중함을 알게 된다. 그러나 '군대
가면 사람 되고 효자 된다'는 국민의 기대감이 군대 내에 어떤 특정
한 교육 프로그램이 있어서가 아니라 그저 '고생의 산물'로 얻어지
는 것이라는 점에서, 군대 효 교육에 대해서도 환경변화에 맞춰 업
그레이드할 필요가 있다. 또한 군대의 효 교육은 1988년부터 시작되
어 20년이 넘는 세월이 경과했으므로 내실화의 필요성이 요구되고
있는 데, 특히 최근 군에서 발생하고 있는 일련의 사고들, 예컨대 자
살사고, 병 상호간 구타 및 가혹행위, 총기 사고 등 악성사고를 줄이
기 위해서도 군대의 효 교육은 필요하다고 본다.

또한 군대 효 교육은 국가 차원의 청소년 교육과도 연계된다. 청소

---

231) 김덕균, 『삭혀먹는 나라 비벼먹는 나라』 (서울 : 지혜문학, 2005), 128~130
쪽

년 기본법에 청소년은 9세에서 24세까지의 연령에 해당되므로 만 20세에 입대해서 2년 가까운 복무기간은 청소년 교육 말기에 해당되고, 청소년기는 리더십 형성의 결정적 시기[232]라는 점에서 군 복무기간은 청소년 교육과 연계되는 것이다. 또한 군대는 '이병·일병·상병·병장'이라는 4형제 계급구조를 가지고 있어서 멤버십과 리더십을 배양할 수 있는 좋은 여건을 가지고 있다. 그러므로 청소년 교육의 연장선상에서 군대 교육이 이루어지도록 국가차원의 관리가 필요하며, 군 내부적으로도 군대의 효 교육 콘텐츠개발 등을 통한 내실화가 필요하다고 본다.

232) 오치선 외, 『청소년 지도학』, (서울 : 학지사, 1999), 43쪽.

제 12 장

직장에서의 효 교육

직장은 사람들이 일정한 직업을 가지고 일하는 곳이다. 직업은 생계유지 수단이며, 자기의 이상을 실현하는 장(場)이기도 하다. 사람은 직업이 없이는 정상적인 삶을 살아갈 수 없고, 가정을 지키기도 힘들다. 그래서 인간은 누구나 좋은 직업과 직장을 가지기를 원한다. 때문에 직장생활에 있어 서로를 위하고, 배려하는 가운데 직장의 발전을 위해 노력하는 사람이 현명한 사람이며 안정적인 가정생활을 할 수 있는데, 여기에는 인륜질서의 근본인 효를 필요로 한다. 왜냐하면 내가 몸담고 있는 직장이 잘되어야 내가 존재할 수 있고, 내 가정의 안정을 유지할 수 있기 때문이다.

현대사회의 직업은 직업 활동이 사회적 유연성과 더불어 발전하고 있으며 사회기능의 분담된 직무를 수행하는 분업의 특성이 있다. 빵만으로는 풍족한 삶의 가치를 느끼지 못하는 인간은 직업을 통해서

일의 보람과 자아실현의 기회를 제공 받는다. 따라서 직업은 생업과 천직의 두 의미를 동시에 갖는다. 현대사회가 고도로 분업화됨에 따라 많은 직업이 생겨났지만, 많은 직업의 탄생과 관련하여 직업의 선택 문제 또한 많은 이들에게 고민을 안겨주고 있다. 물질적 기준에 의해 삭막해진 현대 사회의 삶을 넉넉하게 만드는 것은 직업인으로서 자신의 역할을 성실히 수행하는 것이다. 그리고 자신에 대한 성실함은 부모님께 걱정 끼쳐 드리지 않고 기쁘게 해드리는 일인 동시에 입신양명의 효를 실천하는 길이다. 또한 이러한 자세는 좁게는 가족 간의 사랑이지만, 넓게는 이웃과 사회, 국가와 자연 등 인류애로 확대되는 것인데, 이런 정신적 자세는 바로 효라는 보편적 · 이타적 가치에서 출발하는 것이다. 때문에 직장은 어떤 형태로든 확장된 영역의 효를 실천하는 장이 되어야 하며, 그러한 리더십이 요구된다.

Ⅰ 직장은 확장된 영역의 효를 실천하는 곳

효를 인륜질서의 근본, 백행지본(百行之本) 등으로 표현한다. 부모와 자식의 원초적 사랑인 효가 형제간을 화목하게 하고 그러한 마음이 이웃과 사회, 나라와 자연으로 확대된다는 점에서 효를 보편적, 이타적 가치로 표현하기도 한다.

『효경』에 "일상생활에 잠깐 사이라도 부모를 잊지 않아야 한다. 그런 다음에야 곧 효도를 하는 사람이라 이름 지을 수 있다. 그리고 자기의 몸가짐을 삼가지 않으며, 하는 말에 법도가 없고 난잡하게 노는 것으로 세월을 보내는 사람은 모두 그 부모를 잊은 자의 행동들이다."[233]라고 했듯이 직장에서도 부모와 가정을 생각하면서 직무에 종사해야 한다. 또한 생산적 활동을 주목적으로 하는 직장이라 하더라도 직장 내 동료 간에 서로를 위하고 배려하는 분위기를 가져가기 위해서는 안정된 가정의 뒷받침을 필요로 하고, 안정된 가정을 영위하기 위해서는 효와 같은 가치지향적 삶을 필요로 한다. 그리고 이러한 분위기 조성을 위해서는 리더의 격에 맞는 역할이 필요하다. 『효경』에 "효는 덕의 근본이요, 모든 가르침이 그로 말미암아 생겨난다."[234]라고 하여 효가 사랑을 나누는 정신적 작용의 근본이라고 한 것이나 "가르침이 엄숙하지 않아도 이루어지고 그 정치가 엄하지 않아도 다스려지는데, 그 이유는 리더가 그것(효)을 가르침으로써 백성을 교화시킬 수 있기 때문이다."[235]라는 표현, "부모를 사랑하는 사람은 다른 사람을 미워하지 않고, 부모를 공경하는 사람은 다른 사람을 업신여기지 않는다."[236], "부모를 섬기는 사람은 윗자리에 있어도 거만하지

233) 『효경』「사친장」: "日用之間, 一毫之頃, 不忘父母然後乃名爲孝, 疲持身不謹, 出言無章, 嬉戱度日者, 皆是忘父母者也."
234) 『효경』「개종명의장」: "孝 德之本也 敎之所由生也."
235) 『효경』「삼재장」: "其敎不肅而成 其政不嚴而治 先王見敎之可以化民也."
236) 『효경』「천자장」: "愛親者 不敢惡於人 敬親者 不敢慢於人."

않고 아랫자리에 있어도 질서를 어지럽히지 않으며 같은 무리와 함께 있어도 서로 다투지 않는다."[237], "(리더가) 백성들을 서로 친애하도록 하는 데에는 효보다 좋은 것이 없고, 백성들을 예에 순응하게 가르치는 데는 공경함보다 좋은 것이 없다."[238] 는 등의 표현에 잘 나타나 있다. 또한 『논어』에도 "효도와 우애를 다하는 사람이 윗사람 범하기를 좋아하는 사람은 드물다."[239], "리더가 어버이에게 독실하면 백성들 사이에 인(仁)이 진작(振作)되고 옛 친구를 버리지 않으면 백성들이 박절하지 않게 된다."[240], "구성원을 장중(莊重)하게 대하면 공경스러워지고 효와 자애(慈愛)를 행하게 하면 '충(忠)' 되게 되고 선인(善人)을 등용하고 무능한 사람을 가르쳐 주면 부지런히 힘쓰게 될 것이다."[241]라고 했다. 또 『예기』에 "효자는 어두운 곳에서 일을 종사하지 않으며, 위태로운 곳에 오르지 않는다. 그 이유는 어버이를 욕되게 할 것을 두려워하기 때문이다. 부모가 살아계실 때에는 벗과 더불어 죽음에 대하여 허락하지 않아야 한다."[242]는 내용도 맥을 같이 하는 것이다. 이렇듯이 직장에서 상사(리더)와 구성원 모두 효심을 가지고 업무에 임하게 되면 업무의 '효과성'이 높아질 것은 자명하다.

237) 『효경』「기효행장」: "事親者 居上不驕 爲下不亂 在醜不爭."
238) 『효경』「광요도장」: "敎民親愛 莫善於孝 敎民禮順 莫善於弟."
239) 『논어』「학이편」: "其爲人也孝弟 而好犯上者 鮮矣."
240) 『논어』「태백편」: "君子篤於親 則民興於仁 故舊 不遺 則民不偷."
241) 『논어』「위정편」: "臨之以莊則敬 孝慈則忠 擧善而敎不能則勤."
242) 『예기』「곡례편」: "孝子不服闇不登危懼辱親也 父母存不許友以死."

Ⅱ 직업의 의미와 기능

　"일터는 곧 배움터다"라는 말이 있다. 직업은 삶에 생명력을 주는 동시에 지혜를 가져다주는 배움터인 것이다. 직업을 가진 개인들은 자신의 휴식과 여가 시간을

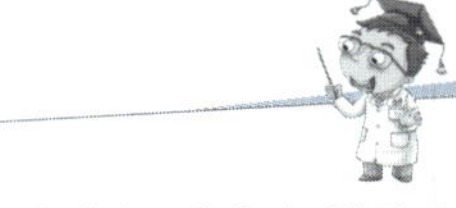

제외한 대부분의 시간을 직업 활동을 위해 사용하게 되는데, 그것은 직업이 그것에 종사하는 개인에게 그만큼 중요한 활동이자 경험적(암묵적) 지식을 얻을 수 있는 곳이기 때문이다. 따라서 직업은 다음과 같은 의미에서 효와 연관성이 있다.

　첫째, 직업은 직업인과 그 가족의 가장 중요한 '생계수단'이 되므로 경제적 안정을 가져다 준다. 소수의 예외적인 경우를 제외한다면, 모든 사람들은 직업을 가진 개인이 직업 활동을 통해 얻는 소득으로 가족의 생계를 유지해 나간다. 농사를 짓는 사람이건, 자영업을 하는 사람이건, 회사에 다니는 사람이건 자신의 생산적인 활동을 통해 경제적인 소득을 얻게 되고, 그 소득으로 가족의 생계를 꾸려 나가는 것이다. 따라서 생계수단으로서의 직업과 효의 관계는 사람이 직업을 가짐으로써 가족들에게 안정을 주고 부모에게 정신적, 물질적 효를 행(行)할 수 있다는 점에서 연계성이 있다. 또한 생계수단으로서 직업이긴 하지만 어디까지나 윤리적 정당성이 있어야 하고 윤리적 정당성은 효에서부터 출발한다는 점이다.

　둘째, 직업을 가진 개인들은 직업을 통해 '사회봉사'의 보람을 얻

는다. 모든 직업은 그 사회가 필요로 하는 여러 가지 기능을 분담해서 수행하는 사회적 역할이기 때문에, 개인들의 직업 활동은 나름대로 전체 사회의 유지와 발전에 공헌하는 일을 나누어 수행하고 있는 셈이다. 예컨대 농사를 짓는 사람들은 모든 사람들에게 필요한 식량을 제공하고, 우유를 생산하는 사람들은 국민들이 건강한 생활을 할 수 있도록 질 좋은 우유를 공급하고 있으며, 상업에 종사하는 사람들은 생산된 농산물이나 공산품을 모든 가정의 소비자들에게 유통시켜 주는 역할을 한다. 이런 의미에서 이웃과 인류애를 발휘하게 하는 효는 직업의 본질적인 의미와 연관이 있다.

셋째, 직업적 활동은 개인들에게 다른 사람들과 협동해서 함께 살아가는 '공동체적인 삶'의 기회를 제공해 준다. 농업에 종사하는 사람들은 다른 이웃들과 함께 품앗이를 하거나 농기구를 나누어 사용하기도 하고, 농사정보를 서로 교환하기도 한다. 직장에 다니는 사람들은 직장의 상사나 동료, 부하들과 함께 일을 해 나아감으로써 하나의 공동체를 이루기도 한다. 직업적인 활동을 위해 서로 협동하는 이웃과 동료들은 직업 활동만을 위해 협조하는 데 그치지 않고 개인적인 어려움이나 애경사(哀慶事)가 있을 때에도 서로 돕고 의지하며 살아가기 때문에, 직업 활동은 다른 사람들과의 공동체적 유대를 형성하는 귀중한 기회를 만들어 주는 것이다. 그렇기 때문에 실직을 했거나 정년퇴임을 한 사람들은 단순히 직업과 일을 단절한 것뿐 아니라 다른 사람들과의 유대와 공동체적인 삶의 터전을 함께 잃게 되는 것이다. 이런 점에서 보편적이면서 이타적 가치인 효는 공동체적인 삶을 더욱 윤택하게 해주는 가치 지향적 삶과 관계된다는 점에서 효와 연관성이 있다고 하겠다.

넷째, 직업은 개인들에게 '자아실현'의 기회를 제공해 준다. 모든 사람들은 각자가 지닌 능력과 적성을 발휘해서 가치 있는 일을 해냈을 때 일의 성취의 보람을 느낀다. 더 나아가서 사람들은 자신의 일과 성취를 통해서 자신의 존재와 삶의 의미를 확인하기도 한다. 학업을 마친 젊은이들이 어떤 작장을 가지게 되느냐에 따라 성취감이 달라지는 것도 이 때문이며, 이러한 직장을 가지는 것은 입신양명(立身揚名)의 효와 직결되는 것이라는 점에서 효과 연관성이 있다.

Ⅲ 무엇을 어떻게, 어디에 주안을 둘 것인가?

1. 자기적 효의 실천을 계도(啓導)

사람은 직장생활을 통해 꿈을 실현해 나간다. 때문에 자기에게 성실하는 삶을 살아야 하는데, 이것이 자기적 효이다. 자기적 효는 자식의 입장과 부모의 입장에서 고려할 수 있다.

자식의 입장에서 볼 때, 자신에게 성실함으로써 부모를 걱정 끼쳐 드리지 않을 뿐 아니라 입신양명(立身揚名)을 통해 기쁨을 드리는 효이다. 자기를 알고 부모의 존재를 아는 정체성을 바탕으로, 성실성에 기초한 자기계발(自己啓發)과 입신양명(立身揚名)을 통하여 부모님께 기쁨을 드리는 효인 것이다. 부모님이 나를 잉태하시고 열 달 동안 애지중지 품어주셨다가 온전한 몸으로 낳아주시고 젖먹이에서 유치원·초·중·고등학교와 대학을 마치는 동안 온몸으로 돌봐주신 부모님께 직장생활을 통해서 기쁨을 드리는 효이다. '나'는 곧 부모님의 분신이므로 부모님 기대에 보답하는 삶을 살아야 한다. 나로 인하여 부모님이 걱정하시지 않도록 자기 몸을 잘 간수해야 한다. 『부모은중경』에 "부모님께서는 나를 낳으실 때 서 말 서 되의 피를 흘리시고, 여덟 섬 너 말의 젖으로 키우셨으니 내 몸을 소중히 해야 한다."고 했고, 『효경』에 "몸과 머리카락, 피부까지도 부모님으로부터 받았으므로 다치거나 상하게 하지 않는 것이 효의 시작이다^(개종명의장)."[243], "성공함으로써 후대에 이름을 날려 부모님 이름을 드러나게 하는 것이 효의 마지막이다^(개종명의장)."[244], "효는 어버이를 섬기는 일에서 시작하여 다음에는 나라를 위해 일하고 마지막에는 자신이 성공하여 이름을 세우는 것이다^(개종명의장)."[245]라고 하였고, 『예기』에 "효자가 어두운 곳에서 일을 하지 않으며, 위험한 곳에 오르지 않는 것은 어버이를 욕되게 할까 두렵기 때문이다^(곡례상편)."[246]라고 하였다.

다음 부모의 입장에서 자기적 효는 부모로서의 도리를 다하는 것이다. 부모의 도리는 가정에서 자녀의 모범이 되고, 밖에서는 안정된

243) "身體髮膚 受之父母 不敢毁傷 孝之始也."
244) "立身行道 揚名後世 以顯父母 孝之終也."
245) "孝始於事親 中於事君 終於立身揚名."
246) "孝子不服闇 不登危 懼辱親也."

직장을 바탕으로 사회생활을 원만히 하는 것이다. 또한 부자자효(父慈子孝), 부자유친(父子有親), 부위자강(父爲子綱)에서 보듯이 부모로서의 역할과 도리를 다할 때 자식 또한 도리를 다하게 되는 것이다. 『성경』에 "무릇 지킬만한 것보다 더욱 네 마음을 지키라. 생명의 근원이 여기에서 남이니라(잠언 5:23)"라 하였고, 『불경』에도 "우주만물 중에서는 '나' 자신이 가장 존엄한 존재다(서응경)."[247]라고 하였으며, 노자는 "타인과 싸워서 이기는 사람이 강한 사람이지만, 자신과 싸워서 이기는 사람이 더 강한 사람이다."라고 했다. 자신에게 닥쳐올 유혹이나 나태함을 이기고 자신의 도리를 다하는 삶을 살아가는 것을 자기적 효라 한다. 이처럼 자기적 효는 부모는 부모로서, 자식은 자식으로서 각자의 본분과 도리를 다함으로써 효를 실천하는 것이므로 직장은 구성원 각자에게 자기 자신의 꿈을 실현토록 자기적 효 실천을 계도해야 한다.

2. 가정적 효 실천을 성원(聲援)

직장은 구성원의 가정이 튼실해지도록 격려하고 도와주는 역할을 해야 한다. 그리고 가정을 튼실하게 하는 가장 기초적인 것이 가정적 효를 행하는 것이다.

'가정적(家庭的) 효'는 가정에서 가족구성원 사이에 행해지는 효를 말한다. 가족구성원은 부모, 형제, 자매, 부부 등이 포함된다. 부모는

---

247) "天上天下唯我獨尊."

자식을 사랑하고, 자식은 부모를 공경하는 가운데, 형은 아우를, 동생은 형을 위하고, 언니는 동생을, 동생은 언니를 위하며 부부가 서로 존중하는 등 가정에서 서로 사랑을 실천해야 하는데, 이렇게 가족 구성원이 서로를 위하는 마음으로 살아가는 것을 가정적 효라고 한다. 옛날 말에 가화만사성(家和萬事成), 수신제가치국평천하(修身齊家治國平天下)라는 말이 있다. "가정이 화목해야 모든 일이 잘 이루어진다.", "자신을 수양해서 가정을 잘 다스리고 나서 나라와 천하를 다스릴 수 있다"는 뜻이다. 가정이 화목하지 않고, 가정이 평탄치 않아서 가족을 제대로 이끌어가지 못하면 어떤 일도 이루어가기 어렵다. 그래서 가정을 인생의 안식처, 사랑의 보금자리 등으로 표현한다. 그렇다면 성공적인 가정, 화목한 가정은 어디에서 오는 것일까? 그것은 부모는 자식을 사랑하고 자식은 부모에게 효도하며 형제·자매간 우애하는, 즉 효(孝)와 제(弟), 자(慈)를 통해서 온다. 맹모삼천지교(孟母三遷之敎)는 가정적 효의 상징이라 할 수 있다. 맹자의 어머니가 아들을 위해 세 번이나 이사했고, 아들 맹자는 이러한 어머니의 가르침에 순종하며 어머니가 원하시는 바를 이루기 위해 노력하다 보니 성현으로까지 칭송받는 인물이 될 수 있었다.

이렇듯 가정적 효는 부모의 역할이 우선시 되고 자식이 따르는 부자자효(父慈子孝)와 부자유친(父子有親), 부위자강(父爲子綱)의 모습이어야 한다. 그럼으로 인해 가정의 모든 가족구성원이 각자가 도리를 다해야 하고, 직장의 최고 경영자는 그 구성원의 가정이 튼실해지도록 성원(聲援)해야 한다. 예컨대 가정에서 부모로서의 도리를 다하는 것은 경제적인 것만이 아니다. 도덕적이고 교육적인 역할이 더 중요하다. 이를테면, 어떤 젊은 여성이 직장생활을 하는 동안 수태(受胎)해서 아이를 낳게 된다면, 직장에서는 그 산모(産母)가 스트레스 받지 않고 모유(母乳)를 수유할 수 있도록 직장이 조처(措處)를 해야 하는 것이다. 그러나 현재 대기업에 종사하는 여성이 해산(解産)했을 경우 일반적으로 3개월에서 6개월, 공무원의 경우 1년을 보육(保育) 기간으로 허가 받게 되는데, 이렇게 해서는 아이를 정상적으로 키우기가 어렵다. 최소한 18개월은 모유와 함께 엄마의 사랑을 받아야 하기 때문인데, 현재와 같은 상황으로는 저출산 문제 해결도 요원(遙遠)하다. 따라서 직장은 가정적 효를 실천할 수 있도록 지원해야 하고 정부에서도 적극 나서야 할 것인데, 그 방안의 하나가 직장 내에 탁아소를 운영하는 것이다. 그렇게 하면 엄마가 틈틈이 모유수유를 할 수 있고, 함께 퇴근하게 됨으로써 스킨십도 가능해지므로 엄마의 사랑을 더 많이 줄 수 있다. 이렇게 자란 아이가 바른 인성을 가지게 되는 것이다.

그러나 이와 관련한 법이 제정되어 있음에도 이를 지키는 기업이 많지 않은 것이 문제이다.

353

3. 사회적 효 실천을 선도(先導)

　'사회적(社會的) 효'는 가정에서 부모 자식 간 형성된 원초적 사랑을 바탕으로 타인과 이웃, 인류봉사 등 사회적으로 행하는 효를 의미한다. 제①권 『효의 패러다임과 현대적 개념』에 수록한 사례들, 예컨대 한국인 슈바이처 '이태석 신부', 입양한 장애아를 최고의 수영선수로 키운 '양정숙 여사', '효녀 가수 현숙' 등의 사례가 사회적 효에 해당된다 할 수 있다. 현대와 미래사회는 복지 욕구가 늘어나면서 사회복지라는 용어와 함께 '보편적 복지', '맞춤형 복지', '한국적 복지'라는 용어가 등장했다. 우리 사회는 가정의 보살핌을 받지 못하고 생활하는 어린이와 노인들이 늘어나고 있는데, 그러한 어린이를 보호하고 상담하며 사회적으로 보살피고, 가정에서 자녀들로부터 부양받지 못하는 노인을 보살피는 효가 사회적 효이다. 특히 현대 고령사회의 노인문제는 심각하다. 오늘날 가정에서 보살피기 어려운 노인들이 많아지면서 가정이 감당하기에는 한계가 있다. 나이가 많고 병이 들고 소득이 없는 노인들에게 어떻게 하면 혜택이 돌아가고, 노인질병을 예방할 수 있을 것인가에 관심을 가져야 한다. 결국 노인들이 원하는 쪽으로의 복지정책을 발전시켜야 할 것인데 노인들이 그동안 생활해 왔던 터전, 알고 지내던 사람들이 함께 공동체를 이루도록 하면서 소외되지 않고 건강한 노년을 보낼 수 있도록 보살피는 일이 사회적 효라 할 수 있을 것이다. 주변에는 가정의 안식처를 잃고 고통 받는 노인들이 있는데, 이들에 대해 가족을 대신해서 보살핌을 주는, 가정을 대신해서 이웃과 사회에서 대신하는 효를 말한다. 이러한 의미의 효는『효경』,『불경』,『성경』,『논어』,『맹자』등에 잘 나타나 있다.

사회란 통상 '가정－사회－국가'라는 표현에서 보듯이, 가정을 벗어난 영역에서 공동생활을 하는 모든 형태의 인간 집단을 뜻하며, 사회생활은 사람이 사회의 일원으로서 집단적으로 모여서 질서를 유지하며 살아가는 공동생활을 의미한다.『목민심서』「애민육조」에 노인을 봉양하는 일(養老), 고아를 거두어 보살피는 일(慈幼), 병으로 고통받는 사람을 돕는 일(寬疾) 등의 내용이 나오는데, 이 또한 사회적 효에 속하는 내용이라 할 수 있다.

따라서 사회적 효는 가정적으로 보살핌을 받지 못하는 사람에 대해 이웃 간, 종교적으로, 동호인들로부터 사회적 배려를 받는 것이다. 이를테면, 지역단위로 운영되고 아동보호 및 상담소, 마을 단위로 행해지는 경로잔치, 종교단체에서 노인들을 대상으로 실시하는 무료급식, 독거노인에 대한 요양보호 활동, 지하철이나 버스에서 노인에게 자리를 양보하는 일 등이 포함된다. 최근 결손가정이 아닌 정상가정이면서도 행동장애, 정서장애 등 적응장애를 겪고 있는 아이들이 늘어나고, 치매 등 노인성 질환으로 고생하는 노인들이 늘어나고 있다. 이들에 대해 이웃과 사회가 보듬는 일을 사회적 효라 한다.

예컨대, 지난 2011년 12월 12일, 중국 어선이 대한민국 영해를 침범하여 불법 조업을 하고 있을 때, 이를 단속하던 이청호 경사가 중국 선원이 휘두른 흉기에 맞아 순직하는 사건이 있었고, 고(故) 이청호 경사의 세 자녀(2남 1녀)에게 두산그룹(연강재단)에서 대학 졸업 시까지 학비를 지원키로 하는 장학 증서를 전달했는데, 이는 사회적 효를 실천한 기업의 사례라 할 수 있다.

4. 국가적 효의 실천적 참여

국가적(國家的) 효는 정부가 주축이 되어 법과 제도 등을 통해 효를 권장하고 시행하는 것을 말한다. 제①권 『효의 패러다임과 현대적 개념』에 수록한 사례들, 예컨대 「정조 대왕과 오륜행실도」, 「어린이날, 어버이날, 노인의 날 제정과 효」, 「효행장려 및 지원에 관한 법률과 효」 등이 해당된다. 그리고 효행장려 및 지원에 관한 법률을 통한 효문화진흥원 설립, 효행자에 대한 주거 및 세제지원 등을 비롯하여 「노인복지법」, 「저출산고령사회기본법」, 「다문화가족지원법」, 「노인장기요양보험법」, 「헌법」 제34조(사회보장), 36조(혼인과 가족생활), 「민법」 제974조(부양의 의무) 등 효와 관련된 내용이 국가적 효에 해당된다.

과거 삼국시대나 고려시대, 조선왕조시대에는 조정(朝廷)이 직접 나서 효를 권장한 예가 있다. 21세기는 저출산·고령화, 다문화가정의 문제 등 국가가 직접 나서서 출산을 장려하고 고령자와 다문화가정을 보살피는 문제에 대해 관심을 가져야 하는 시대가 된 것인데, 이처럼 국가(정부)가 나서서 제도적으로 효를 구현해나가는 효를 국가적 효라고 한다.

우리는 예로부터 '충효일신(忠孝一身)', '충효일본(忠孝一本)'이라 하여 가정윤리인 효와 국가윤리인 충을 하나의 정신덕목으로 여겨온 면이 있다. 『후한서』에 "나라를 구할 충성된 신하는 반드시 효자의 가문에서 나온다."[248], 『효경』에 "어버이를 섬기는 효심을 임금에게 옮기면

---

248) "求忠臣 必於 孝子之門."

그것이 곧 충이다"[249], 『충경』에 "무릇 충이란 자신에게서 일어나 집 안에서 드러나고 나라에서 완성되는데 실행하는 것은 모두 한결같다. 그러므로 그 몸을 하나로 하는 것은 충의 시작이요, 그 집안을 한결 같게 하는 것은 충의 중간 단계요, 그 나라를 하나로 만드는 것은 충의 마지막 단계이다. 몸이 하나가 되면 모든 복록이 이르게 되고, 집안이 한결 같게 되면 모든 친족이 화목하게 되며, 나라가 하나가 되면 만인이 다스려지게 된다."[250]고 한 것처럼 건강한 가정이 모여서 건전한 사회, 부강한 국가가 될 수 있다는 점에서 정부 주도로 효를 권장할 필요가 있으며, 이러한 효를 국가적 효라고 한다.

249) "君子之事親, 故忠可移於君."

250) "夫忠興於身 著於家 成於國 其行一焉. 是故 一於其身 忠之始也 一於其家 忠之中也 一於其國 忠之終也. 身一則百祿至 家一則六親和 國一則萬人理."

　직장에서의 효 교육과 국가적 효와의 관계는 국가에서 제정된 효 관련법을 공공기관이나 기업에서 이행해야 한다는 점에서 찾을 수 있다. 예컨대, 가정과 관련된 어린이날, 어버이날, 가정의 날, 부부의 날, 성년의 날 등 기념일이 잘 지켜지기 위해서는 기업의 적극적인 참여가 있어야 한다. 또한 저출산, 고령화, 다문화가정의 문제 해결도 마찬가지이다.

제 13 장

시민사회단체에서의 효 교육

　시민사회단체란 사회적인 주장이나 요구를 개진하기 위해 자발적으로 결성하여 공익을 목적으로 활동하는 단체를 말한다. 일반적으로 비정부 조직(non governmental organization)이면서 시민사회의 의견과 주장을 상시적으로 대변하는 시민사회조직의 성격을 가진다. 이 단체는 실질적인 권력이나 강제력은 갖고 있지 않지만, 관계기관과 의견 개진을 통하여 시민사회와 뜻을 같이 하는 이들을 확보하고, 그들을 통하여 공공기관 등에 영향력을 행사하게 된다는 특성을 가지고 있다. 따라서 효 관련 시민사회단체에서는 효와 관련된 국민들의 요구를 대변함으로써 정부나 지방자치단체가 효행장려지원법 시행 등을 통해 국민들에게 실질적인 도움과 혜택을 주도록 하는 역할을 한다. 특히 가치 지향적이기보다 당리당략에 우선하는 한국의 정치형태를 감안할 때 시민사회단체의 활동은 중요하다.

효 운동과 관련하여 결성된 시민단체로는 '한국효운동단체총연합회(이하 효연합회)'를 비롯, 여기에 가입하여 활동하는 여러 단체가 있다. 가입 단체를 살펴보면, 효를 학문적으로 접근하고 발전시키는 효학회를 비롯, 효를 교육하는 교육단체, 효 문화를 진흥하고자 하는 문화단체, 종파를 초월하여 효 운동을 펼치는 종교단체 등 20여 개 단체로 구성되어 있다.

최근 우리 사회는 교육의 세 마당이라고 하는 가정 교육과 학교 교육, 사회 교육의 역할과 기능이 미흡하다는 지적과 함께 학교폭력 문제가 대두되면서 효 관련 시민사회단체의 역할에 대한 관심이 높아지고 있고, 또한 효 관련 시민사회단체가 노력했던 것들이 하나둘 가시화되면서 사회적으로도 기대가 커지고 있다. 예컨대, 최근 학교폭력이 사회적 이슈로 떠오르면서 그 대안으로 '효 중심의 인성교육'이 부각되는 가운데 경기도(의정부시)와 대전광역시, 인천광역시 등에서 효 지도사 자격과정을 운영하고 있으며, 특히 의정부에 위치한 한국효충교육원과 육군본부가 협약(MOU)을 체결[251]함으로써 국민교육도장인 군대가 제도적으로 '충효지도사'를 양성할 수 있게 되었다. 그러나 이러한 활동에도 불구하고 앞으로 효 관련 사회단체가 한국사회 발전에 기여하기 위해서는 효 단체의 역할과 기능을 보강해야 하고, 이를 위해서는 효행장려지원법에 명시되어 있듯이 공공기관과 협력해야 할 것으로 판단된다.

[251] 육군본부와 한국효충교육원은 2012년 4월 3일 충효교육 정착을 위한 업무 협약을 체결했다.

I 수범적 효의 선도(先導)는 효 관련 시민사회단체의 사명이다.

　우리가 살고 있는 21세기는 지식·정보화 시대, 문화의 시대이다. 이러한 시대적 흐름을 놓고 효 관련 시민단체에서 효를 어떻게 교육할 것인가를 생각해보면 해야 할 일들이 많을 듯하다. 실제로 효는 인륜질서의 근본이면서 교육과 문화의 원리임에는 맞지만 그러나 이를 교육과 문화적으로 적용하기 위해서는 발전시켜야 할 것들이 많다고 보는데, 대략 다음과 같은 내용이 고려되어야 한다고 본다.

　첫째, 이 시대에 맞게 효의 개념을 정립하고 확산하는 일이다. 제1권(『효의 패러다임과 현대적 개념』)에서 언급했다시피, 우리는 일제 35년 식민통치기간을 거치면서 우리의 역사와 문화가 상당부분 왜곡 또는 말살되는 수난을 겪게 됐고, 효에 대한 인식이 엉뚱한 방향으로 변질된 면이 있다. 이를테면 "효는 인륜질서의 근본이다"라고 하면서도 효 교육의 대표적 사례라 할 수 있는 '손순매아(孫順埋兒)', '향득사지(向得捨知)', '성무구어(成茂求漁)' 등의 사례들을 보면 반인륜적(反人倫的)이고 비현실적(非現實的)인 내용이어서 자라나는 청소년들에게 호응을 받는 데 한계에 봉착하고 있는 것이 한 예이다. 때문에 효에 대한 인식을 바르게 하도록 하기 위해서는 효 관련 사회단체가 앞장서서 이 시대에 맞는 효의 개념을 정립하고 확산해야 한다.

　둘째, 효행장려지원법을 촉진시켜 효 교육과 문화진흥이 현실화되도록 하는 노력이다. 이 법은 인류의 보편적 가치인 효를 국가차원에서 장려함으로써 효를 통하여 고령사회가 처하는 문제, 저출산 문제, 다문화가정의 문제 등을 해결하고, 이를 통하여 국가가 발전할 수 있는 원동력을 얻고자 하는데 목적이 있다. 따라서 이러한 목적에 부합되기 위해서는 이 법의 성격과 이를 주관하는 중앙부처의 업무가 어느 정도 일치해야 한다. 효행장려지원법의 시행은 가치적(價値的)인 성격을 가지고 있어서 이를 구현하는 데는 교육과 문화, 행정, 복지, 국방, 국토해양 등 다양한 부서와 관련되는 복합적 성격을 가지고 있다. 따라서 효행장려지원법을 시행하는데 어느 부서가 적합한지에 대한 검토가 이루어져야 한다.

셋째, 공공기관의 효 업무를 지원하는 역할이다. 우리나라는 수십 년 동안 학교 교육에서 효를 가르치지 않았다. 그 결과 학교에는 효를 가르칠 스승이 많지 않고, 공공기관에도 효 업무를 수행할 수 있는 사람이 양성되지 못했다. 효를 안다고 해도 농경사회의 전통적 효를 당위적(當爲的) 수준에서 이해하고 있는 정도에 지나지 않는다. 따라서 지역별로 효문화진흥원이 수립되어야하며, 그 전까지는 효 단체가 나서서 이 시대에 맞는 효를 알려주고 가르칠 수 있는 환경과 여건을 만들어 주어야 할 입장이다.

넷째, 효 운동 단체의 효 리더십이 요구된다. 리더십은 리더가 구성원을 대상으로 자발적으로 목표달성에 기꺼이 참여하도록 이끌어 가는 것이고, 효 리더십은 효를 바탕으로 하는 리더십을 뜻한다. 그러자면 리더 자신부터 효를 바탕으로 하는 삶을 살아가야 하고 서번트적인 노력이 있어야 한다. 또한 윤리와 진실성을 바탕으로 가치 지향적이고 원칙을 바탕으로 리더십을 발휘해야 한다. 그러자면 효 관련 지식과

정보, 문화에 부합하는 효 컨텐츠 개발 등의 노력이 뒷받침돼야 한다.

II 효 관련 시민사회단체의 역할과 기능

효 운동과 관련하여 결성된 시민사회단체로는 '한국효운동단체총연합회(보건복지부 비영리민간단체 제133호)' 에 가입되어 활동하는 단체를 들 수 있다. 효연합회는 한국의 효를 종교와 시대, 이념을 초월하여 21세기 효를 조명하고 효 운동단체 상호간 협력 및 교류와 권익보호를 통하여 효교육의 장려, 효문화진흥, 효행자의 복지를 향상하고, 이를 바탕으로 효를 세계화함으로써 인류공영에 이바지함을 목적으로 2002년도에 결성되었다. 이 단체가 결성될 당시에는 '한국효실천운동협의회' 라는 이름으로 20개 단체가 가입되어 결성되었으며, 2006년도에 '한국효운동단체총연합회' 라는 이름으로 개칭되었다. 그동안 효연합회가 해온 일 들을 살펴보면, 2007년도에 효행장려 및 지원에 관한 법률이 국회에서 제정되기까지 학술회의 등을 통해 이론적으로 뒷받침했을 뿐 아니라 국회에서 제정하기까지 사회적 요구를 반영했고, 2008년도에는 효 단체간 한국의 효 업무 활성화를 위해 1박 2일간 워크숍을 실시하는 등 기반을 구축했으며, 2009년도에는 수원화성에 있는 정조대왕 효문화유적 훼손방지 및 보존을 위한 활동과 한국효만화애니메이션 공모전을 개최하였다. 2010년도에는 국민권익위원회와 국회보건복지위원회에 효행장려 및 지원에 관한 법률의 활성화에 대하여 제안서를 제출했고, 2011년도에는 한국효운동의 현실과 비전에 대하여 청와대에 제안서를 제출하였으며, 2012년도에는 드디어 효문화진흥원이 대전광역시와 경상북도(영주시)에 설치되는 괄목(刮目)할 만한 성과를 얻었다.

효연합회의 운용기조는 '3통 7행'에 두고 있다. [252] 3통은 통교(通敎)·통시(通時)·통념(通念)을 말하는 것으로, 효는 종교와 종파를 초월하는 통교적(通敎的) 가치이고, 시대와 공간을 아우르는 통시적(通時的) 문화이며, 이념과 사상을 뛰어넘는 통념적(通念的)인 정신을 말한다. 그리고 '7행'은 효를 행동화해야 할 일곱 가지를 뜻하는 것으로 ① 하늘 경외(敬畏) ② 부모·어른·스승 공경 ③ 어린이·청소년·제자 사랑 ④ 가족사랑 ⑤ 이웃사랑·인류봉사 ⑥ 나라사랑 ⑦ 자연사랑·환경보호 등이다.

Ⅲ 효를 어떻게 선도하고 실천할 것인가?

1. 시대에 맞는 효 개념의 정립·및 확산

효를 선도(先導)한다는 의미는 효를 앞에서 이끈다는 뜻이다. 따라서 '무엇을', '어떻게' 이끌어야 할 것인가에 대한 내용이 중요한데, 우

252) 이 내용은 2007년 7월 14일 한국효운동단체총연합회에서 발표한 '효비전선언문'에 제시돼 있음.

선은 효를 이 시대의 지식(知識)을 견지하고 정보화(情報化)할 스 있는 역량을 필요로 한다. 효를 지식으로 견지(堅持)한다는 것은 효에 대해 알고 있는 내용(知)이 시대에 적합한지를 식별(識)함으로써 효에 대한 견해와 입장을 분명히 해야 하고, 정보화(情報化)한다는 의미는 효에 관하여 내가 알고 있는 뜻(情)을 일반인에게 알려서(報) 변화(化)하게 할 수 있는 능력을 견지해야 한다는 의미이다. 또한 개념(槪念)이란 여러 관념 속에서 공통된 요소를 뽑아내어 종합하여서 얻은 하나의 보편적인 관념이다. 때문에 효를 앞에서 이끌어가기 위해서는 무엇보다도 시대에 맞는 효의 개념을 정립해야 한다. 과거 대가족제도에서의 효는 자식이 부모에게 향하는 '일방향성'에서 21세기의 효는 부모와 자식이 서로를 위하는 '쌍방향성'의 개념으로 정립하고 확산시켜야 한다.

이를 위해서는 첫째, 효에 대한 본질적 의미를 알아야 한다. 효의 본질적 의미를 안다는 것은 효가 가지고 있는 근본적이면서도 바탕이 되는 것을 안다는 뜻이다. 율곡 이이(李珥)는 "도(道)에 들어감은 이치를 궁구(窮究)하는 것보다 먼저 할 것이 없고, 이치를 궁구함은 책을 읽는 것보다 먼저 할 것이 없으니, 성현(聖賢)의 마음을 쓴 자취와 선과 악을 본받고 경계해야 할 것이 모두 책에 쓰여 있기 때문이다."[253] 고 했다. 따라서 효의 본질적인 의미를 알기 위해서는 성인과 현인들이 쓴 여러 경전(經典)에서 효의 의미를 찾아내야 한다. 그럼으로써 효는 부모와 자식의 상호적 관계에서 원초적 사랑을 바탕으로 의를 추

---

253) 『격몽요결』 「독서장」 : "入道莫先於窮理 窮理莫先乎讀書 以聖賢用心之迹 及善惡之可效可戒者 皆在於書故也."

구하는 보편적, 이타적 가치이며, 사회윤리인 예와 국가윤리인 충의 기초가 된다는 효의 본질적 의미를 알아야 한다.

둘째, 효에 대한 올바른 패러다임을 필요로 한다. 패러다임이란 '생각의 틀' 또는 '의식의 지도(mind map)' 등으로 해석되는 용어이다. 여기서 생각의 틀이란 한 시대를 지배하는 과학적인 인식과 이론, 이론과 관습, 가치관 등이 결합된 총체적 개념의 집합체를 말한다. 우리가 어떤 색깔의 안경을 끼고 세상을 바라보느냐에 따라 세상의 색깔이 다르게 보이듯이, 효에 대해 어떤 스승에게서 가르침을 받았느냐, 어떤 책을 보고 사숙(私淑)을 했느냐에 따라 가치기준이 달라지고, 그에 따른 효에 대한 인식도 달라지기 마련이다. 따라서 효에 대한 균형 잡힌 인식을 필요로 하는데, 이것이 효 패러다임이다. 때문에 효를 어떻게 생각하고, 어떻게 실천하는 것이 이 시대가 요구하는 효인가에 대해 생각의 틀과 마인드맵을 가져야 하는 것이다. 그런데 효에 대한 기준이 서 있지 않은 경우가 많다. 예컨대 "효는 인륜질서의 근본이다"라고 하면서도 교육에 인용하는 사례는 반인륜적이거나 비현실적인 경우가 있는데, 이 또한 패러다임의 문제이다. 따라서 효 운동 시민단체 요원들부터 효에 대해 바른 패러다임을 가질 필요가 있다.

셋째, 효에 대한 정의(定義)를 바르게 할 수 있어야 한다. 효는 부모와 자식의 관계에서 출발하는 것이라는 점에서 알 수 있듯이 효는 '일방성'이 아니라 '쌍방성'의 관점에서 접근해야 한다. 그리고 효도(孝道)와 효(孝)에 관한 이해를 달리해야 하는데, 왜냐하면 '효도'와 '효'에 관한 단어를 설명할 때 "효도란 자식이 부모를 섬기는 사랑과 정성이다", "효도란 부모를 잘 섬기는 도리, 부모를 정성껏 잘 섬기는 일이다", "자식은 부모에게 효도해야 한다"라는 표현과 "효는 가정윤리이자 가족사랑이다", "효는 부모가 자식을 사랑하고 자식은 부모를 사랑하는 것이다", "효는 가정윤리와 가족사랑을 기초로 타인과 이웃, 사회와 국가, 자연으로 확대되는 보편적 · 이타적 가치이다"는 등의 표현에서 보듯이 효도와 효에 관한 정의는 달라야 하는 것이다. 그러나 현재 대부분의 사전에서는 '효'와 '효도'라는 의미에 대해 차이를 두지 않고 있다. 또한 효도(孝道)는 일방성의 단어로 보아야 하지만 효(孝)는 쌍방성의 단어라는 점에 유념해야 하는데, 부모가 부모다워야 자식다울 수 있음은 하나의 원칙이다. 부모가 자식을 위하고, 그런 가운데서 자식이 부모를 위할 수 있는 것이다.

2. 효행장려지원법의 촉진(促進)

촉진(促進)은 재촉하여 빨리 나아가게 한다는 의미이다. 그렇다면 무엇을 촉진시킬 것인가 하는 것인데, 효행장려지원법에 관허서이다. 이 법은 효를 국가차원에서 장려하고, 효를 하는 개인이나 단체를 지원하기 위해 2008년 8월부터 시행되고 있다. 이 법은 한국사회의 저출산 고령화, 다문화가정문제에 대해 보다 근원적으로 접근함으로써 가정 교육과 학교 교육의 기본을 세우고 학교폭력 등을 잠재울 수 있는 대안으로 부각되고 있다.

이 법에 따르면 보건복지부장관은 관계 중앙행정기관의장과 협의하여 5년마다 효행장려기본계획을 수립하여야 하고, 국가 및 지방자치단체는 유치원 및 초등학교 · 중학교 · 고등학교 등에서 효행교육을 실시하도록 노력하여야 하며, 효를 행하는 개인이나 효 운동을 하는 단체를 지원토록 돼 있다. 또한 부모 등을 부양하는 가정에 관한 생활실태, 부양수요 등을 파악하기 위해 3년마다 실태조사를 실시하고 그 결과를 발표하여야 한다고 되어 있다. 그러나 이런 법이 제대로 시행되기 위해서는 지식인들부터 효에 대한 패러다임을 바꾸어야 한다. 예를 들면, 비록 일부의 사람들이긴 하지만 "효와 같은 도덕적 가치를 법으로 강제하는 것은 한국정서와 맞지 않다", "이야말로 시대착오적 발상이다"라는 식으로 폄하하기도 하는데, 이는 잘못된 시각이다. 왜냐하면 법에도 명시되어 있듯이, 이 법은 교육과 문화를 통해 효를 장려하고, 정부와 지방자치단체가 나서서 효를 하는 개인이나 단체를 지원하기 위한 법이라는 점에서다. 따라서 효 운동 단체들은 효행장려지원법에 대한 오해를 불식시키는 노력이 병행되어야 한다고 보는데, 이는 곧 효를 살리는 길이기 때문이다. 이는 교육을 통해 문화를 바꾸어야 하기 때문이기도 한데, "교육이 백년대계면 문화는 천년대계이다"라는 표현처럼 21세기 문화의 시대를 바른 사회로 만들기 위해서는 효가 살도록 가르쳐야 하는 것이다.

3. 공공기관의 효 업무를 지원

공공기관(公共機關)은 국가의 감독 아래 공공 사무를 처리하는 기관을 말한다. 일반적으로 공공기관은 기관이나 단체 중 공공 행정을 담당하는 기관으로, 시민사회 단체·민간단체·기타 사설 기관 등과 구분되며 공공서비스와 공공재화를 생산하는 업무를 한다. 따라서 공공기관은 관공서로 통칭하는 국가행정기관이나 지방자치단체, 공공법인으로 분류되는 정부 투자기관이나 특수법인 그리고 각급 학교 등을 포함하는 개념이다. 그런데 공공기관은 종종 관공서의 의미로도 사용되기도 한다. 관공서(官公署)는 관청과 공서(公署)를 합친 말로 주로 국가 또는 지방자치단체의 기관을 지칭하는 의미로 사용되는 말이다. 일반적으로 공공기관의 종류를 구체적으로 살펴보면, 시·읍·면·동사무소, 경찰서, 소방서, 세무서, 시청, 교육청, 우체국, 보건소, 파출소, 도서관, 전화국, 법원 및 등기소, 기타 예술 공연장 등이다. 그러나 범위를 넓히면 경제 활동이나 금융 기능을 돕는 기관(은행, 농협 등의 각종 협동조합), 주민의 문화생활을 위한 기관(박물관, 도서관, 문화회관 등), 주민의 복지를 위한 기관(의료보험조합, 양로원, 보육원, 장애인 체육 시설 등) 등도 포함된다.

이러한 공공기관이 효 관련 업무를 수행하려는 마음과 지식을 갖도록 함으로써 그것이 결과적으로 국민에게 혜택이 돌아갈 수 있도록 해야 한다. 그리고 공공기관에서 효와 관련하여 협력해야 할 분야로는 효행장려지원법에 잘 명시돼 있다. 이를테면, 효행장려를 위한 '효행장려기본계획의 수립(4조)', '효행에 관한 교육의 장려(5조)', '부모 등 부양가정 실태조사(6조)', '효문화진흥원의 설치(7조)', '효문화진흥원의 업무(8조)' '효의 달(9조)', '효행 우수자에 대한 표창(10조)', '부모 등의 부양에 대한 지원(11조)', '부모 등을 위한 주거시설 공급(12조)', '민간단체 등의 지원(13조)' 등이다. 이런 업무에 대해 공공기관에서는 잘 알지 못할 수도 있을 뿐 아니라 기본 업무로 인하여 소홀하기 쉬우므로 함께 협력해야 한다.

4. 효 리더십의 전개 및 확산

가. 효 리더십의 성격

효 리더십은 효를 바탕으로 하는 리더십이다. 효를 바탕으로 한다는 것은 가정에서 부모와 자식, 형제자매 등 혈육의 관계처럼 서로를 위하는 가운데 조직의 목표를 달성해 가는 리더십이다. 이러한 리더십을 발휘하자면 먼저 리더 자신부터 효에 합당한 삶을 살아가는 가운데 리더십이 나오도록 해야 한다. 예를 들면, 리더 자신을 이끌어가는 셀프 리더십을 비롯, 마치 하인과 같은 헌신적 자세로 구성원을 이끌어가는 서번트 리더십, 사람으로서 마땅히 해야 할 도리를 바탕으로 하는 윤리적 리더십, 진실성을 바탕으로 하는 오센틱 리더십, 가치를 기준으로 하는 가치 중심의 리더십, 인간사회에서 변해선 안될 법칙을 기준으로 하는 원칙 중심 리더십 등을 효와 연계시키고 확산하는 노력이 필요하다.

리더십이 이 세상에 존재하기 시작한 것은 인류의 출현과 동시라고 할 수 있지만, 이론으로 체계화된 것은 1900년대 초 미국에서부터이다. 그러다 보니 한국인에게 적용되는 리더십이 한국적 리더십이 아닌 서양적 리더십인 경우가 많다. "송충이는 솔잎을 먹어야 살아갈 수 있다"라고 했듯이, 한국인에게 적용되는 리더십은 한국적 문화가 바탕이 되는 리더십이어야 한다. 왜냐하면, 리더십의 원리는 같지만 영향요인이 다르기 때문인데, 리더십은 리더·구성원(부하)·상황이라는 3가지의 구성요소에 의해서 발휘된다. 리더와 구성원 모두가 한국 사람이고 여기에 영향을 미치는 요인도 한국의 문화와 정서라는 점에서 한국적 리더십 형태가 적용되어야 하는데, 그러한 리더십의 한 유형이 효 리더십이라 할 수 있다.

따라서 효 관련 사회단체에서부터 효 리더십을 적용하고 전파하며, 확산하는 노력이 있어야 한다. 그리고 그 방법의 하나가 효를 가치와 서번트, 윤리, 오센틱 리더십 등과 개념적으로 연계하고 효운동 단체의 자생력(自生力)을 확보하는 것이다. 자생력이란 스스로 살길을 찾아 살아 나가는 능력이나 힘이다. 그러나 현재 활약하고 있는 효 단체들은 너무나 영세(零細)하고 구성원들이 고령화되어 있다. 따라서 단체 운영에 필요한 인적, 물적 자산 확보를 통해 효 리더십을 발휘할 수 있는 여건 확보가 중요하다고 하겠다.

나. 효 관련 시민사회단체의 효 리더십을 위하여…

필자는 2006년도부터 2012년도 초까지 한국효운동단체총연합회에서 사무총장 직책을 맡아 왔다. 대표회장과 명예회장, 공동대표와 공동회장 등을 보좌하고 업무를 발전시켜 나가는 동안 많은 분들의 염원(念願)을 확인하였다. 그동안 효 운동은 어려움이 많았지만 성과도 컸다. 효 단체는 앞으로 이 시대가 요구하는 더 많은 일을 해야 할 것인데, 이를 위해서는 다음 사항들이 보완되어야 한다고 본다.

첫째, 효 운동에 적합한 사람들로 채워진 시민사회단체가 되어야 한다는 점이다. 예부터 "인사는 만사(萬事)다"라고 할 정도로 사람은 중요하다. 효를 전공한 젊은 인재를 찾고, 경륜있는 인사들과 조화를 이루며 효를 이끌어야 한다. 둘째는 효 운동을 하는 단체 간에 올바른 정보를 공유해야 한다. 효행장려지원법을 효과적으로 추진하기 위해서는 각 단체가 가지고 있는 정보를 공유하는 일이 중요하다. 예컨대, 경기도 의정부시와 대전광역시 등에서 양성된 효 지도사(리더)들이 지방자치단체의 지원을 받아 학교와 경로당 등에서 강의를 하고 있는데, 이런 정보도 공유할 필요가 있다. 셋째, 효 운동과 효 사업을 이끌어갈 수 있는 예산이 뒷받침되어야 한다. 효행장려지원법에도 명시되어 있는 만큼, 효를 하는 개인이나 단체는 정부나 지방자치단체로부터 지원받을 수 있으므로, 자생적(自生的) 노력과 함께 지원받을 수 있도록 해야 한다. 넷째, 효 운동에 대한 주기적인 평가와 피드백을 받아야 한다. 각 단체에서 하고 있는 효 운동이 지역사회에 어떤 기여를 하고 있는지, 청소년들에게 공감을 얻고 있는지 등에 대해 평가하고 분석함으로써 발전 지향적으로 나아가야 한다.

마지막으로 효 교육의 대상을 확대하는 패러다임이 요구된다. 예컨대, 과거 농경사회에서는 부모가 자식을 사랑하는 방법은 가르쳐주지 않아도 저절로 알게 되었지만, 지금은 자식이 부모에게 효도하는 것에 앞서 부모가 자식을 사랑하는 방법부터 가르쳐야 한다. 따라서 청소년 세대만이 아닌 기성세대, 부모세대, 노년세대에도 효 교육이 필요하다.

효가 바탕이 된 21세기 인성교육은 효 리더십을 바탕으로 해야 한다. 가정에서, 학교에서, 사회에서 리더십을 발휘할 리더들이 보편적·이타적 가치인 효를 바탕을 할 때 하모니의 감정이 돋아나기 때문이다. 소크라테스는 "교육은 산파술(産婆術)이다"라고 했다. 산파는 아이를 낳을 때에, 아이를 받고 산모를 도와주는 일을 직업으로 하는 여자를 일컫는다. 아이를 낳는 산모와 아이를 받는 산파간에 호흡이 맞아야 아이를 온전하게 낳을 수 있듯이, 교육을 하는 교육자와 교육을 받는 피교육자간에 호흡이 맞아야 교육의 효과를 기대할 수 있는 것이다. 이러한 내용은 앞으로 출간하게 될 제③권 『한국의 효와 소통의 리더십(효리더십론)』에서 자세히 다루기로 한다.

　『새로운 패러다임의 효 교육(효교육, 어떻게 할 것인가?)』을 저술하게 된 동기는, 서문에서도 밝힌바 있듯이 효를 교육하는 교육자, 그리고 효행장려지원법에 따라 효 운동을 하는 사람들의 어려움에 다소나마 도움을 드리기 위함이다. 처음엔 『효 교육과 실천』이라는 제목으로 집필을 시작했지만, 효라는 것이 실천하라고 한다고 해서 되는 것이 아니라 본인의 마음가짐에 따라 행함이 결정된다는 점에서, '실천' 영역은 책에 넣지 않기로 했다. 그런데 처음 생각과 달리 '교육' 내용만을 책에 담는데도 분량이 너무 많아서 현장에서 효를 교육한 분들의 사례는 준비만 해놓고 담지 못한 채 제2권을 마무리하게 되었다.

　집필을 마치면서 가지는 소회(所懷)는 효의 원리가 교육에 적용되어야 한다는 대명제에도 불구하고 그렇지 못한 현실에 대한 안타까움이다. 『효경』·『불경』·『성경』 등의 경전과 『논어』·『맹자』·『예기』·『소학』·『명심보감』·『격몽요결』 등 유교서적에서 볼 수 있듯이, 가르침의 근본은 효에서 비롯된다는 당위(當爲)에도 불구하고, 교육의 세 마당이라고 하는 가정 교육·학교 교육·사회 교육에서 효 교육이 외면되고 있다는 현실에 대한 안타까움이다. 또 한편으로는 효를 가르치려 해도 효가 무엇인지를 알기가 어렵고, 대표적 효 사례라는 것들도 반인륜적이고 비현실적이어서 교육에 인용하기가 곤란하다는 점이다.

그렇다면 "왜, 효의 원리와 상반되는 사례들이 '대표선수' 격으로 나돌고 있는가?"에 대하여 생각하지 않을 수 없다. 『삼국유사』, 『삼강행실도』, 『오륜행실도』 등에 나와 있는 효 사례들은, 그 당시로 보면 효 사례로써 합당할지 모르지만, 현대시각으로 보면 효 사례로 보기 어려운 것들도 있는데, 그 이유는 대략 두 가지로 볼 수 있다.

첫 번째 이유는 그동안 효에 대하여 당위적 차원에서만 강조했지, 이 시대에 맞는 콘텐츠 개발이 없었다는 점이다. 그러다 보니 교육현장에서 "『심청전』을 읽고 현대적 효와 실천에 대해서 발표해보자"는 토의를 하다 보면 "선생님, 그때 이미 인신매매단이 있었고, 아버지(심봉사)가 딸(심청)을 인신매매단에 공양미 삼백 석에 팔아넘긴 것이잖아요? 심청이가 경찰에 신고하거나 도망쳤어야지, 바보처럼 물에 빠져 죽었는데, 어떻게 효인가요? 오히려 나쁜 아버지로 만들었으니 불효가 아닌가요?"라는 질문이 나온다고 한다. 비단 『심청전』 뿐 아니라 『나무꾼과 선녀』, 『손순매아』, 『향득사지』 등도 마찬가지이다.

두 번째 이유는 일체통치 35년 동안에 '사이토 교육시책' 등에 의해 자행된 '역사문화말살정책'과 무관하지 않다는 점이다. 일본은 우리의 역사와 문화 중에서 나쁜 것을 골라 침소봉대(針小棒大)하고 반복해서 가르치도록 한 일이 있고, 지금까지 영향이 미치고 있는 것으로 볼 수 있다. 따라서 효에 대한 새로운 패러다임과 함께 효를 교육에 반영하여야 하며, 다음과 같은 점을 인식할 필요가 있다. 사이토는 "조선인들에게 그들 부조(父祖)의 악행을 들춰내 과장해서 반복적으로 가르쳐서 실망과 허무감에 빠지게 하라, 이것이 조선인들을 반 일본인으로 만드는 요결이다(중략)."라는 교육시책을 내렸고, 여기에 아첨하는 세력들에 의해 효 분야도 그렇게 교육되어진 것이 아닌가 하는 점이다. 따라서 다음과 같은 내용들이 제고되었으면 하는 바램이다.

첫째, 효에 대한 새로운 패러다임이 요구된다. 앞서 설명했다시피 효에 대한 기존 패러다임으로 교육해서는 청소년들에게 외면당할 수밖에 없으므로 효에 대한 올바른 패러다임으로 접근해야 한다. 「심청전」, 「나무꾼과 선녀」, 「손순매아」, 「향득사지」 등 농경사회의 효(孝, Filial Piety)는 자식이 부모에게 향하는 일방향성의 효라면, 현대적 효(HYO)는 '부자자효(父慈子孝)', '부자유친(父子有親)', '부위자강(父爲子綱)'의 상호성에 기초한 소통의 효(HYO;Harmony of the Young & Old)이어야 한다. 그리고 효는 義를 추구하기 때문에 도덕적 정당성과 절차의 합리성이 뒷받침되어야 한다.

둘째, "효는 덕의 근본이요, 모든 가르침이 그로 말미암아 생겨난다."는 『효경』의 내용이 교육에 반영되어야 한다. 특히 학교에서 효를 가르치면 학생들로 하여금 부모님 기대에 보답하는 자세로 학교생활에 임하게 되므로 교육이 저절로 이루어지도록 하는 효과가 있다. 또한 효는 가정에서 부모가 가르치는 데는 한계가 있으므로 학교에서 교사가 가르치는 것이 효과적이라는 『맹자』의 '역자교지(易子敎之)'에서 알 수 있듯이 학교에서 효를 가르쳐야 한다. 효는 가정에서 부모가 "야, 너 내가 낳아서 이렇게 저렇게 키웠으니, 나에게 효도해야 한다!"라고 강조해서 될 일이 아니다. 그렇게 하면 오히려 더 나쁜 교육의 결과가 나올 수 있기 때문이다. 부모는 가정에서 본보기를 보이면서 자녀를 사랑하고, 학교에서 교사가 부모님의 은혜에 대해 학생이 보답하려는 마음을 갖도록 가르쳐야 하는 것이다.

셋째, "효는 국가발전의 원동력이므로 유치원, 초·중·고등학교, 군과 평생교육기관에서 효를 교육해야 한다."는 효행장려지원법의 내용이 교육에 반영되어야 한다는 점이다. 효는 저출산·고령화, 다문화가정문제 해결의 철학적 기초라는 점에서 국가발전의 원동력으로 작용한다. 그리고 인성교육은 어렸을 때부터 하는 것이 효과적이므로 유치원에서부터 효를 가르쳐야 한다.

넷째, 효 교육은 가정과 학교 교육 뿐만 아니라 종교시설·군대·직장·시민사회단체 등 사회교육기관에서도 함께해야 한다는 점이다. 인간은 사회적 동물이자 가치 지향적 존재인 까닭에 환경의 영향을 받기 마련이다. 때문에 사회적 분위기가 중요하다는 점에서 사회 교육에서도 효를 가르쳐야 하는 것이다.

최근 학교폭력이 학부모들을 불안하게 하고, 국민 모두에게 큰 걱정거리로 다가오고 있다. 학교에서 폭력이나 왕따가 어제 오늘의 일은 아니지만, 그러나 폭력의 정도와 수법이 놀라울 정도로 진화하고 있다는 점에서 근본적인 대책 또한 쉽지 않다는 생각을 하게 된다. 지금까지 대책이라는 것이 학교 내에 경찰을 배치하고 특별 위원회를 만든다, 상담사를 증원 배치한다는 등의 안(案)을 내놓고 있지만, 이는 근본적인 대책이 될 수 없다고 본다. 왜냐하면 학교폭력은 순찰과 감시, 체벌과 설득보다는 가정 교육의 내실화와 함께 학교에서도 부모님이 원하시는 방향으로 수업에 임하도록 하는 교육이 중요하기 때문이다.

『효경』에 "효는 덕의 근본이요, 모든 가르침이 그로 말미암아 생겨난다."고 했고 "효 하는 사람은 남을 업신여기거나 거만하지 않고, 남을 미워하거나 다투지 않으며 질서를 어지럽히지 않는다."고 했다. 그리고 『논어』에도 "효심이 있는 사람은 윗사람 범하기를 좋아하지 않는다.", "리더는 근본을 세우는 일에 힘써야 하고, 근본이 서면 길과 방법이 저절로 생기는데, 효가 그 근본이다."라고 했다. 필자도 33년간 직업군으로 중대장, 대대장, 연대장을 하는 동안 자살사고는 물론이고 인명사고가 단 한 건도 없는 무사고부대를 육성할 수 있었는데, 장병들과 '어머니 마음' 노래를 합창하면서 어머니 생각에 함께 눈물 흘렸던 효 교육 덕분이라 생각한다.

『성경』에 "부모에게 효도하라, 그리하면 네가 잘되고 장수하리라"고 한 것처럼, 효를 하면 그 복이 부모님보다는 '자신'에게 돌아오는 것임을 알게 해야 한다. 미래학자 아놀드 토인비는 "한국이 21세기 인류문명에 기여할 것이 있다면 그것은 효 사상일 것이다."라고 예언했고, 미국의 오바마 대통령도 한국의 가족제도와 효 교육을 예찬한바 있다.

책을 마무리하면서 필자에게 스승의 역할을 해주신 분들께 감사드린다. 먼저 명문당 출판사 김동구 사장님께 감사드린다. 출판을 상의하는 과정에서 퇴계(退溪), 율곡(栗谷), 다산(茶山)의 효 철학과 연계하면 교육적 효과가 클것이라는 지혜를 얻게 되었고, 큰 공부의 계기가 되었다. 또한 고동영, 김익수, 손인수, 신연식(가나다 순) 선생님께서 집필하신 서적을 통해서 큰 깨침을 얻었고, 김남기, 김덕균, 김우화, 민병돈, 박성기, 배

갑제, 송호수, 안호상, 정호, 최근덕, 최성규, 홍우준, 홍일식(가나다 순)
선생님들에게서 큰 가르침을 받았다. 또한 권오돈(『예기』), 김덕균(『효경』),
김성원(『논어』·『격몽요결』·『소학』·『명심보감』), 김학주(『효경』·『충경』), 성백
효(『중용』), 성동호(『효경』), 장기근(『논어』·『맹자』·『효경』) (가나다 순) 선생님
들이 번역해주신 역서(譯書)가 큰 도움이 되었음에 감사드린다.

아무쪼록 효를 교육함으로써 나라가 살고 우리가 살며, 대한민국 모두
가 사는 행복한 세상이 오기를 기대하며, 제①권『효의 패러다임과 현대
적 개념(효학개론)』, 제②권『새로운 패러다임의 효 교육(효 교육론)』이 출판
되었고 이어서 출판하게 될 제③권『한국의 효와 소통의 리더십(효 리더십
론)』을 통해 발전적 제안을 해나가려고 한다.

ㅂ

ㅊ

제1장 총칙

제1조(목적)

이 법은 아름다운 전통문화유산인 효를 국가차원에서 장려함으로써 효행을 통하여 고령사회가 처하는 문제를 해결할 뿐만 아니라 국가가 발전할 수 있는 원동력을 얻는 외에 세계문화의 발전에 이바지함을 목적으로 한다.

제2조(정의)

이 법에서 사용하는 용어의 정의는 다음과 같다. 1. "효"란 자녀가 부모 등을 성실하게 부양하고 이에 수반되는 봉사를 하는 것을 말한다. 2. "효행"이란 효를 실천하는 것을 말한다. 3. "부모 등"이란 「민법」 제777조의 친족에 해당하는 존속을 말한다. 4. "경로"란 노인을 공경하는 것을 말한다. 5. "효문화"란 효 및 경로와 관련된 교육, 문학, 미술, 음악, 연극, 영화, 국악 등을 통하여 형성되는 효 및 경로에 대한 사회적 가치를 말한다.

제3조(다른 법률과의 관계)

효행의 장려와 지원에 관하여 다른 법률에 특별한 규정이 있는 경우를 제외하고 이 법으로 정하는 바에 따른다.

제2장 효행장려

제4조(효행장려기본계획의 수립)

①보건복지부장관은 관계 중앙행정기관의장과 협의하여 5년마다 효행장려기본계획(이하 "기본계획"이라 한다)을 수립하여야 한다. ②기본계획은 효행장려를 위한 환경조성 등의 사항을 포함하여야 한다. ③보건복지부장관은 「저출산·고령사회기본법」에 따른 저출산·고령사회기본계획을 수립할 때 기본계획을 포함할 수 있다.

제5조(효행에 관한 교육의 장려)

①국가 및 지방자치단체는 유치원 및 초등학교·중학교·고등학교에서 효행교육을 실시하도록 노력하여야 한다. ②국가 및 지방자치단체는 영유아어린이집, 사회복지시설, 평생교육기관, 군 등에서 효행교육을 실시하도록 노력하여야 한다.[개정 2011.6.7 제10789호(영유아보육법) 시행일 2011.12.8]

제6조(부모 등 부양가정 실태조사)

①국가 및 지방자치단체는 부모 등을 부양하는 가정에 관한 생활실태, 부양 수요 등을 파악하기 위하여 3년마다 실태조사를 실시하고 그 결과를 발표하여야 한다. ②제1항에 따른 실태조사는 「노인복지법」에 따른 노인실태조사에 포함하여 실시할 수 있다. ③제1항에 따른 실태조사의 실시 및 결과의 발표에 관하여 필요한 사항은 보건복지부령으로 정한다.

제7조(효문화진흥원의 설치)

① 효문화 진흥과 관련된 사업과 활동을 지원하고 장려하기 위하여 효문화진흥원을 설치할 수 있다. ②효문화진흥원은 법인으로 한다. ③효문화진흥원에 관하여 이 법에서 규정한 것을 제외하고 「민법」 중 재단법인에 관한 규정을 준용한다. ④효문화진흥원의 설치요건 및 운영 등에 관하여

필요한 사항은 보건복지부령으로 정한다.

제8조(효문화진흥원의 업무)

효문화진흥원은 다음 각 호의 업무를 수행한다. 1.효문화 진흥을 위한 연구조사 2.효문화 진흥에 관한 통합정보 기반구축 및 정보제공 3.효문화 진흥을 위한 교육활동 4.효문화 프로그램에 관한 개발 및 평가와 지원 5.효문화 진흥과 관련된 전문인력의 양성 6.효문화 진흥과 관련된 단체에 대한 지원 7.그 밖에 보건복지부령이 정하는 효문화 진흥과 관련된 업무

제9조 (효의 달)

효에 대한 사회적 관심과 자녀들의 효 의식 고취를 위하여 10월을 효의 달로 정한다.

제3장 효행지원

제10조(효행 우수자에 대한 표창)

보건복지부장관은 부모 등에 대한 효행을 장려하기 위하여 효행 우수자를 선정하여 표창을 할 수 있다.

제11조(부모 등의 부양에 대한 지원)

국가 또는 지방자치단체는 부모 등을 부양하고 있는 자에게 부양 등에 필요한 비용의 일부를 지원할 수 있다.

제12조(부모 등을 위한 주거시설 공급)

①국가 또는 지방자치단체는 자녀와 동일한 주택 또는 주거 단지 안에 거주하는 부모 등을 위하여 이에 적합한 설비와 기능을 갖춘 주거시설의 공급을 장려하여야 한다. ②국가 또는 지방자치단체는 제1항에 따른 주

거시설의 공급자에 대하여 지원을 할 수 있다.

제13조(민간단체 등의 지원)

국가 및 지방자치단체는 효행장려 사업을 수행하는 법인·단체 또는 개인에 대하여 필요한 비용의 전부 또는 일부를 보조하거나 그 업무수행에 필요한 지원을 할 수 있다.

제4장 보칙

제14조(유사명칭 사용금지)

이 법에 따른 효문화진흥원이 아니면 효문화진흥원 또는 이와 유사한 명칭을 사용하지 못한다.

제15조(과태료)

①제14조에 따른 유사명칭 사용금지를 위반한 자에게는 300만원 이하의 과태료를 부과한다. ②제1항에 따른 과태료는 대통령령이 정하는 바에 따라 보건복지부장관 또는 시장·군수·구청장(자치구의 구청장을 말한다. 이하 같다)이 부과·징수한다. ③제2항에 따른 과태료 처분에 불복하는 자는 그 처분을 고지받은 날부터 30일 이내에 보건복지부장관 또는 시장·군수·구청장에게 이의를 제기할 수 있다. ④제2항에 따른 과태료 처분을 받은 자가 제3항에 따른 이의를 제기한 때 보건복지부장관 또는 시장·군수·구청장은 지체 없이 관할 법원에 그 사유를 통보하여야 하며, 그 통보를 받은 관할 법원은 「비송사건절차법」에 따른 과태료의 재판을 한다. ⑤제3항에 따른 기간 이내에 이의를 제기하지 아니하고 과태료를 납부하지 아니한 때 국세 또는 지방세 체납처분의 예에 따라 징수한다.

부칙 [2007.8.3 제8610호] 이 법은 공포 후 년이 경과한 날부터 시행한다.

효의 이론과 실제 ❷

새로운 패러다임의 효 교육
효 교육, 어떻게 할 것인가?

초판 인쇄 ‖ 2012년 8월 17일
초판 발행 ‖ 2012년 8월 24일

지은이 ‖ 김종두
삽 화 ‖ 장한별
디자인 ‖ 이명숙 · 양철민
발행자 ‖ 김동구
발행처 ‖ 명문당(1923. 10. 1 창립)
주 소 ‖ 서울시 종로구 윤보선길 61 (안국동)
        우체국 010579-01-000682
전 화 ‖ 02)733-3039, 734-4798(영), 733-4748(편)
팩 스 ‖ 02)734-9209
Homepage ‖ www.myungmundang.net
E—mail ‖ mmdbook1@hanmail.net
등 록 ‖ 1977.11. 19. 제1~148호

ISBN 978-89-7270-422-5 (93190)
정가 ‖ 22,000원